인문학은 어떻게 만들어지는가

인문학은 어떻게 만들어지는가

문화인류학으로 본 문명의 생성과 변화 이야기　이경덕 지음

싶

글을 시작하며
인문학은 단편적인 지식이 아니다

"두 사람이 같은 일을 해도 같은 일이 되지 않는다."

오래된 라틴 속담이다. 얼핏 모순되는 말처럼 느껴지지만 가만히 생각해보면 너무나도 당연한 말이다. 얼굴이 같은 사람이 없는 것처럼 생각도 서로 다르기 마련이다. 하물며 기후가 다르고 풍경이 다른 곳에 사는 사람들이 서로 다르게 생각하고 무엇인가를 다르게 만들어내는 것은 지극히 자연스럽다.

다만 현대에 들어 기계에 의해 대량생산으로 동일한 물건이 복제되어 생산되는 시대가 되면서 우리의 생각과 문화 또한 동일한 것을 추구하는 경향이 강해졌다. 이른바 명품이라는 것도 남과 다른 개성적 소비를 의미하는 듯이 느껴지지만 실제로는 '네가 가진 것을 나도 가지고 싶다'는 동일한 것을 추구하는 소비 심리가 내재되어 있다.

이렇게 서로 같아지려고 하는 욕구는 가깝게는 왕따와 같은 따돌림에서, 멀게는 중세의 마녀사냥 같은 참혹한 비극을 초래했다. 서로 같아지려는 욕구, 즉 동일화의 추구는 이렇게 폭력적인 성향을 지니고 있다.

그러나 인류의 문화는 끊임없이 서로 다른 것들끼리 충돌하면서 새로운 것을 만들어냈다. 충돌 대신 동일화를 추구했다면 인류의 문화는 새로움을 얻지 못했을 것이다. 이것이 문화의 충돌과 변화를 설명하는 문화충돌 Culture Shock 과 문화접변 Acculturation 의 논리이다.

서로 다르기에 조화가 생기고 서로 같기에 다툼이 생긴다는 것이 원효元曉가 설파한 화쟁和諍의 핵심이다. 이를 문화에 적용하면 서로 다르기 때문에 충돌이 생기는데 그 충돌 과정에서 파괴되기도 하지만 그 충돌을 해소하고 이해하기 위해 노력하는 과정에서 새로운 것이 생기고 새로운 옷으로 갈아입는다는 의미가 될 것이다.

그렇다고 아무렇게나 마구잡이로 무질서하게 변하는 것은 아니다. 어머니가 없이 아기가 태어날 수 없듯이 변화는 자연환경과 시대의 환경에 따라 그에 어울리는 모습으로 진행된다. 그것은 계절이 찾아오는 이치와도 다르지 않다.

현대의 문화는 자연의 영향보다는 시대의 영향을 더 많이 받고 있다. 그로 인해 현대를 지배하고 있는 자본주의의 대량생산에 기초한 논리에 영향을 받고 동일성의 추구라는 상상력이 강하게 나타나고 있다고 보아야 한다.

한편 그에 대한 반작용으로 제기된 것 가운데 하나가 인문학이다. 과학과 기계를 토대로 한 현대 문명에 대한 인류의 문화적 대응 가운데 하나가 인문학이다. 인문학에 대한 열망이 찻잔 속의 태풍이 아닌 거센 열풍이 되어 붙고 있는 것은 위에서 간략하게 밝힌 인류 문화의 본질과 맞닿아 있다.

다만 인문학에 대한 열망에서 간과하고 있는 점을 지적한다면 인문학은 지식을 토대로 하고 있지만 지식 자체가 아니라는 점이다. 인문학은 수능을 위해 암기하는 단편적인 또는 단절된 지식이 아니다. 인문학은 백과사전적인 지식의 모음은 더욱이 아니다.

인문학은 인류 문화가 그래왔던 것처럼 지속적인 삶의 흔적이 묻어나는 변화의 과정과 맞닿아 있어야 한다. 그것은 요즘 화두인 '스토리텔링 Storytelling'을 통해 쉽게 접근할 수 있다. 스토리텔링은 시간에 따른 사건들의 나열이 아니다. 어떻게 살아왔는지를 풀어내는 것 역시 스토리텔링이 아니다. 살아오는 과정에서 생겨난 변화, 즉 고난을 극복하고 얻는 가치나 그 과정에서 얻은 삶의 의미를 풀어내는 것이 스토리텔링이다. 스토리와 스토리텔링은 다르다. 그러나 스토리 없는 스토리텔링이 있을 수 없다. 예부터 인류는 언제나 이야기를 좋아했다. 그것이 신화이든 저잣거리의 소문이든 늘 귀를 기울여 듣고 남에게 전했다.

그 대표적인 사례가 중동 지역에서 1,000여 년이 넘는 세월 동안 주고받은 이야기를 모아놓은 《아라비안나이트 Alf Lailah and Lailha, 천일야화라고도 함》이며 또한 오늘날 유행하고 있는 페이스북이나 인스타그램 등과 같은 SNS도 그 연장선상에 있다.

인류가 이야기를 좋아한 것은 이야기에 삶을 변화시키는 힘이 있기 때문이다. 이야기가 삶을 변화시키는 힘을 갖고 있는 것은 삶의 변화가 이야기 속에 들어 있기에 그렇다. 다만 오늘날의 SNS는 대체로 스토리에 머물고 스토리텔링이 되지 않기 때문에 대량생산된 동일한 물건처럼 그저 소비될 뿐이다.

   이 글은 인류 문화의 변화 과정을 이야기라는 수단을 통해 풀어놓은 것이다. 말 그대로 이야기나 생각, 물질문화가 자연환경과 시대적 환경이 다른 곳으로 전해졌을 때 어떻게 변화하는지, 그 변화 속에 담긴 의미가 무엇인지를 살펴보려고 했다.

   문화의 변화라는 주제는 수많은 사례들을 가지고 있다. 이 글에서는 대학에서 수업하면서 어려운 개념이나 내용을 쉽게 전달하기 위해 활용한 사례들을 중심으로 모아놓은 것이다. 어려운 것을 쉽게 풀어내기 위해 가장 좋은 수단은 역시 이야기이다.

   기본적인 구조는 서로의 다른 문화를 인정하는 문화상대주의를 바탕에 두고 문화충돌과 문화접변이라는 문화적 논리를 토대로 삼았다. 또한 문화 전래의 두 가지 이론인 진화론이나 전파론보다는 변화와 교류라는 관점을 기초로 삼았다.

   인문학은 높은 산을 올라가는 것과 닮아서 길이 하나만 있는 게 아니다. 또한 길을 찾아 정상에 이르는 것도 중요하겠지만 길을 오르면서 함께하는 사람과 깊은 이야기를 나누거나 세상을 느끼고 생각하며 즐기는 것이 더욱 중요한 것처럼 인문학 또한 우리 삶과 마주하고, 삶을 변화시키는 것이 중요하다는 점을 공유하고 싶은 바람이 이 글에 담겨 있다.

2015년 3월
이경덕

차
례
•

글을 시작하며 인문학은 단편적인 지식이 아니다 4

Chapter 1 말하고 싶어 하는 인간의 원초적 본능 —— 이야기

몽골신화와 〈선녀와 나무꾼〉
몽골신화 〈호리 투메드〉 15 | 이야기의 생존 조건 17 | 〈선녀와 나무꾼〉에 등장하는 사슴의 의미 20 | 날개옷의 상징 23 | 이야기의 의미 탐색 25

신라의 선묘, 일본의 기요히메
사랑 이야기와 금기 28 | 의상과 선묘 30 | 설화에서 현실이 된 선묘 34 | 섬나라의 상상력 36 | 안친과 기요히메의 어긋난 사랑 37

손오공과 아바타
손오공은 왜 원숭이일까? 41 | 인도로 구법 여행을 떠난 현장 43 | 《대당서역기》에서 《서유기》로 46 | 아바타의 기원 50 | 하누만과 손오공 52

오리엔탈리즘의 시초가 된 《아라비안나이트》
문화의 용광로, 중동 57 | 280여 편의 방대한 이야기 《아라비안나이트》 61 | 동양에 대해 환상을 품은 서양인 63 | 오리엔탈리즘의 출현 배경 65

고대 건국신화의 비밀
김수로와 허왕옥의 결혼 69 | 박혁거세 신화의 의미 74 | 일본 신화와 하늘 76 | 이집트와 그리스신화 79

Chapter 2 근원적인 불안에서 시작해 불변의 진리가 된 —— 종교

세계를 둘로 나눈 조로아스터
300년 유랑의 아리안족 87 | 유일신 사상의 출현 90 | 선악에 대한 이분법이 낳은 결과 93 | 최초의 제국 페르시아 97

불교의 생성과 전래
브라만교와 싯다르타의 출가 102 | 불교의 등장 104 | 인도 불교의 변화 107 | 알렉산드로스의 동방 원정군과 불교 전파 109 | 중국으로 건너간 불교 111

혼인을 통해 전해진 티베트 불교
당나라 문성 공주가 티베트로 시집간 이유 115 | 차와 말을 바꾸던 옛길, 차마고도 117 | 뵌교와 불교의 충돌 119 | 티베트 불교와 달라이 라마 122

방랑을 통해 얻은 가르침, 헤브라이즘
힉소스의 몰락이 미친 영향 125 | 헤브라이인들의 고난 129 | 바빌론유수 131 | 디아스포라와 헤브라이즘 132

그리스도교의 시작과 변용
헤브라이즘과 그리스도교 136 | 그리스어로 번역된 《70인역 성서》 139 | 바이킹을 만난 그리스도교 142 | 라그나뢰크와 천국 145

Chapter 3　가장 폭력적인 잉태 —— 전쟁

유목민 vs 정착민

유목민에 대한 첫 기록 151 | 흉노의 기마 군단과 진시황 156 | 백등산 전투의 기막힌 반전 158 | 유목 국가와 농경 국가의 관계 변화 162

전쟁이 낳은 엉뚱한 결과

중국의 4대 미녀 왕소군의 비극 165 | 흉노에 원한을 품은 무제 168 | 화번 공주에서 시작된 신성한 혈통 172 | 세계사의 미스터리, 훈족 174 | 진나라를 무너뜨린 유연 175

탈라스 전투와 종이의 전래

동방의 강자, 고구려의 몰락 179 | 발해의 건국과 몰락 184 | 고구려 출신의 당나라 장수, 고선지 186 | 탈라스 전투와 제지법의 전래 189 | 세상에서 가장 오래된 목판 인쇄물 191

히틀러의 비밀 무기와 아폴로11호의 달 착륙

과학이 바라보는 세상 193 | 히틀러와 제2차 세계대전 197 | 과학기술의 발전을 앞당긴 전쟁 200 | 과학자들의 선택 202

알렉산드로스 대왕의 동방 원정과 석굴암

전쟁의 이유 205 | 알렉산드로스의 동방 원정 208 | 페샤와르의 석굴에서 경주의 석굴암까지 212 | 신라의 금관 215

Chapter 4 욕망에서 시작된 모험 —— **교역**

서양철학을 발흥시킨 밀레투스의 비밀
에우로페와 미노스 219 | 아름다운 남자 사르페돈 221 | 도시국가 밀레투스 222 | 철학의 아버지 탈레스 224 | 세상의 본질은 무엇인가 226 | 밀레투스의 몰락 228

정화와 콜럼버스를 통해 본 동서양의 세계관
항해하는 두 남자 230 | 콜럼버스와 대항해 시대의 개막 232 | 정화가 항해를 시작한 이유 235 | 서로 다른 길을 간 동서양 238

문명과 욕망의 고속도로 실크로드
고대 교류의 역사 240 | 실크로드의 두 축, 페르시아와 중국 243 | 세계사를 떠받치던 허리, 실크로드 246

처용과 석탈해가 의미하는 것
무슬림 상인들의 등장 251 | 바다에서 온 남자 처용 255 | 처용의 얼굴 258 | 뼈의 기록을 남긴 석탈해 260

마르코 폴로와 마테오 리치의 공통점
두 선교사의 몽골 방문 263 | 마르코 폴로의 《동방견문록》 265 | 《동방견문록》을 바라보는 다양한 시각 267 | 몽골제국 내의 그리스도교 270 | 포르투갈과 중국 272 | 교류의 모범을 제시한 마테오 리치 274

글을 마치며 가장 치열한 교류의 현장에서 인문학의 동력을 탐색하다 278

chapter 1

말하고 싶어 하는 인간의 원초적 본능

스토리

우리들이 알고 있는 많은 이야기, 즉 신화나 동화, 민담 등은 수없이 많은 이야기들과의 경쟁에서 살아남은 것들이다. 인류는 늘 이야기를 좋아했기 때문에 엄청난 양의 이야기를 만들어왔고 누에가 실을 자아내듯 지금도 끊임없이 만들고 있다. 소설이나 영화는 오늘날의 대표적인 이야기들이다. 그중에서 100년, 200년 후까지 살아남았다면 그 이야기는 엄청난 경쟁력을 가지고 있다고 할 수 있다.

몽골신화와
〈선녀와 나무꾼〉

몽골신화 〈호리 투메드〉

겨울이 지나고 봄이 오면 꽃이 피어 세상이 화사해지고 그에 따라 사람들의 옷차림도 변하고 마음도 봄의 생동감에 맞춰 바뀐다. 계절이 바뀌면 마트에 진열된 과일의 색깔도 달라지고 그에 따라 먹고 싶은 것도 변한다. 이렇게 계절 하나만 바뀌어도 많은 것이 변한다.

문화도 다르지 않아 같은 것이라고 해도 다른 풍토와 환경에 놓이면 모습을 달리한다. 세상의 이치가 그렇고, 그건 불변의 진리이다. 세상은 늘 변하고 그 속에서 살아가는 인간도 다르지 않다.

그것은 단순히 옷차림이나 마트에 진열된 과일처럼 눈에 보이는 것에만 국한되지 않는다. 이야기나 생각처럼 추상적인 실체가 없는 것들도 변화한다. 특히 이야기의 경우 같은 내용이라고 해도 강을 건너고 산을 넘으면 다른 의미를 가진 이야기로 탈바꿈한다. 어릴 때 한 번쯤 해보았던 '귓속말 전달하기' 게임처럼 여러 사람을 거치면서 원래의 것과 다르게 변화하듯 말이다. 여러 귀와 입을 거치면서 내용이 달라지는 것은 참가하는 사람들의 생각과 관심이 다르기 때문이다.

이와 유사한 과정을 한국으로 건너온 몽골신화를 통해서 살펴보자.

아주 오래전에 호리 투메드라는 젊은이가 살았다. 호리 투메드는 아직 결혼을 하지 않았기 때문에 아내와 아이가 없었다. 어느 날 호리 투메드는 바이칼 호수 주변을 걷다가 동북쪽에서 백조 아홉 마리가 날아와 호숫가에 앉는 것을 보았다. 그런데 놀랍게도 백조가 하얀 깃털 옷을 벗자 여자로 변했다. 아홉 명의 여자들은 호수에서 목욕을 했다.

호리 투메드는 멀리서 숨을 죽이고 그 장면을 훔쳐보았다. 그러다가 얼른 아홉 개의 백조 옷 가운데 하나를 숨겼다. 목욕이 끝나자 여덟 명의 여인은 백조 옷을 입고 하늘로 날아갔지만 한 여자는 옷을 잃어 날아오를 수가 없었다. 그 여자는 어쩔 수 없이 호리 투메드의 아내가 되었다.

호리 투메드와 백조 여인 사이에서 자식이 열한 명 태어났을 때 아내가 된 백조 여인이 호리 투메드에게 고향으로 돌아가겠다며 옷을 돌려달라고 부탁했다. 호리 투메드는 아내를 잃고 싶지 않은 마음에 거절했다.

얼마 후 아내는 슬픈 표정으로 옷을 한 번만 입어보게 해달라고 졸랐다. 호리 투메드는 큰 문제가 없을 것이라고 생각해 옷을 꺼내주었다. 그러자 아내는 백조 옷을 입고 큰 날개를 펼쳐 하늘로 날아올랐다.

호리 투메드는 놀라서 검댕이가 묻은 손으로 백조의 다리를 붙잡았지만 결국 놓치고 말았다. 그 이후 백조의 다리가 까맣게 변했다.
호리 투메드는 떠나는 아내를 향해 아이들의 이름을 지어달라고 소리쳤다. 백조로 변한 아내는 아이들의 이름을 하나씩 지어주고는 이렇게 축복했다.
"자나 깨나 자손 대대로 괴로움 없이 지낼 것이다. 행복하게 지낼 것이다. 자손이 번성할 것이다."
축복을 마친 아내는 동북쪽을 향해 날아갔다. 사람들은 그 백조 여인이 어디에서 왔는지 알지 못했다. 훗날 호리 투메드의 열한 명의 아이들은 열한 개 씨족의 조상이 되었다.

이 몽골의 신화를 읽으며 낯익은 우리의 이야기를 하나 떠올렸을 것이다. 바로 〈선녀와 나무꾼〉이다. 기본적인 줄거리는 대체로 비슷하다. 백조 대신 선녀로 바뀌지만 하늘에서 날아왔다는 점에서 백조 옷을 입은 여자를 선녀라고 봐도 전혀 무리가 없다.

이야기의 생존 조건

호리 투메드 이야기는 줄거리가 단순한 만큼 전달하려는 내용도 분명하다. 동북쪽에서 날아온 백조 옷을 입은 선녀의 후손이 열한 개 씨족의 조상이 되었다는 내용이다. 그러니까 열한 개 씨족의 조상들이 하늘에서 온 신성한 혈통을 가진 존재임을 호리 투메드 이야기를 통해 전달하려는 것이다. 덧붙여 백조의 발이 검은색인 원인을 알려주는 기원에 대한 이야기이기도 하다.

그런데 이 이야기가 물을 건너고 산을 넘어 한반도로 유입되면서 묘하게 바뀐다. 특히 하늘에서 내려온 백조가 날개옷을 입은 선녀가 된 점은 참 흥미롭다. 선녀가 목욕하는 동안 옷을 숨긴 남자와 결혼을 해서 아이를 낳는다는 줄거리는 〈호리 투메드〉 설화와 같다.

하지만 백조와 미혼 남자가 결혼하는 것과 나무꾼이 선녀와 결혼하는 것은 차원이 다른 이야기이다. 그래서 〈선녀와 나무꾼〉 이야기에 열광하고 빠져들어 지금까지 전해 내려왔는지도 모른다. 요즘에 비유하면 재벌 2세와 가난한 아가씨, 또는 대단한 배경의 상속녀와 일반인 남자가 만나 결혼하는 것과 다를 바가 없기 때문이다. 흔히 신데렐라로 대표되는 이런 류의 이야기는 외부적 요인에 의해 삶이 완전히 바뀐다는 점에서 늘 매혹적으로 다가온다. 살아가는 동안 누구나 한 번쯤 꿈꿀 만한 이야기, 〈호리 투메드〉 설화가 살아남기 위해 이야기를 변주한 것은 아니었을까.

언어에 문법이 있듯이 이야기에도 문법이 존재한다. 아무렇게나 이야기를 만들 수는 없다. 아이들이 만들어낸 이야기는 엉뚱하고 흥미롭다는 점에서 신화와 다르지 않지만 널리 알려지지는 않는다. 사람들의 공감을 얻을 수 있는 문법에 맞게 만들어지지 않았기 때문이다.

새롭게 만들어진 이야기가 사람들을 설득하지 못하면 그 이야기는 웃음과 함께 곧바로 사라지고 만다. 사람들을 설득하고 감동을 주기 위해서는 문법에 따른 맥락과 상징이 적절하게 이야기 속에서 작용해야 한다. 이때 상징은 문화의 토대를 이루는 것이다. 즉 상징은 그 문화를 향유하고 있는 사람들이 공통적으로 느끼고 이해하는 것이다.

예를 들면 가운뎃손가락을 드는 것은 세계화를 통해 많은 사람들이 그

의미를 이해하지만 여전히 지구상에 사는 많은 사람들은 알지 못한다. 따라서 그 의미를 모르는 사람들에게 가운뎃손가락을 들어도 그 행위가 무엇을 상징하는지 알 수 없기 때문에 단순한 행동에 그치고 만다. 이렇게 보면 한 문화에서 통용되는 상징은 그 문화의 틀이며 토대가 된다.

또한 우리들이 알고 있는 많은 이야기, 즉 신화나 동화, 민담 등은 수없이 많은 이야기들과의 경쟁에서 살아남은 것들이다. 인류는 늘 이야기를 좋아했기 때문에 엄청난 양의 이야기를 만들어왔고 누에가 실을 자아내듯 지금도 끊임없이 만들고 있다. 소설이나 영화는 오늘날의 대표적인 이야기들이다.

그중에서 100년, 200년 후까지 살아남았다면 그 이야기는 엄청난 경쟁력을 갖고 있다고 할 수 있다. 그것이 영화라면 고전이라고 불리는 것이 될 것이다.

고전으로 남을 수 있는 경쟁력은 사람들을 설득하고 감동시키는 힘이며 그를 위해서는 사람들이 보편적으로 가지고 있는 상징의 활용과 납득할 수 있는 맥락이 갖추어져야 한다. 그리고 상징을 통한 의미의 확보가 필수적이다. 여기서 의미는 말하고자 하는 바를 말한다. 아무리 흥미로운 이야기라 해도 의미를 갖지 못하면 감동과 설득이 약화되어 경쟁력을 잃게 된다.

민담을 예로 들면, 실제로 사람들에게 널리 알려진 것은 손에 꼽을 수 있을 정도로 적다. 〈선녀와 나무꾼〉을 비롯해서 〈우렁 각시〉, 〈아기장수〉, 〈호랑이와 곶감〉, 〈해와 달이 된 오누이〉 정도가 살아남아 현대까지 전해져 회자되고 있을 뿐이다.

이 가운데에서 〈선녀와 나무꾼〉은 하늘나라의 선녀와 지상의 평범한 남자가 결혼한다는, 어떻게 보면 간단하고 단순한 이야기 구조를 갖고 있지만 신분을 뛰어넘는 결혼이라는 주제로 사람들의 꿈과 환상을 자극하고 매혹시켜 현대까지 살아남은 것이다.

〈선녀와 나무꾼〉에 등장하는 사슴의 의미

〈호리 투메드〉는 씨족 기원에 관련된 신화였다. 이번에는 〈선녀와 나무꾼〉의 개괄적인 줄거리를 살펴보자.

> 어느 날, 나무꾼은 사냥꾼에게 쫓기는 사슴을 숨겨주었다. 사슴은 목숨을 구해준 은혜에 보답하고자 선녀들이 목욕하는 곳을 일러주며 선녀의 날개옷을 감추고 아이를 셋 낳을 때까지 보여주지 말라고 당부한다. 사슴이 일러준 대로 선녀의 날개옷을 감추자 목욕이 끝난 다른 선녀들은 모두 날아 하늘로 돌아갔으나 한 선녀만이 가지 못하게 되었다. 그리고 나무꾼은 그 선녀를 데려다 아내로 삼았다.
> 아이를 둘까지 낳고 살던 어느 날 나무꾼은 선녀의 간절한 부탁에 그만 날개옷을 내어주고 만다. 선녀는 날개옷을 입어보는 체하다가 그대로 아이들을 데리고 승천한다. 아내와 아이를 잃고 실의에 빠져 있는 나무꾼에게 다시 사슴이 나타나 하늘에서 두레박으로 물을 길어 올릴 터이니 그것을 타고 올라가면 처자를 만날 수 있을 거라고 일러준다.
> 사슴이 알려준 대로 하늘에 올라간 나무꾼은 한동안 처자와 행복하게 살았다. 하지만 나무꾼은 지상에 혼자 계신 어머니가 못내 그리워져 아내의 주

선으로 용마를 타고 내려온다. 이때 아내는 남편에게 절대로 용마에서 내리지 말라고 당부한다.

다시는 보지 못할 줄 알았던 아들을 만난 어머니가 평소 나무꾼이 좋아하는 호박죽 또는 팥죽 을 쑤어준다. 나무꾼은 어머니의 정성에 죽을 먹다가 말 등에 흘리고 만다. 용마는 놀라서 나무꾼을 땅에 떨어뜨린 채 승천한다. 지상에 떨어져 홀로 남은 나무꾼은 날마다 하늘을 쳐다보며 슬퍼하다가 죽었다. 그러고는 수탉이 되어 지금도 지붕 위에 올라 하늘을 바라보며 운다. 《한국민족문화대백과》 한국학중앙연구원

〈선녀와 나무꾼〉은 선녀가 아이들을 데리고 하늘로 갔다는 점에서 이미 씨족 기원 신화에서 벗어났다. 그리고 또 하나 눈에 띄는 것은 초반에 등장하는 '옷을 돌려주지 말라'는 사슴의 금기이다.

이 내용은 〈호리 투메드〉 설화에는 나오지 않는다. 그리고 이 금기는 이야기 전체를 관통하는 맥락을 형성해서 긴장감을 불어넣는다. 그리고 금기를 통해 〈호리 투메드〉 설화와는 전혀 다른 의미를 갖는 이야기로 변한다.

좀더 구체적으로 살펴보면 〈선녀와 나무꾼〉에서 금기가 등장한 것은 씨족 기원 신화가 아니기 때문이다. 씨족 기원 신화는 예를 들면 박혁거세나 김수로 신화와 같은 것이다. 잘 알려진 것처럼 하늘에서 내려온 김수로는 가야의 왕이 되고, 김해 김씨의 조상이 되었으며 하늘에서 내려온 말이 낳은 알에서 태어난 박혁거세는 박씨의 조상이 되고 신라의 초대 왕이 되었다. 〈선녀와 나무꾼〉의 이야기가 한반도에 전래되었을 때에 이미 이러한

씨족 기원에 대한 신화들이 있었다.

따라서 몽골신화 〈호리 투메드〉가 지닌 원래의 성격을 살릴 수 없게 되었고 한반도의 상황에 맞게 새로 옷을 갈아입어야 했다. 그러려면 이야기의 구조가 바뀌어야 한다.

따라서 일반 생활 속에서 나무꾼이 선녀와 결혼하는 것은 불가능한 일이 되고, 그 때문에 사슴을 구해주고 그에 대한 보은으로 선녀를 얻게 된다는 이야기로 바뀐다. 그냥 아무 이유 없이 선녀와 나무꾼이 결혼한다는 것은 막장 드라마에도 나오지 않을 정도로 설득력이 떨어지기 때문이다.

〈선녀와 나무꾼〉에서의 선녀는 특정한 개인을 지칭하는 것이 아니다. 하늘이라는 인간이 도달할 수 없는 높은 곳에 사는 아름다운 존재를 가리키는 말이다. 마찬가지로 나무꾼 또한 특정한 개인이 아니라 땅에 살고 있는 별 볼 일 없는 남자, 즉 보통 남자를 가리키는 말이다.

이처럼 선녀와 나무꾼의 신분은 하늘과 땅만큼 큰 차이가 난다. 그래서 애초에 이 두 사람이 만날 가능성이 희박하다. 움직이는 동선이 다르기 때문에 부딪칠 일이 거의 없다. 그래서 신분이 다른 두 사람을 만나게 해줄 주선자가 필요하다. 〈선녀와 나무꾼〉에서 그 만남을 주선하는 것은 사슴이다.

그런데 선녀와 나무꾼의 결혼은 누가 보아도 공평하지 않다. 따라서 그것을 상쇄하는 역할을 하는 것이 금기이다. 별 볼 일 없는 나무꾼이 신분 높은 선녀와 결혼하는 데 까다로운 조건이 하나 달려 있는 셈이다. 그래야 이 이야기를 듣는 사람들이 납득을 하고 고개를 끄덕일 수 있다. 나라를 구하거나 큰 업적을 세우지도 않았는데 전혀 다른 차원의 생활을 하던 나무꾼이 선녀와 결혼하는 것은 터무니없는 공상에 불과하다. 그래서는 사람들의 공감을 이끌어내기 어렵다.

또한 이 금기를 이야기의 맥락 속에 자연스럽게 설정하기 위해 쫓기는 사슴을 등장시킨다. 즉 제한적인 옵션이 하나 붙는 것이다.

날개옷의 상징

선녀에게 옷을 돌려주어서는 안 된다는 금기는 자연스럽게 사람들의 눈길을 선녀의 날개옷으로 향하게 만든다. 다르게 표현하면 금기는 손가락을 들어 옷을 가리키며 주목할 것을 요구한다. 즉 금기라는 서치라이트가 옷을 향해 비추는 것이다.

〈호리 투메드〉의 이야기에서 옷은 단순히 하늘과 땅을 이어주는 매개 역할을 하지만 〈선녀와 나무꾼〉에서는 금기와 결합하면서 매우 중요한 상징이 된다. 선녀의 날개옷은 〈선녀와 나무꾼〉의 실제적인 주인공이라고 부를 수 있을 정도로 중요한 역할을 한다.

몽골신화에서 옷은 입으면 하늘로 날아갈 수 있는 것에서 그쳤지만 〈선녀와 나무꾼〉에서는 금기를 통해 새로운 매개를 만들어낸다. 즉 옷을 입으면 선녀가 되어 하늘로 올라가고, 옷을 벗으면 나무꾼의 아내가 되어 땅에 살아야 한다.

이와 반대로 나무꾼의 입장에서는 옷을 숨기면 선녀와 아이들이 포함된 가족이 함께 살 수 있고, 옷을 드러내면 홀아비가 된다. 정리하면 하나가 드러나면 다른 하나는 사라지고 하나가 사라지면 다른 하나가 드러난다.

나무꾼은 호리 투메드보다 좀더 가족에 가까이 다가간다. 호리 투메드는 열한 명의 아이들을 얻고 그 아이들이 씨족의 조상이 되지만 나무꾼은 옷을 드러내는 순간 아이를 포함한 가족을 잃게 된다. 그 때문에 두레박을 타고 하늘로 올라가는 이야기가 첨가된다.

그리고 또 하나의 가족인 어머니 때문에, 즉 어머니를 따르지 않으면 하늘로 올라가 아내와 아이들과 함께 살 수 있었지만 어머니를 선택했기에 수탉이 되고 만다. 하나를 드러내면 하나가 사라진다는 공식이 그대로 적용된다.

또한 몽골신화에서는 옷을 벗고 입는 것에서 머물렀지만 〈선녀와 나무꾼〉에서는 숨김과 드러냄이라는 새로운 의미를 가진 요소가 놀이터의 시소처럼 한쪽이 올라가면 한쪽이 내려간다. 이 숨김과 드러냄으로 인해 뒤에서 전개되는 올라감과 내려감이라는 요소가 맥락적으로 납득이 되고 의미를 갖게 된다.

두레박을 타고 올라가고 말을 타고 내려오는 것은 선녀의 날개옷이 지닌 의미를 반복한 것에 지나지 않는다. 날개옷 또한 입고 벗는 것에 따라 올라가고 내려오는 성격을 지니고 있기에 그렇다.

한편 몽골의 〈호리 투메드〉 이야기가 씨족 기원에 대한 신화였는데 그 영향력은 그대로 〈선녀와 나무꾼〉 이야기에 남아있다. 다르게 표현하면 〈호리 투메드〉의 그림자가 드리워져 있다. 앞서 지적한 것처럼 씨족 기원에 대한 신화는 한반도에 이미 존재하고 있었고, 따라서 〈선녀와 나무꾼〉의 이야기는 그 이후, 즉 사회가 형성되고 그 사회의 가장 기본적인 단위인 가족에 대한 이야기로 방향을 바꾸었다.

이야기의 의미 탐색

앞에서 이야기 속에 의미가 없거나 약하면 그 이야기는 경쟁력을 잃고 사라지게 된다는 점을 지적했다. 먼저 살펴본 〈호리 투메드〉는 열한 개 씨족의 조상이 하늘과 관련된 신성한 혈통을 갖고 있다는 분명한 의미를 갖고 있다.

그렇다면 〈선녀와 나무꾼〉은 어떤 의미를 가지고 있을까? 한반도에 사는 사람이라면 대부분 〈선녀와 나무꾼〉의 이야기를 알고 있다. 우리는 왜 이 이야기는 알고 있을까? 이 물음은 이야기가 지닌 의미를 탐색하는 지름길이다.

사슴을 구해주는 것처럼 착한 일을 하면 보상을 받는다는 이야기는 초등학생을 위한 교훈에 불과할 뿐이다. 이렇게 착한 일을 하면 복을 받는다는 이야기는 〈선녀와 나무꾼〉 외에도 얼마든지 존재한다. 또한 그래서는 〈선녀와 나무꾼〉이 지니고 있는 중요한 모티프인 금기가 지니고 있는 의미가 필요 없게 된다. 따라서 그것이 〈선녀와 나무꾼〉만이 지닌 고유한 의미가 될 수 없다.

〈호리 투메드〉 설화와 〈선녀와 나무꾼〉의 가장 큰 차이점은 사슴의 입을 통해 나온 금기에 있다. 그 금기는 자연스럽게 이야기를 듣는 사람에게 날개옷에 주목할 것을 요구한다. 그리고 그 금기로 인해 날개옷은 이야기의 의미를 나타내는 상징이 된다.

〈선녀와 나무꾼〉에서 날개옷의 역할은 숨김과 드러냄에 있음을 알아보았다. 나무꾼의 입장에서 옷을 감추면 아름다운 선녀와 함께할 수 있지만, 드러내면 그 아름다운 선녀는 사라지고 아내와 아이를 잃은 홀아비로 전락하게 되고 만다. 감추면 아름다운 아내와 사랑스러운 아이들과 함께할 수 있지만 드러내면 그들이 사라지는 것이다. 사슴이 말한 금기의 핵심은 이것이다. 어쩌면 사슴은 수수께끼를 내듯 우리에게 묻는 것인지도 모른다.

"감추면 행복하고 드러내면 불행해지는 게 뭘까?"

그렇다면 우리 생활 속에서 감추면 함께 있을 수 있고 드러내면 사라지는 것이 무엇일까? 많은 것들을 생각할 수 있다. 그 가운데에서 가장 대표적인 것은 차별이다. 일단 차별이 드러나면 함께하기 힘들다. 선녀와 나무꾼의 신분 차이는 날개옷을 숨김으로써, 즉 선녀의 신분을 숨김으로써 부부가 되어 아이를 낳고 살 수 있었다. 그런데 선녀가 날개옷을 통해 신분을 회복하고 그로 인해 천상의 여인과 평범한 남자라는 신분 차이가 확연하게 드러나 그들은 더 이상 부부로 살 수 없게 된 것이다. 그래서 선녀는 하늘로 떠나간다.

그것은 개인뿐만 아니라 사회도 마찬가지다. 예를 들면 신분이나 부의 차별이 그렇다. 실제로 행복지수가 높은 나라일수록 빈부의 격차를 나타내는 지니계수 Gini's Coefficient, 소득이 어느 정도 균등하게 분배되는가를 나타내는 소득 분배의 불균형 수치 가 낮은 나라들이다. 부자와 가난한 자의 차이가 적고 그래서 차별이 적은 나라가 행복하다는 뜻이다. 한국은 외국에서 부러워할 정도로 높은 경제 성장을 했지만 행복지수는 동남아시아의 가난한 나라보다 낮다. 그것은 빈부 격차가 점점 벌어지고 차별이 생기는 것과 관련이 있을 것이다.

살고 있는 아파트의 평수를 묻고 연봉을 묻는 것은 차이를 드러내는 것이고, 이를 〈선녀와 나무꾼〉의 이야기에 비유해서 말하면 날개옷을 드러내는 일이다. 이렇듯 차별은 함께 살 수 없게 만들어 사람을 불행하게 만드는 원인이 된다. 이때 선녀의 옷은 차별의 상징이 된다.

〈선녀와 나무꾼〉은 차별이 존재하는 세상이 얼마나 불행한지를 여실히 보여준다. 차별이 사라지면 나무꾼은 가족과 함께 단란하게 살아갈 수 있는데 그 차별을 드러내면서 가족을 잃고 수탉이 되어야 하는 신세가 된다. 이때 수탉은 울음을 통해 새벽을 알린다는 점에서 새로운 하루를 차별 없이 행복하게 살 것을 경고하는 상징으로도 볼 수 있다.

그러니까 몽골신화인 〈호리 투메드〉가 한반도로 전래되면서 이야기의 줄거리는 그대로 남았지만 씨족 기원 신화로서의 의미는 사라지고 차별 없이 함께 행복하게 사는 것의 아름다움이라는 새로운 의미로 변형된 것이다.

신라의 선묘,
일본의 기요히메

사랑 이야기와 금기

중동 지역에서 거의 천 년에 걸쳐 만들어진 인류 최고의 이야기 책으로 꼽히는 《아라비안나이트》는 모두 280여 편의 이야기를 담고 있는데 그 가운데 압도적으로 많은 주제는 단연 사랑이다. 그것은 사랑 이야기가 예부터 사람들 사이에서 가장 인기가 있고 흥미를 끄는 주제임을 증명해준다. 또한 오늘날에도 끊임없이 사랑 이야기가 만들어지고 있다.

우리가 알고 있는 사랑 이야기만 해도 헤아릴 수 없을 정도로 많다. 그 가운데에서도 사람들의 흥미와 눈길을 잡아끄는 것은 소위 '이루어질 수 없는 사랑' 이야기이다. 《로미오와 줄리엣 Romeo-Juliet, 셰익스피어가 지은 희곡》처럼 서로 적대적인 사이의 집안 때문에 살아서 사랑을 이루지 못한 비극적인 사랑 이야기도 있고, 《미녀와 야수 Beauty and Beast, 고대로부터 전해 내려온 전설》

처럼 서로 하늘과 땅처럼 달라서 주위에서 모두 반대해 이루어질 수 없을 듯 보이지만 그것을 극복하고 사랑을 이루어내는 경우도 있다.

《로미오와 줄리엣》이나 《미녀와 야수》가 많은 사람들의 사랑을 받는 이유는 그들 앞에 놓여 있는 '사랑해서는 안 되는' 장벽 때문이다. 연인의 앞날을 예측할 수 없는 장벽으로 인해 이야기를 읽고 듣는 사람은 그들의 애절한 사랑 이야기에 공감하게 된다. 일반인들의 사랑의 경우 당사자들에게는 절절한 것이겠지만 막상 이야기가 되면 평범해지기 때문에 주목받기는 힘들다.

하지만 오랫동안 사람들의 입에 오르내리며 전해지는 사랑 이야기들 중에는 이른바 '해서는 안 되는' 금기를 포함하고 있는 경우가 많다. 그중 가장 강력한 금기는 가족끼리의 사랑, 즉 근친상간이다. 그리고 또 하나는 종교적 소명을 받은 사람들, 즉 신부나 승려처럼 신분적 제약을 가지고 있는 사람들과의 사랑이다.

어느 사회든 그 사회만의 고유한 금기가 존재하기 마련이다. 그리고 금기에 대처하는 모습을 통해 그 사회가 지닌 고유한 문화를 엿볼 수 있다.

여기서는 두 편의 유사한 이야기를 통해 한국과 일본 각각의 고유한 세계관을 살펴보려고 한다. 우리의 이야기는 신라의 고승 의상義湘을 사랑한 선묘 이야기이고, 일본의 이야기는 안친이라는 승려를 사랑한 기요히메의 이야기이다.

의상과 선묘

의상은 신라의 왕족으로 태어났지만 정치보다는 종교에 뜻을 두었다. 잘 알려진 것처럼 의상은 원효와 함께 불법을 배우기 위해 당나라로 유학을 떠난다. 하지만 원효가 해골바가지에 담긴 물을 마신 후 모든 것은 마음먹기에 달려 있다는 깨달음을 얻고 유학을 포기한 탓에 의상은 669년 홀로 떠나게 된다.

중국으로 떠난 의상의 행적에 대해서는 송나라 때 찬녕贊寧이라는 승려가 쓴 《송고승전宋高僧傳》에서 찾아볼 수 있다. 이 책에는 의상이 중국에서 겪은 이야기가 기록되어 있다. 이른바 〈선묘 설화〉로 그 내용을 간단하게 요약하면 이렇다.

●
의상 대사
통일신라시대의 승려로 당나라에 건너가 화엄(華嚴)을 공부하고 귀국 후 왕명(王命)을 좇아 부석사를 세웠다. 당나라에서 만난 선묘와의 사랑 이야기는 지금까지 전해지고 있다.

당나라에 도착한 의상은 잠시 유지인이라는 사람의 집에 머물렀다. 유지인에게는 선묘라는 이름을 가진 아름다운 딸이 있었다. 뛰어난 미모의 선묘는 많은 남자들에게 구혼을 받았지만 번번이 물리쳐 왔다. 그런 선묘가 당나라에서 건너온 의상을 보고 한눈에 반하고 말았다.

그 이후 선묘는 왕족이자, 훤칠한 용모까지 지녀 손색 없는 사윗감이라고 생각하는 아버지의 암묵적인 지원을 받으며 의상의 주변을 맴돌았다. 어느덧 선묘의 마음은 의상을 향해 불꽃처럼 타오르는 연모의 정으로 가득했다. 의상 또한 그것을 모를 리 없었다. 날이 갈수록 선묘의 마음은 사랑으로 가득 찬 풍선처럼 부풀어 올랐다. 물론 선묘는 의상이 당나라에 불법을 공부하러 온 수행자임을 알고 있었다. 하지만 상관없다고 생각했다.

선묘는 온갖 치장을 하고 아름다운 향기를 풍기며 의상을 유혹하려고 했다. 의상은 굳이 선묘를 피하려고 하지 않았다. 그렇지만 수행자의 태도를 잃지 않는 한결같은 모습으로 선묘를 대했다.

의상은 자기가 추구하는 길이 있었다. 그 마음을 잃지 않았고 그렇다고 선묘를 차갑게 대하지도 않았다. 서로가 추구하며 걸어가는 길이 다를 뿐이라고 생각했을지도 모르겠다. 이런 의상의 태도는 훗날 의상이 속초의 낙산사를 창건하면서 쓴 기원의 글인 〈백화도량발원문 白花道場發願文〉에 잘 나타나 있다. 이런 대목이 있다.

惟願弟子 生生世世 이 제자는 영원토록 세세생생 날 적마다
稱觀世音 以爲本師 관음보살 대성인을 스승으로 모시면서
如彼菩薩 頂戴彌陀 이마 위에 아미타불 받들 듯이
我亦頂戴 觀音大聖 저도 또한 그와 같이 보살님을 따르리다.

이렇듯이 의상은 아름다운 선묘를 두고도 자신이 생각한 바를 이루기 위해 매진한다. 그리고 그런 한결같은 의상의 의지에 선묘는 더욱 큰마음

으로 사랑하게 된다.

시간이 흐르면서 오히려 선묘의 마음속에 거대한 바위보다 더 굳고 바다보다 더 넓은 의상의 마음이 들어가기 시작했다. 선묘의 마음에서 연모와 세속적인 사랑이 줄어들고 의상에 대한 존경의 마음은 점점 커졌다. 급기야 선묘는 의상을 따라 불교에 귀의해 수행하겠다는 결심까지 하게 되었다. 그리고 자기의 생각을 의상에게 털어놓았다.

의상을 스승으로 삼아 불법을 배우겠다는 것, 스님이 큰 깨달음을 얻고 대성할 수 있도록 늘 정성을 다해 기원하겠다는 각오를 밝혔다. 그리고 의상에게 불법의 공부가 끝나면 자기를 보러 와달라고 부탁했다. 의상 또한 순순히 그러하겠다고 대답했다.

그리고 의상은 화엄을 공부하기 위해 당대 최고의 고승인 지엄이 살고 있는 종남산 지상사로 향했다. 선묘는 억누르기 힘든 쓸쓸한 마음으로 떠나는 의상의 뒷모습을 지켜보았다.

《삼국유사三國遺事》에는 의상과 지엄의 첫 만남이 기록되어 있다.

지엄은 의상이 찾아오기 전날 신라에서 뻗어 나온 나뭇가지가 중국을 덮고 나무 위에 봉황의 둥지에 놓인 구슬에서 밝은 빛이 나는 꿈을 꾸었다. 그리고 신라에서 찾아온 의상을 만났다. 의상은 7년 동안 지엄의 지도를 받으며 수행했다.

그러다가 지엄이 세상을 떠나자 다음해에 의상은 종남산 지상사를 떠나 신라로 돌아간다. 당시는 함께 백제를 무너뜨린 신라와 당나라의 사이가 벌어지고 있을 때로 의상은 신라로 귀향할 것을 결심한다. 승려의 신분이지만 한편으로 신라인으로서 당나라의 신라 침공에 대해 알려야 할 의무를 느꼈을 것으로 추정된다.

또한 의상은 함께 불법에 귀의하겠다던 선묘 또한 잊지 않고 있었다. 의상은 신라로 가는 배에 오르기 전에 선묘의 집을 찾았다. 그런데 어긋난 인연 탓인지 선묘는 집에 없었다. 선묘가 의상의 소식을 들은 것은 의상이 배에 오른 뒤였다.

집으로 돌아온 선묘는 의상이 왔다갔다는 말을 듣고 평소부터 의상을 위해 준비해둔 책과 직접 만든 의복, 음식을 싸들고 한달음에 선착장으로 달려갔다. 그러나 야속하게도 이미 배는 떠난 뒤였다.

선묘는 포기하지 않고 바다가 보이는 높은 절벽 위로 애를 쓰며 올라갔다. 그리고 준비한 의복을 바다를 향해 던지며 그것이 의상에게 닿기를 기원했다. 그러자 바다에서 바람이 일어나 옷을 담은 상자가 배가 있는 쪽으로 향했다.

잠시 막막한 마음으로 바다를 바라보던 선묘는 정성을 다해 의상을 섬기겠다는 애초의 마음을 떠올리고 굳은 결심을 했다. 그리고 바다를 향해 뛰어들었다. 꽃잎처럼 바다를 향해 떨어지던 선묘의 몸은 바다에 닿기 전에 멋진 용으로 바뀌어 하늘로 날아올랐다. 용이 된 선묘는 의상이 타고 있는 배로 다가가 평온한 항해가 되도록 도왔다.

아름다운 여인 선묘는 의상을 연모하는 마음을 가졌지만 오히려 의상의 불법에 대한 꿋꿋한 의지에 감동한다. 그리고 그의 제자가 되어 평생 정성을 다해 모시겠다고 다짐하고 마침내 스스로 의상을 수호하는 용이 된 것이다. 굳건한 의상과 선묘의 절절한 마음이 투명한 베일 너머로 비쳐드는 햇살처럼 가감 없이 고스란히 전해지는 이야기이다.

설화에서 현실이 된 선묘

선묘의 이야기는 그녀가 용이 된 것으로 끝나지 않는다. 이제 이야기의 배경은 바다를 건너 중국에서 한반도로 바뀐다.

선묘가 다시 얼굴을 내민 곳은 배흘림기둥으로 유명한 무량수전이 있는 경북 영주에 있는 부석사다. 부석사는 의상이 왕의 명령에 따라 창건한 절로 의상과 매우 인연이 깊은 곳이니 선묘가 등장한다고 해서 이상할 것이 하나도 없다.

부석사의 창건 설화에 따르면 의상이 동해에 낙산사를 세운 다음 중국에서 공부한 화엄을 널리 알릴 사찰을 짓기 위해 좋은 터를 찾다가 태백산맥 산자락의 봉황산에 절을 세우려고 했다. 그런데 그곳을 차지하고 있는 무리들이 심하게 저항하며 절을 세우는 일을 방해했다.

그러자 용이 된 선묘가 나타나 세 차례나 거대한 바위를 들어 올리며 그곳을 차지하고 있는 무리들에게 겁을 주어 쫓아냈다. 부석浮石, 즉 떠 있는 바위라는 절의 이름은 여기서 유래했고 절 한 켠에 그 바위가 남아있다.

이런 연유로 부석사에는 독특한 건물이 하나 있다. 바로 선묘의 사당인 선묘각이다. 일반적으로 출가한 남자들이 모여 있는 절에 여성과 관련 있

부석사 선묘각
무량수전 동편에 있는 작은 누각에 있는 사당으로 당나라에서 공부를 마치고 귀국길에 오른 의상 대사를 보호하기 위해 물에 빠져 용이 되었다는 선묘가 모셔져 있다.

는 건물이 거의 없기에 매우 예외적인 건물이다.

의상의 노력으로 화엄이 신라의 땅에 널리 퍼지고 불교가 생활 속에 뿌리내리게 되자 선묘는 돌로 변해서 무량수전과 석등 사이로 몸을 숨겼다고 전한다. 여기까지가 부석사 창건 설화에 실려 있는 내용이다.

그런데 2001년 부석사를 살피다가 실제로 땅속에 13미터에 이르는 돌 용이 있음이 확인되었다. 대웅전을 향해 머리를 둔 돌로 된 용이 발견된 것이다. 아득한 세월을 뛰어넘는 믿기 힘든 이야기가 현실이된 셈이다.

이쯤 되면 선묘가 바다에 떨어져 용이 된 것도 사실로 느껴지고 그 돌로 된 용이 다시 하늘로 날아오른다고 해도 하등 이상할 것이 없는 기묘한 현실감을 가지게 된다.

섬나라의 상상력

이제 중국에서 비롯된 의상과 선묘의 이야기는 한반도를 지나 현해탄을 건너 일본으로 건너간다. 13세기 무렵에 일본의 명혜明惠라는 승려가 《화엄연기華嚴緣起》라는 책을 저술했는데 그 속에서 선묘를 소개하는 부분이 있다. 일본 사람들도 선묘의 이야기를 좋아했고, 그 이후 교토에 선묘를 모신 선묘사라는 절과 신사가 세워져 지금까지 남아있을 정도이다.

그런데 전해지는 선묘의 이야기는 조금 다르다. 이는 한국과 일본이 서로 다른 자연환경과 세계관을 갖고 있기 때문에 발생하는 필연적인 변화이다. 쉽게 말해 반도에 사는 사람의 상상력과 섬에 사는 사람들의 상상력이 다르기 때문에 이야기도 변화했다는 말이다. 물론 어느 것이 더 뛰어나고 더 열등하다고 평가할 수는 없다. 단순하게 주어진 환경이 달라 서로 다른 상상력을 갖고 있다는 의미이다.

일본의 경우 섬나라의 특성을 그대로 지니고 있다. 섬나라의 특성은 밖으로 나갈 수 없다는 지리적인 폐쇄감이 강하게 작용한다. 이러한 지리적 환경은 그곳에 거주하는 사람들의 상상력과 사고에도 큰 영향을 미친다.

일본이 화和를 가장 중요하게 생각하는 것도 이 때문이다. 이른바 야마토 정신이다. 인간이 사는 세상에서 갈등과 다툼이 없을 수가 없다. 다만 갈등이 일어났을 때 어떻게 마무리할 수 있는가가 중요하다. 일본에서 이 정신을 최우선으로 여기는 이유는 단순하다. 사방으로 열려 있는 대륙의 경우 갈등이나 다툼이 때때로 긍정적인 역할을 하면서 사회를 이끌어가는 원동력이 되기도 한다. 하지만 외부와 차단된 섬나라의 경우 갈등과 다툼이 끊이지 않는다면 공멸의 길로 들어설 수 있는 위험이 있다. 그래서 일본은 무엇보다 화합과 조화를 우선해온 것이다.

물론 대륙의 경우에도 갈등과 다툼이 사회를 움직이는 역동적인 힘이 되기 위해서는 과도하게 지나쳐서는 안 된다. 지나친 갈등과 다툼은 사회를 피폐하게 만들고, 지나치게 줄어들면 나태해지며 특유의 역동성을 잃게 되기 때문이다. 중용中庸이 중요하다.

반대로 일본의 경우에는 화합과 조화의 강조가 적당한 수준에서 유지되어야 세련된 문화를 만들어낼 수 있다. 그것이 지나치면 억압과 강요로 변질되기 쉽고, 심하면 강박증이 되기 때문이다. 외부로 나갈 수 없는 힘이 오랫동안 내부적으로 작용하거나 축적되면 억압과 강요로 변질되는 탓이다.

조화를 이루기 위해 극도로 주의하고 애쓰면서 외부로 나가야 할 힘까지 내부로 축적시킬 경우에 특히 그렇다. 오늘날에도 여전히 일본의 엄마들은 아이들에게 '남에게 폐를 끼치지 말라'는 말을 자주 한다. 일본에서 이렇게 쌓인 억압이 더 이상 참을 수 없는 임계점에 이르렀을 때 전쟁으로 이어진다는 것은 이미 밝혀진 사실이기도 하다. 압력밥솥의 김을 적절한 시간에 빼야 하는 것과 같은 이치이다.

물론 갈등과 조화로 한 사회의 상상력과 사고의 수준을 재단할 수는 없다. 그러나 한 단면을 엿볼 수 있다는 면에서 유용하다.

안친과 기요히메의 어긋난 사랑

우리가 살고 있는 한반도는 말 그대로 반도이다. 반도의 상상력과 사고는 대륙이나 섬나라의 그것과 다를 수밖에 없다. 삼면이 바다로 에워싸여 있지만 북쪽이 열려 있다는 점에서 그렇다. 그래서 양자의 장단점을 모두 갖추고 있다.

일본의 경우는 사방이 바다로 둘러싸여 있기에 외부로 향하는 상상력보다는 내면으로 향하는 상상력이 발달했다. 이런 모습은 사방이 트여 있어 외부로 향하는 공간적 상상력이 발달한 중국의 경우와 극명하게 대조를 이룬다. 이렇듯 한국과 일본, 중국은 각기 다른 지리적인 환경 때문에 유사한 세계관을 가지고 있지만 한편으로 서로 다른 모습으로 살아왔다. 물론 어느 것이 더 뛰어난 것은 아니며 각각 장점과 단점을 갖고 있다.

이런 차이를 일본판 의상과 선묘의 이야기인 안친安珍과 기요히메淸姬의 이야기를 통해 살펴보자. 안친과 기요히메 이야기의 기본적인 골격은 의상과 선묘 이야기와 동일하다. 그런데 섬나라 일본으로 건너가면서 이야기의 구성이 변형된다.

때는 928년 여름 무렵이었다. 그때 구마노에 참배를 온 승려가 하나 있었다. 그는 매우 잘생겼는데 이름은 안친이었다. 안친은 머물 곳을 찾다가 쇼지라는 사람의 집을 찾았다. 그런데 쇼지의 딸인 기요히메가 잘생긴 안친을 보고 한눈에 반하고 말았다. 그리고 그날 밤이 이슥해지자 기요히메는 안친의 방에 몰래 숨어들었다.

안친은 참배를 해야 하는 몸이기 때문에 정결해야 한다고 말하며, 돌아올 때 꼭 들리겠다고 설득했다. 기요히메는 안친의 말을 믿고 그대로 물러났다.

여기까지는 선묘 이야기와 별로 다를 것이 없다.

그런데 안친은 참배가 끝나고 돌아갈 때 기요히메의 집을 들르지 않았다. 속았다는 것을 알게 된 기요히메는 분노한 나머지 맨발로 안친의 뒤를 쫓아갔다. 기요히메는 안친이 도죠지道成寺에 도착하기 전에 따라잡았다. 그런데 안친은 기요히메에게 쌀쌀맞은 표정으로 사람을 잘못 보았다며 거짓말을 했다. 분노로 시작되었지만 막상 안친을 다시 만나 기쁨으로 가득했던 기요히메의 뜨거운 마음은 다시 거친 분노로 바뀌었다.

안친은 거짓말하는 것에 그치지 않고 일본의 신 곤겐에게 기원해 기요히메를 쇠사슬로 묶어놓고 달아났다. 결국 분노가 하늘을 찌를 듯이 치솟은 기요히메의 몸은 큰 뱀으로 변했다. 뱀이 된 기요히메는 분노의 화신이 되어 안친의 뒤를 뒤쫓았다.

안친은 기요히메가 뱀으로 변해 쫓아오자 놀라서 강을 건너 황급하게 도죠지로 도망을 쳤다. 그리고 강을 지키는 사람에게 뱀을 막아달라고 부탁했다. 하지만 소용이 없었다. 숨을 곳을 찾던 안친은 종 안에 들어가 숨었다. 안친은 종 안에 숨어 있으면 안전할 것이라며 안심했다.

안친이 숨은 종 앞에 이른 뱀이 된 기요히메는 몸으로 종을 감기 시작했다. 그리고 분노를 폭발시키듯 몸에서 불을 일으켰다. 종 안에 갇혀 있던 안친은 뜨거운 열기를 이기지 못하고 불에 타 죽고 말았다.

훗날 뱀이 된 안친과 기요히메는 도죠지의 주지가 읊는 법화경의 공덕에 의해 성불했고 주지의 꿈에 하늘로 올라가는 두 사람이 나타났다고 전한다.

이처럼 두 사람이 만나는 장면부터 연심을 품는 것까지는 의상과 선묘의 이야기와 다르지 않다. 또한 기요히메가 뱀이 된 것도 선묘가 용이 된 것과 형태적으로 유사하다. 그러나 줄거리에서 보았듯이 이야기는 전혀 엉뚱한 방향으로 흘러간다.

지극히 개인적인 연심을 불교라는 종교적 차원으로 승화시킨 의상과 선묘와 달리 결국 두 개인의 감정 다툼으로 들어가 갇혀버린 안친과 기요히메 이야기의 결말이 같을 수 없다. 즉 외부적인 방향 선회가 가능한 반도와 내부적으로 품고 해결해야 하는 섬나라의 상상력의 차이가 전혀 다른 결말을 낳은 것이다.

즉 몸을 피하기 위해 종의 속으로 들어간, 즉 다르게 표현하면 내면으로 파고 들어간 안친의 모습은 일본인을 상징한다. 또한 기요히메가 변신한 모습인 뱀 또한 형태적으로는 용과 유사하지만 다른 성격을 지니고 있다. 용은 하늘로 날아오를 수 있지만 뱀은 하늘이 아니라 지하로, 다른 말로 내면으로 파고드는 생물이다.

이처럼 외부적인 탈출구가 없는 섬나라의 특성 때문에 의상과 선묘의 이야기는 일본으로 건너가 안친과 기요히메라는 새로운 형태의 이야기로 변한 것이다.

손오공과 아바타

손오공은 왜 원숭이일까?

중국 명대의 소설 《서유기西遊記》가 동아시아의 상상력에 끼친 영향력은 실로 막대하다. 《서유기》는 널리 알려진 것처럼 주인공인 손오공이 서쪽으로 경전을 구하러 가는 과정을 그린 이야기로 도중에 수많은 요괴들과 싸움을 벌이고 마지막에 손오공을 비롯한 저팔계, 사오정 모두 깨달음을 얻고 부처가 된다.

이 이야기의 구조는 매우 흥미로워서 이후에 등장하는 이야기에 큰 영향을 미쳤다. 한국의 만화영화 〈날아라 슈퍼보드〉를 비롯해 《서유기》를 토대로 많은 애니메이션이 만들어졌다. 특히 철이와 메텔로 유명한 〈은하철도 999〉는 자아를 찾아간다는, 그래서 자기완성이라는 구도求道의 길을 그리고 있다는 점에서 《서유기》의 구조를 그대로 따랐다. 두 작품뿐만 아니라 지금도 《서유기》는 끊임없이 여러 형태로 변형되어 복원되고 있다.

중국에서 당나라 때에는 시가 발전하고 명나라는 소설이 유행했다. 흔히 중국의 4대 소설로 꼽히는 《삼국지연의 三國志演義》, 《수호전 水滸傳》, 《서유기》, 《금병매 金瓶梅》는 모두 명대의 소설이다. 순전히 개인적인 생각이지만 조조와 유비, 손권이 권력을 쟁취하기 위해 맞서 싸우는 이야기인 《삼국지연의》는 나라를 어떻게 세우는지를 다루고 있고, 송나라를 배경으로 108명의 의적들을 그린 《수호전》은 사회의 정의에 대해 다루고 있으며, 국가가 세워지고 사회의 정의가 구현되면 자연스럽게 개인의 자아실현이 뒤따라야 한다는 내용을 다룬 것이 《서유기》라고 생각한다.

이런 이유로 특히 어린이나 청소년에게 중국의 소설을 권한다면 《삼국지연의》를 권유하는 일반적인 관점과 달리 《서유기》와 《수호전》을 추천한다. 나라를 세우기 위해 권모술수가 횡행하고 상대를 속이고 짓밟는 《삼국지연의》는 어른이 되어서 읽는 편이 더 좋겠다는 생각에서이다.

그런데 명대에 이르러 소설이 유행하고 쏟아져 나온 것은 우연이 아니다. 소설이 태어나기 위해서는 이른바 콘텐츠가 먼저 요청된다. 콘텐츠가 없이는 긴 분량의 소설을 완성하기 어렵기 때문에 그렇다. 또한 콘텐츠의

● **《삼국지연의》**
중국 원나라의 작가 나관중이 지은 장편 역사소설로 유비, 관우, 장비가 도원결의하는 것에서 시작해 오나라의 손호가 항복하여 천하가 통일될 때까지의 이야기를 쓴 소설책이다.

형성은 그 사회가 경험하고 함께 공감한 것들을 토대로 한다는 점에서 문화의 변화를 가늠해볼 수 있는 훌륭한 잣대가 된다.

특히 위의 네 개의 소설 가운데 《서유기》는 그 변화 과정을 살펴보기에 적합한 소설이다. 시대 배경은 당대부터 명대에 이르는 긴 세월을 거쳤고, 사상적으로는 불교를 기반으로 도교와 유교가 뒤섞여 있다. 또 공간 배경으로는 인도와 중국이라는 거대한 영토에 걸쳐 있다는 점에서 그렇다.

그리고 무소불위의 힘을 지니고 있는 손오공이라는 독특한 캐릭터의 형성 과정 또한 매우 흥미롭다. 그런데 왜 하필이면 원숭이일까? 거기에는 중국과 인도아대륙을 가로지르는 비밀이 숨어 있다.

인도로 구법 여행을 떠난 현장

원숭이인 손오공이 주인공으로 등장하는 《서유기》가 어떻게 탄생했는지 그 비밀을 밝히기 위해서는 먼저 629년의 당나라로 거슬러 올라가야 한다. 629년은 훗날 삼장법사로 불리게 된 현장이 장안을 몰래 떠난 해이다. 삼장은 불교의 세 구조인 경經·율律·론論에 모두 뛰어난 승려를 가리키는 말이다.

현장이 장안을 몰래 빠져나가야 했던 것은 당시의 시대 상황 때문이었다. 현장은 불교의 여러 개념들이 잘 이해가 되지 않아서 사방으로 찾아다니며 물었지만 누구 하나 속 시원한 대답을 해주지 않았다.

그래서 궁리 끝에 뜻이 맞는 사람들과 함께 불교의 발상지인 인도를 직접 찾아가기로 결정했다. 나라 상황이 호락호락하지 않았다. 형제들을 죽이고 황제의 자리에 오른 당 태종이 국내의 여러 불만을 외부로 돌리기 위해 돌궐과의 전쟁을 준비하며 외부로 나가는 길을 막았기 때문이었다.

현장을 비롯한 구도자들이 종교적인 이유를 밝히며 인도행 허가를 요청하지만 거절 당했다. 이 같은 국가의 결정에 다른 사람들은 포기하고 만다. 하지만 현장만은 의욕을 꺾지 않았다. 현장이 사람들의 눈을 피해 몰래 장안을 빠져 나와야 했던 것은 이런 상황 때문이었다. 당시 현장의 나이는 28세였다.

현장은 불법을 구하겠다는 강한 의지만을 동료로 삼아 홀로 국경을 넘었다. 현장의 가슴을 졸이는

●
현장
중국 당나라의 승려로 중국 법상종 및 구사종의 시조이다. 태종의 명에 따라 대반야경(大般若經) 등 많은 불전을 번역하였다.

여정은 투루판에 있는 고창국高昌國까지 이어졌다. 고창국의 왕은 현장을 만나고 그의 성품에 큰 감화를 받아 자기의 나라에서 불교를 전파해달라고 요청했다. 그제야 현장은 안도했다. 그러나 자신이 단순한 불교 전파가 아니라 불법을 구하기 위한 구도 여행을 하고 있음을 알리고 돌아올 때 들

르겠다는 약속을 남기고 고창국을 떠난다.

그 이후 현장은 아시아의 동서를 나누는 톈산산맥을 넘어서 아프가니스탄을 지나 인도에 도착했다. 현장은 인도에서 18년 동안 머물면서 부처의 흔적을 탐방하고 뛰어난 승려를 만나 미처 깨닫지 못한 부분들을 배우고 깨우친다.

645년 현장은 불교의 많은 서책을 가지고 당나라로 돌아왔다. 엄중한 감시 속에 도망치듯 떠났던 현장은 대대적인 환영을 받는다. 다만 다시 들르겠다고 약속했던 고창국에 들르지는 못했다. 이미 국제 상황이 변해 투루판으로 돌아갈 필요가 없었던 탓이다.

현장이 장안에 도착하자 황제인 태종은 그를 불러 중국 바깥의 세계에 대해 물었다. 현장의 논리적이고 막힘없는 대답에 감탄한 태종은 궁궐에 머물며 자기를 보좌해달라고 부탁한다. 하지만 현장은 자신의 뜻을 이루기 위해 몰래 국경도 넘을 정도로 구도에 대한 의지가 강한 사람이었다. 현장은 자신이 추구하는 길이 있음을 밝히고 황제의 부탁을 거절한다. 다만 오랜 여행을 통해 얻은 지식을 글로 남기겠다는 약속을 한다.

이렇게 탄생한 것이 《대당서역기 大唐西域記》이다. 이 책은 현장이 중국으로 돌아온 다음해인 646년에 완성한 것으로 모두 12권으로 이루어졌다. 이 《대당서역기》는 불교의 전파나 교리에 대한 책이 아니라 현장이 경험한 것을 다루고 있는 여행서의 성격이 강하다.

그래서 《대당서역기》는 베네치아 상인으로 동방을 여행했던 마르코 폴로 Marco Polo 가 남긴 《동방견문록 東方見聞錄》과 이슬람 지역을 30여 년에 걸쳐 여행하면서 쓴 《이븐 바투타 여행기 The Travels of Ibn Battuta》, 신라의 승려였던 혜초慧超가 남긴 《왕오천축국전往五天竺國傳》과 함께 세계 4대 기행서로 꼽힌다.

《대당서역기》는 중앙아시아의 140개국에 이르는 나라의 민족, 풍습, 정치, 경제, 종교 등에 대해 자세하게 기록되어 있다. 물론 현장이 모두 이곳을 가본 것은 아니다. 그래서 자기가 가본 곳과 사정을 전해들은 곳을 나누어 기록했다.

《대당서역기》가 중국에 미친 영향은 지대하다. 무엇보다 가장 큰 영향은 중국 사람들에게 중국 이외의 지역에 대한 호기심과 상상력을 자극했고, 이를 배경으로 많은 이야기들이 만들어졌다는 점이다.

《대당서역기》에서 《서유기》로

《대당서역기》와 《서유기》가 서로 이어져 있는 작품이라는 것은 비교적 잘 알려진 사실이다. 그러나 《서유기》에 요괴나 바다의 용왕, 심지어 저승까지 등장하기 때문에 허구를 토대로 한 판타지라고 생각하고 기행서인 《대당서역기》와 크게 공감하는 부분이 없을 것이라고 생각하기 쉽다. 단지 현장이 두 작품에 모두 나온다는 이유로 서로 이어져 있다고 가볍게 생각하기 쉽다는 뜻이다. 게다가 등장인물도 《대당서역기》는 현장이 주인공이지만 《서유기》에서는 보조 역할을 맡을 뿐이다. 《서유기》의 주인공은 단연 손오공이다.

그러나 막상 《서유기》를 처음부터 끝까지 읽어보면 그렇지 않다는 것을 알게 된다. 불법을 찾아 떠나는 구법 여행이라는 기본적인 얼개에서부터 구체적인 지리적 특성까지 많은 부분을 《대당서역기》와 《서유기》는 공유하고 있다. 둘의 관계를 사람에 비유하면 《대당서역기》는 《서유기》에는 얼굴도 잘 모르는 먼 조상이 아니라 어머니와 같은 존재이다.

예를 들면, 현장이 국경을 넘어 처음 서역의 관문으로 불리는 투루판에 있는 고창국에 들른 것은 앞서 보았다. 투루판은 분지로 여름에는 낮 기온이 50도에 이르고 겨울에는 밤이 되면 기온이 영하 30도로 떨어질 정도로 척박한 지역이다.

또한 전체적으로 붉은색을 띠는 산줄기가 있는데 현지에서는 붉은 산이라고 부르고 중국에서는 불꽃이 타오르는 모습처럼 보인다고 해서 화염산焰山이라고 부른다. 그런데 이 지리적인 특징이 《서유기》에도 그대로 등장한다.

> 서쪽으로 가실 생각이라면 아예 꿈도 꾸지 말아야 할 거요. 그 산은 여기서 육십 리쯤 떨어진 곳에 있는데, 곧장 서쪽으로 가려면 반드시 거쳐야 되는 길목에 자리잡고 있소. 팔백 리 너비나 되는 면적에 온통 불길이 뻗쳐나와서 풀 한 포기도 살아남지 못하오. 그 산을 넘어가자면 구리쇠 머리통에 강철 같은 몸뚱이를 지녔다 하더라도 단번에 녹아서 국물이 되어버릴게요.

이 대목은 현장과 손오공 일행이 화염산 부근에 이르러 뜨거운 열기에 의문을 품고 묻자 한 노인이 대답한 것이다. 많은 사람들은 이 뜨거운 열기로 고통을 받고 있었다. 현장과 손오공 일행은 뜨거운 열기를 뿜어내는 요괴를 물리치고 파초선을 빌려 산에 붙은 불을 꺼준다. 오늘날 화염산은

《서유기》의 이 대목을 이용해 많은 관광객을 불러들이고 있다. 이렇듯 상상력은 구체적인 현장이나 사물이 있어야 꽃을 피운다.

이렇듯《대당서역기》와《서유기》가 내용이라는 점에서 서로 상통하는 것을 보았으니 이제 그 내용을 담는 그릇이 어떤 변화 과정을 겪으며 기행서가 소설로 변하는지를 살펴보자.

《대당서역기》가 태어난 시대는 당나라였다. 당나라를 대표하는 문학 장르는 단연 시詩였다. 관리가 되기 위해서는 시를 잘 써야 했기에 당대 지식인들이 대부분 시인일 정도로 시의 전성시대였다. 청나라 때 편찬된 당나라 시를 모아놓은 시집인《전당시全唐詩》전 900권에는 시인 2,200명의 시 4만 8,900수가 실려 있다. 이렇게 당나라는 이태백과 두보로 대표되는 시의 시대였다.

그런데 유목민들인 몽골이 중국을 장악하고 원나라가 들어서면서 분위기가 크게 변한다. 유목민들은 기본적으로 문자가 없고 따라서 기록 문화가 취약한 사람들이었다. 또한 인구가 늘어나고 경제가 발달하면서 귀족들뿐만 아니라 대중들의 오락에 대한 갈망이 생겨나면서 사회에 변화가 일어났다. 이 시대의 예술과 놀이에 많은 사람들이 선호한 장르는 희곡이었다. 흔히 원나라의 희곡, 즉 원곡元曲이라고 부른다.

원나라 때 성행한 가극은 오늘날 경극의 기원이다. 경극은 중국의 대표적인 전통적 연극으로 북경北京에서 발달했기 때문에 경극京劇이라는 이름이 붙었다. 배우들이 다양한 분장을 하고 노래를 부르며 공연을 했는데 일반 대중들이 알아듣기 쉬운 구어체를 쓰고 다양한 주제들, 특히 픽션이 가미되면서 사람들의 큰 호응을 얻었다.

이런 시대적 배경에서《대당서역기》는 이국에 대한 상상력을 토대로 픽션으로 전개할 수 있는 좋은 소재였다. 그러나《대당서역기》는 아직 다듬어지지 않은 원석 같았다. 가공해서 보석으로 만들 여지는 많지만 어떻게 가공해야 찬란한 보석이 될지 사람들은 거듭 고민에 빠졌다. 그리고 다양한 시도가 있었다.

　이 과정에서 태어난 것이 손오공이다.《대당서역기》의 주역이었던 현장은 보조 역할로 밀려나고 모험을 이끌어갈 주인공으로 손오공이 발탁되었다. 이런 탓에《서유기》는 첫회부터 6회까지 손오공의 이야기를 다루고 있다.

　손오공이 태어난 것과 하늘에서 복숭아를 훔쳐먹고 제천대성이라는 칭호를 받은 내용과 용궁에 가서 여의봉을 얻는 내용, 저승에 가서 자기를 포함해 원숭이들의 생사부를 지운 내용 등 세상을 제집처럼 드나들며 혼란에 빠뜨린 이야기부터 결국 손오공의 만행을 참지 못한 옥황상제가 석가여래에게 부탁해 오행산에 가두는 것까지 다루고 있다.

　이는《서유기》의 주인공이 손오공임을 알려주는 대목이다. 그리고 그 뒤를 이어 현장의 집안 내력과 현장이 태어난 이야기, 현장이 서역으로 불경을 가지러 가야 하는 당위성을 다루는 이야기가 나온다. 그러니까 불경을 구하러 가는 것보다 손오공이 벌이는 모험담에 초점이 맞춰져 있다. 사람들은 그쪽을 더 좋아했다.

　그런데 왜 하필 원숭이일까? 당시는 인간이 원숭이에서 진화했다는 진화론이 나오기도 전의 일이다. 원숭이가 인간과 닮아 재능이 뛰어나다는 점은 인정할 수 있지만《서유기》에 나오는 것처럼 세상을 들었다 놨다 할 정도로 엄청난 능력을 지녔다는 생각은 아무래도 범상치 않다.

앞에서도 지적했듯 투루판 분지의 지리적인 특성에서 화염산의 모험이 탄생한 것처럼 원숭이의 힘을 누구나 인정할 수 있는 뭔가 개연적인 고리가 필요하다. 그 개연적인 고리는 히말라야산맥과 힌두쿠시산맥 너머에 있는 인도에서 찾을 수 있다.

아바타의 기원

인도는 지붕처럼 맞대고 있는 히말라야산맥과 힌두쿠시산맥이라는 지리적인 환경 때문에 중국과 중앙아시아, 서역에서 진행되던 격동적인 세계사의 흐름에서 늘 한 걸음 벗어나 있었다.

예부터 인도에서 살아온 선주민은 드라비다족이었다. 그런데 기원전 15~13세기를 즈음해서 북쪽에서 아리안족들이 내려왔고 이들은 인도 북부를 장악하고 현재 인도의 대표 종교인 힌두교를 비롯한 카스트제도와 같은 오늘날 우리가 알고 있는 인도 특유의 문화를 만들어냈다.

그런데 힌두교는 처음부터 존재했던 것이 아니다. 처음 인도 아리안족의 종교는 브라만교였다. 브라만교의 주요 신은 창조의 신인 브라흐만, 세상을 유지하는 비슈누, 파괴의 신 시바이다. 인도 아리안족은 오랜 시간에 걸쳐 창조와 파괴가 거듭되는 세상을 생각했다.

그런데 세월이 흐르면서 상공업이 발달하면서 기존의 생각에 대한 저항들이 생겼다. 그 대표적인 것이 불교와 자이나교였다. 특히 불교는 카스트제도로 상징되는 지극히 계급적인 브라만교와 달리 평등을 주장하며 많은 사람들의 호응을 얻었다.

그러자 브라만교는 위기를 느꼈다. 위기는 동시에 기회이기도 했다. 브라만교는 위기를 기회로 만들었다. 그들은 기존의 브라만교에 대대적인 변화를 가해서 새로운 모습으로 탈바꿈하는 데 성공했다. 그것이 오늘날 인도인이 대부분 신앙하는 힌두교이다. 그리고 한때 많은 사람들의 호응을 받았던 불교는 인도에서 밀려났다.

브라만교에서 힌두교로의 변화는 어렵고 관념적인 교리를 알기 쉽고 친숙하게 만드는 것에서 비롯되었다. 상류층을 위한 종교에서 일반인들을 위한 종교로 변모하기 위해 철학적이고 사변적인 세계관을 흥미롭고 재미있는 것으로 바꾸어야 했다. 그리고 가장 좋은 수단은 예나 지금이나 이야기였다.

●
아바타
영화가 흥행하면서 일반화된 용어이나 사실 아바타, 혹은 아바타르는 화신이라는 의미로 브라만교의 세 신 가운데 유지의 신인 비슈누가 여러 모습으로 변신해서 세상에 나타나는 것을 말한다.

인류는 지금껏 이야기를 싫어한 적이 한 번도 없었다. 늘 인류는 이야기를 만들어내고 덧붙이고 새로운 형태로 변형시켜왔다. 힌두교가 인도 사람들의 마음을 사로잡은 수단도 이야기였다. 어려운 교리를 이야기로 풀고 그 속에 삽입했다. 사람들이 이야기를 듣고 즐기는 동안 저절로 힌두교의 교리에 친숙해질 수 있게 한 것이다.

그 가운데 대표적인 것이 아바타르Avatar였다. 이 말은 영화 〈아바타

Avatar, 2009〉가 유명세를 타면서 일반화되었다. 사실 아바타르의 원래 의미는 화신化身이다. 브라만교의 세 신 중 유지의 신인 비슈누가 여러 모습으로 변신해서 세상에 나타나는데 그것을 아바타르, 또는 아바타라고 부른다.

이 화신은 모두 열 가지로 아직 세상에 나타나지 않은 하나를 빼면 아홉 가지의 형태로 비슈누가 세상에 나타났다. 열 가지 화신 가운데에는 부처도 포함되어 있는데 힌두교가 불교를 흡수했음을 엿볼 수 있다.

하누만과 손오공

열 가지 아바타르 이야기는 기존에 인도에서 전해지던 신화나 설화를 토대로 만들어졌다. 그것은 비슷한 시기에 그리스에서 호메로스가 《일리아드 Iliad》와 《오디세이 Odyssey》를 통해 그리스신화를 정리한 것도 유사하다.

그 가운데 《라마야나 Ramayana, 고대 인도의 발미키가 지은 것으로 전해지는 대서사시》는 《마하바라타 Mahabharata, 인도의 국민적 서사시로 총 18권으로 이루어짐》와 함께 세계에서 가장 긴 장편 서사시로 이름이 높다. 그리고 오늘날에도 여전히 두 이야기는 지역에서 큰 인기를 누리고 있다. 또한 다양한 형태로 각색되어 영화나 연극, 그림자극 등으로 끊임없이 공연되며 인도 사람들의 가슴을 흔들고 있다. 그 효과로 《라마야나》에 담긴 힌두교의 교리가 인도 사람들에게 자연스럽게 흘러들어 생활 속에서 힌두교의 신앙을 유지하는 데 큰 힘을 발휘하고 있다.

두 이야기는 비단 인도뿐만 아니라 인근의 여러 나라로 전파되었다. 남쪽으로는 자바나 태국, 베트남, 베트남 등지로 전해져 번역되었고 북쪽으

●
《라마야나》의 한 장면을 그린 벽화
《라마야나》는 코살라 왕국의 왕자인 라마의 모험담을 담고 있는 장편 서사시로 힌두교의 교리를 재미있고, 자연스럽게 습득할 수 있게 해주었다.

로는 티베트나 중국까지 전해졌다. 《라마야나》의 경우 중국에서 《육도집경六度集經》, 《잡보장경雜寶藏經》 같은 불교의 경전에까지 수록되었다. 이런 사례를 통해 이야기의 파급 효과가 얼마나 큰지 짐작할 수 있다.

《라마야나》는 코살라 왕국의 왕자인 라마의 모험담을 담고 있다. 라마Rama는 비슈누의 열 가지 아바타르화신 가운데 하나이다. 즉 비슈누가 라마 왕자의 모습으로 세상에 나타나 겪는 이야기라는 의미이다. 아요디야 왕국의 왕자 라마의 모험담은 모두 7편, 2만 4,000구절로 구성되어 있다. 개략적으로 이야기를 살펴보면 이렇다.

용감하고 뛰어난 왕인 다샤라타는 세 명의 왕비가 있었지만 아이를 얻지 못했다. 왕은 아들을 얻기 위해 신에게 희생제의를 지냈고 그를 본 신들은 비슈누에게 도움을 청했다. 그 이후 라마 외에 몇 명의 아이가 태어났다. 한편 비데하의 자나카 왕이 밭에서 쟁기질을 하고 있을 때 땅 속에서 여자아이가 튀어나왔다. 이 아이는 락슈미 여신의 화신으로 여겨졌고 시타라는 이름을 얻었다.

라마가 16세가 되던 때에 악마를 물리쳐달라는 성자의 요청을 받고 악마를 물리친 다음 파괴의 신 시바로부터 받은 화살을 부러뜨리고 자나카 왕의 딸인 시타와 결혼을 해서 12년 동안 행복한 시간을 보냈다.

다샤라타 왕은 라마를 후계자로 정했는데 다샤라타가 오래전에 했던 약속 때문에 어쩔 수 없이 다른 아들을 후계자로 정하고 라마를 14년 동안 추방했다. 라마는 하는 수 없이 시타와 함께 숲속으로 들어갔다. 라마는 숲속에서 수행을 하며 여러 일을 겪었다. 그런데 악마의 여동생이 라마를 보고 반해서 구애를 했다가 거절당하자 앙심을 품었다.

악마 라반은 동생의 요청을 받고 시타를 납치해서 랑카오늘날의 스리랑카로 데리고 갔다. 라마는 시타를 찾기 위해 헤매다가 원숭이 장군인 하누만의 활약으로 시타의 행방을 알아내고 랑카로 가서 격렬한 전쟁을 통해 시타를 되찾았다. 훗날 라마는 추방 기간을 끝내고 왕국으로 돌아가 왕이 되었고 평화롭게 왕국을 다스렸다.

여기서 눈여겨볼 대목은 랑카 섬으로 아내를 찾아 떠날 때 라마를 보좌한 두 장군, 즉 독수리의 왕 자타유와 원숭이 장군인 하누만Hanuman 이다. 특히 눈길을 끄는 것이 용감무쌍한 원숭이 장군인 하누만이다. 하누만이 손오공을 연상시키기 때문이다.

하누만은 인도 아리안족이 인도로 들어오기 전부터 인도에 있었던 토착신일 것으로 추정된다. 브라만교가 힌두교로 변하는 과정에서 토착종교를 널리 수용했고 그 과정에서 라마의 모험담에 편입되었을 것으로 생각된다.

또 하나 흥미로운 것은 하누만의 출생에 대한 신화이다. 하누만은 일반적으로 파괴의 신 시바, 바람의 신 바아유, 원숭이 족장인 케사리 이렇게 세 아버지와 원숭이 족장의 딸인 안자니를 어머니로 삼는다.

● **하누만**
원숭이 형상을 하고 있는 하누만은 비슈누나 시바에 비해 지위가 낮은 하위 신이면서도 대중적으로 많은 사랑을 받고 있다.

그런데 하누만의 출생 과정 또한 손오공과 유사하다. 언젠가 신들과 악마들이 싸우고 있을 때 비슈누가 악마들을 홀리기 위해 아름다운 여신의 모습으로 나타났다. 그때 시바는 그 여신에게 마음을 빼앗겼고 자기도 모르게 사정을 하고 말았다. 위대한 성자들은 그것을 아까워하며 컵에 담아 안자니의 자궁 속에 넣었고 얼마 후 하누만이 태어났다.

신성한 신의 혈통을 갖고 태어났다는 이 신화는 브라만의 종교와 기존 토착 종교의 결합 과정에서 형성되었을 것으로 추정된다.

손오공은 화과산 꼭대기에 있는 신성한 돌에서 태어났다. 그런데 그 돌덩어리는 세상이 개벽한 이후 하늘과 땅, 해와 달의 정기를 오랫동안 받으며 스스로 영험한 기운을 느껴 돌 원숭이를 낳았고 그가 훗날 손오공이 된다.

　이렇게 하누만과 손오공의 탄생은 본질적으로는 다르지 않다. 다만 이야기가 산을 넘고 물을 건너면서 자연 풍경이 달라지고 문화와 세계관의 색깔이 달라지는 것처럼 서로 다른 풍토에서 만들어진 상상력의 산물일 뿐이다.

　하누만의 탄생에는 신을 중심으로 하는 인도의 세계관이 담겨 있고, 손오공의 탄생에는 중국의 무위자연이라는 도가 사상의 세계관이 깃들어 있다. 하지만 하누만과 손오공 모두 신성한 기운을 받아 태어났고, 그로 인해 강력한 힘을 갖게 되었다는 공통점이 있다. 그 사실을 토대로 중국과 인도 각각의 풍토와 세계관에 맞게 풀어낸 것이 《서유기》와 《라마야나》이다.

오리엔탈리즘의 시초가 된 《아라비안나이트》

문화의 용광로, 중동

지금까지 풍토가 달라지면서 바뀐 두 편의 이야기가 서로에게 영향을 미친 한 편의 이야기를 통해서 이야기의 변화 과정을 살펴보았다. 이번에는 이야기가 시간이 지남에 따라 어떻게 변화하고 그것이 후세에 어떤 영향을 미치는지 살펴보려고 한다. 이제 중동中東으로 떠나보자.

우리는 중동이라는 말을 들으면 대체로 불타는 거리나 무장한 군인들로 가득한 도로, 또는 석유나 사막을 떠올릴 것이다. 그리고 중동에 대해 말해보라고 하면 TV 등에서 보고 들은 것이 있어서 아는 것은 많은 듯하지만 실상 구체적으로 설명할 수 없을 것이다. 과연 중동은 어떤 나라일까?

하나씩 실타래를 풀어 정리해보자. 먼저 중동과 아랍, 이슬람에 대해 구분해보자. 보통 이 단어들을 구별하지 않고 사용할 때가 많다.

중동은 지리적인 명칭이다. 동쪽의 중심에 있다는 뜻이다. 그런데 한 가지 의문은 동서를 구분하는 것이 무엇인가 하는 점이다. 지구는 보름달처럼 둥글다. 동서가 따로 있을 리 없다. 그런데 우리는 동양이라 불리며 유럽이나 미국은 서양이라고 불린다. 어떤 특정한 기준을 설정해야 동서로 나눌 수 있다. 결론부터 말하면 영국의 그리니치 천문대가 그 중심이며, 잣대이다.

그리니치천문대를 기준으로 동쪽에 있는 곳이 동양이다. 그래서 그리스처럼 영국과 가까운 곳에 있는 나라가 근동近東이 되고, 한반도가 속해 있는 동북아시아는 동쪽의 끝, 즉 극동極東이 된다. 그리니치천문대가 기준이 된 것은 이러한 지리적 설정이 근대에 이루어졌고, 그때 영국이 서양의 중심 국가였기 때문이다.

따라서 중동은 아시아의 가운데에 있기 때문에 붙은 이름이 아니며 중앙아시아가 따로 있다. 정치나 문화적 개념이 아닌 지리적 개념에서 붙여진 명칭인 셈이다. 다만 중동이라는 이름에는 서양 제국주의의 그림자가 짙게 드리워져 있다.

아라비아에서 유래한 아랍이라는 말은 기본적으로 아랍어를 쓰는 사람들을 가리키는 말이다. 아랍이라는 말이 혼란을 주는 경우는 이슬람과 섞일 때이다. 아랍과 이슬람, 여기에 중동까지 더해 때때로 동의어로 쓰이기도 하지만 그 의미는 전혀 다르다.

중동에서 아랍어를 쓰지 않는 대표적인 지역이 이란이다. 세계 최초로 제국을 건설했던 페르시아의 후예인 이란 사람들은 페르시아어라는 독자적인 언어를 갖고 있다. 다시 말해서 중동 지역의 강자인 이란은 아랍에

중동 지도
유럽의 관점에서 본 극동과 근동의 중간 지역으로 일반적으로 서아시아 일대를 이른다.

속하지 않는다. 페르시아어는 문자를 갖지 못했던 동쪽의 유목민들이 문자를 만들 때 많은 영향을 미치기도 했다.

때때로 아랍은 민족을 가리키기도 한다. 7~12세기에 아시아, 아프리카, 유럽에 걸친 거대한 제국을 세웠던 역사가 배경이다. 그러나 이 또한 중동의 끝자락에서 넓은 땅을 차지하고 있는 터키와 이란은 예외다. 터키는 몽골고원에서 발흥한 돌궐족의 후예인 투르크족이며 이란은 아리안족이다.

아랍족이 역사 문헌에 처음 소개된 것은 서양에서 역사의 아버지라 부르는 헤로도토스가 쓴 《역사歷史》라는 책이다. 페르시아제국이 아프리카에 속해 있는 이집트를 정벌하러 갈 때 사막 지대에서 페르시아 군대에게 물을 제공해주는 장면에서 출현한다.

아랍과 관련된 것 가운데 유명한 것으로 아라비아 숫자가 있다. 우리가 지금껏 쓰고 있는 '1, 2, 3……'이 그것이다. 아라비아 숫자라고 부른 것은 유럽이었다. 원래 이 숫자는 인도에서 발명된 것이었지만 유럽이 중동에서 받아들였기 때문에 아라비아에서 건너온 숫자 즉 '아라비아 숫자'라고 부르게 된 것이다.

마지막으로 남은 것이 이슬람이다. 이슬람은 종교를 가리키는 말이다. 이슬람을 신앙하는 사람들의 공동체로 어디에 살던 이슬람의 테두리에 속한다. 중동 지역이나 아랍어를 쓰는 사람 가운데 이슬람이 아닌 다른 종교를 가진 사람들이 있다면 그들은 이슬람에 속하지 않는다.

중동 지역은 문화의 중심지가 서양으로 옮아가기 전까지 문화가 모이고 혼합되던 문화의 용광로와 같은 곳이었다. 세계 최초의 문명으로 꼽히는 메소포타미아부터 찬란한 문화를 발전시킨 이집트, 세계 최초의 제국 페르시아, 서양 문명의 발상지 그리스에 더해 동쪽 문명의 발상지인 인도와 중국에 접해 있는 지리적 이점 덕분에 중동은 고대의 뛰어난 문화를 모두 상속받은 그래서 축복받은 지역이었다.

따라서 과거 중동의 문화는 매우 다채롭고 독특했다. 그 밑바닥에는 유대교와 이슬람교라는 종교적인 토대가 굳건하게 받침대 역할을 했다. 이렇게 발전시킨 문화가 교통로와 교역의 발달로 서구로 건너갔고 그 문화적 세례를 통해 오늘날 서구의 문화가 발전할 수 있었다.

어떤 문화든 독자적으로 씨앗을 뿌리고 꽃을 피워 열매를 맺을 수는 없다. 아름다운 꽃과 향긋한 열매를 맺기 위해서는 다른 문화와의 교류가 필수이다. 오늘날 서양의 문화 또한 독자적으로 자라난 것이 아니라 중동의 문화가 비옥한 밭 역할을 했기에 창조 가능한 것이었다.

한 가지 예를 들면 시기적으로 세계의 3대 발명품이라 꼽히는 중국의 화약과 나침반, 종이가 중동 지역을 통해 서양에 온전히 전해진 이후에 대항해시대로 상징되는 서양의 약진이 현저해진다.

280여 편의 방대한 이야기 《아라비안나이트》

고대 인류 문화의 용광로였던 중동 지역의 문화적 특성을 상징적으로 보여주는 것이 천일야화, 즉 《아라비안나이트》이다. 《아라비안나이트》는 약 천 년의 시간을 통해 집대성된 다양한 이야기들이다.

《아라비안나이트》에 들어 있는 이야기의 배경은 중동 지역에 국한되지 않고 인도와 중국까지 폭넓다. 즉 세계의 두 축인 시간과 공간이라는 면에서 매우 방대한 규모를 갖고 있다. 또한 천 년이라는 긴 시간과 과거 세계사의 중심지였던 페르시아, 중국, 인도를 모두 망라하고 있다.

《아라비안나이트》는 9~19세기에 변화를 거듭하며 이야기를 새로 추가하고 빼면서, 다른 말로 하면 이야기들끼리 서로 경쟁하며 오늘날의 모습을 갖추었다. 이야기의 경쟁은 매우 치열하다. 더 많은 사람들에게 감동과 재미를 주고 흥미를 유발시키는 이야기가 채택되고, 시대 변화와 같은 여러 사정으로 사람들에게 감동과 의미 전달이 약화될 때 가차 없이 뒤안길로 사라져버리고 만다.

《아라비안나이트》가 달리 천일야화라고 불리는 것에서 이야기의 규모를 상상해볼 수 있다. 이때 천 일은 천 일千日이 아니라 천 일千一이다. 즉 천일야화는 천 일 하고 하루를 더한 천 하루의 밤을 이야기로 채웠다는 뜻이다. 《아라비안나이트》의 유래는 8세기의 것인 페르시아의 《천의 이야기》이다. 《아라비안나이트》에는 모두 280여 편의 이야기가 실려 있다. 구성은 이솝우화처럼 하나씩 나열되는 것이 아니라 전체적인 줄거리가 따로 있고 그사이에 이야기를 끼워 넣는 이른바 액자소설의 형태를 취하고 있다. 전체를 아우르는 줄거리는 이렇다.

페르시아의 왕 샤리아르가 사냥을 위해 자리를 비운 사이에 왕비가 흑인 노예와 놀아났는데 그것이 왕에게 발각이 나고 말았다. 이에 격분한 왕은 그 자리에서 둘을 살해했다. 여기까지는 있을 수 있는 일이다. 문제는 그다음이었다.

왕은 그 사건으로 여자에 대한 믿음을 완전히 잃고 말았다. 그래서 그날 이후 매일 밤 동침한 여자를 새벽이 오면 살해하곤 했다. 하루 이틀도 아니고 매일 이런 일이 벌어지자 민심이 흉흉해졌다.

신하들은 왕을 몰아내야 한다고 주장하기 시작했다. 그때 왕에게 깊은 충성심을 갖고 있던 재상 하나가 마지막으로 자기에게 기회를 한 번 달라고 부탁했다. 그리고 재상은 자기의 딸인 세헤라자데를 왕의 침실로 보냈다.

왕의 병을 치유하기 위해 재상의 딸인 세헤라자데가 자청해서 왕의 침실로 들어간 것이었다. 세헤라자데는 왕에게 길고 긴 이야기를 하기 시작했다.

그 신비하고 흥미로운 이야기는 새벽이 되어서도 끝나지 않았고 평소대로 여자를 죽여야 할지 말아야 할지 고민하던 왕은 이야기를 계속 듣기 위해 세헤라자데를 살려두었다.

이야기는 매번 새벽녘이 되면 정점에 이르렀기 때문에 왕은 이야기를 듣기 위해 세헤라자데를 살려둘 수밖에 없었다. 그렇게 이야기는 천 일 하고도 하루 동안 계속되었고, 그사이에 여자를 믿지 못하는 왕의 병은 치유되었다.

이야기는 시간과 공간에 구애되지 않는다. 이야기에 따라서는 지구에서 250만 광년 정도 떨어진 안드로메다까지 들먹일 수 있고, 사후 세계인 저승도 등장시킬 수 있다. 또 인류가 처음 출현한 아득한 고대부터 인공지능 로봇이 세상을 지배할 것이라는 먼 미래까지 시공간을 초월한 모든 것이 이야기 속에 녹아든다. 이것이 이야기가 지닌 힘이다. 인류는 수만 년 전부터 이야기를 만들어왔다. 그리고 한 번도 이야기가 인류에게 홀대받은 적은 없다.

그래서 하고 싶은 말이 있을 때, 이야기라는 형식을 빌려 전하는 방법이 발전하게 되었다. 신화나 동화가 가장 많은 예이고, 예수나 석가모니 등 인류의 많은 스승들이 이야기를 활용해 사람들에게 의미가 담긴 교훈을 전한 것도 이 때문이다.

동양에 대해 환상을 품은 서양인

《아라비안나이트》에는 다양한 주제의 이야기들이 들어 있다. 가장 많은 주제는 인류의 오래되고 가장 큰 관심사인 사랑과 연애이며, 그 외에 〈알리바바와 40인의 도둑〉과 같은 범죄나 종교에 관한 것, 학문이나 지혜에 대한 이야기들이 포함되어 있다.

《아라비안나이트》에서 가장 유명한 것은 뭐니 해도 〈신드바드Sindbad의 모험〉과 〈알라딘과 마술 램프〉일 것이다. 이 두 가지 이야기는 《아라비안나이트》의 특성을 상징하는 이야기이기도 하다.

신드바드는 인도식, 인도풍이라는 뜻으로 《아라비안나이트》에 등장하는 바그다드의 상인이다. 〈신드바드의 모험〉은 이슬람 상인들이 인도에서 겪은 신기한 일곱 가지 이야기를 다룬다. 이를 통해 당시 이슬람 상인들이 전 세계를 항해하면서 교역을 했다는 것을 알 수 있고, 여러 문헌을 통해서 그들이 한반도의 신라에도 나타났음을 확인할 수 있다. 〈신드바드의 모험〉은 모험 이야기의 전형이 되어 많은 이야기에 영감을 주었다. 세계적으로 엄청난 흥행을 기록한 영화 《캐리비안의 해적Pirates of The Caribbean》 시리즈 등이 그렇다.

'알라딘과 마술 램프'는 요정이라는 《아라비안나이트》 특유의 캐릭터를 잘 보여준다. 요정이나 마신魔神의 등장은 현실을 넘어 초월적인 세계로 사람들의 상상력을 자극하고, 그를 통해 거꾸로 현실 속 인간의 참다운 모습을 일깨워준다.

18세기 초반 《아라비안나이트》는 앙투안 갈랑Antoine Galland이라는 프랑스인에 의해 유럽 사회에 번역되어 소개되었다. 《아라비안나이트》라는 이름도 이때 생겼다. 그 반향은 실로 엄청났다. 중세의 기사 이야기에 머물러 있던 유럽 사회는 하늘을 나는 양탄자로 상징되는 엄청난 모험담과 기발하고 신기한 동양의 이야기에 완전히 매료되었다.

많은 이야기들이 연극으로 만들어져 공연되었고, 영화가 발명된 이후에는 직간접적으로 많은 영화들이 만들어졌다. 또한 음악에서도 《아라비안나이트》를 소재로 작곡한 림스키코르사코프 Nikolav Andrevevich Rimsky 의 〈세헤라자데〉 등 많은 작품이 탄생되었다.

그러나 가장 큰 영향력을 발휘한 곳은 서양 사람들의 머릿속이었다. 많은 사람들이 《아라비안나이트》를 통해 동양에 대한 이미지를 얻었다. 동양은 황금 궁전처럼 보물이 넘쳐나고 아름다운 여인들이 가득한 풍요롭고 신비로우며 환상적인 곳이었다.

이야기는 늘 과장되게 마련이지만 우리가 영화를 보며 종종 그렇듯이 취하면 그것이 현실인 것처럼 느껴진다. 많은 서양 사람들은 《아라비안나이트》를 통해 동양을 접했다. 이렇게 동양에 대한 환상이 만들어졌다.

오리엔탈리즘의 출현 배경

우리는 장님이 코끼리를 만지고 내놓은 코끼리에 대한 평가를 편견이라고 부른다. 한 면만을 보고 전체를 판단하는 것은 왜곡의 위험이 뒤따르기 때문이다. 다리만 만져보고 코끼리는 기둥처럼 생겼다고 주장하거나 코만 만져보고 뱀처럼 구불구불하게 생겼다고 주장할 때 코끼리는 왜곡된다. 또 개인적인 주관에 그치지 않고 스스로에게 또는 타자에게 강요할 때 편견이 생긴다.

마르코 폴로가 《동방견문록》을 써서 동방을 알린 이후 콜럼버스 Christopher

Columbus가 그랬듯이 동방에 대한 환상은 깊어졌고 《아라비안나이트》로 인해 그 골이 깊어지며 깊이를 더했다. 또한 편견의 깊이도 더해졌다.

동방이든 서방이든, 원시사회든 현대사회든 사람들은 늘 주어진 환경에서 최선을 다해 살아왔고 살아가고 있으며 앞으로도 그럴 것이다. 자기들이 가지지 못한 것에 대한 선망이 있을 수는 있지만 그것은 상대 또한 다르지 않다. 그래서 교류가 필요한 것이고 그를 통해 문화가 다채로워진다.

서방의 힘이 동방의 힘을 앞지르기 시작한 사건으로 흔히 프랑스 황제 나폴레옹Napoléon Bonaparte의 이집트 원정1798~1799을 든다. 나폴레옹은 이집트로 175명에 이르는 대규모의 학자, 기술자, 화가들을 데리고 이집트에 가 대대적인 조사를 벌인다. 그리고 그를 통해 엄청난 유물과 이집트에 대한 지식을 갖고 프랑스로 돌아왔고, 21권에 이르는 《이집트지Description de l'Egypte》라는 책이 출간되었다.

이 사건을 기화로 동방에 대한 환상은 콜럼버스의 예에서 보듯이 서구인들의 욕망을 더욱 강하게 부채질했다. 동쪽으로 가면 길에 금과 은이 뒹굴고 있다는 환상이 사람들의 욕망을 극대화시켰다. 여기에 종교가 약화되면서 신이 아닌 인간이 인간을 지배하는 세상으로 바뀌기 시작했다. 바로 제국주의다.

제국주의자들은 동방을 지배하기 위해 자기들의 지배를 정당화시킬 수 있는 새로운 이데올로기를 만들어내야 했다. 이를 위해 환상적인 동방이라는 이미지와 달리 '미개하고 열등하다, 그래서 발전된 서구의 지배를 받아야 마땅하다'는 논리를 만들어냈다. 이른바 오리엔탈리즘Orientalism의 출현이다. 오리엔탈리즘은 서방의 동방에 대한 인식이라는 뜻으로 원래 유럽의 문화 속에 녹아든 동방의 문화를 가리키는 말이었다.

그러나 1978년 팔레스타인 출신 학자인 에드워드 사이드Edward Said 가 《오리엔탈리즘》이라는 서구의 동방에 대한 의도적 왜곡을 날카롭게 비판한 책을 세상에 내놓았다. 그러면서 오리엔탈리즘은 동양에 대한 서양의 왜곡된 인식과 자세를 가리키는 말로 쓰이게 되었다.

이 책에서 에드워드 사이드는 서방의 제국주의가 지배하고 식민지로 만드는 과정에서 동방에 대

●
나폴레옹
나폴레옹은 캄포포르미오조약(1797)으로 오스트리아와 강화한 뒤 영국의 인도 통상로를 끊기 위해 이집트 원정을 나간다. 이때 이집트에 대한 문화와 학술에 대해 대대적인 조사를 함으로써 서방이 동방의 힘을 앞지르게 되는 계기가 된다.

한 왜곡이 어떻게 생성되고 확산되었는지를 분석했다. 한마디로 정리하면 오리엔탈리즘은 서방의 우월성과 동방의 열등함을 주장하고 그 때문에 서방이 동방을 지배하고 계몽해야 마땅하다는 논리를 뒷받침하기 위해 만들어진 것이었다.

이렇게 생성된 오리엔탈리즘은 오늘날에도 여전히 우리 주위를 어슬렁거린다. 서방에 대한 막연한 동경과 자기 비하가 그것이다. 그리고 경제적으로 우리보다 열등한 아시아의 여러 나라를 깔보는 듯한 시선을 갖는 것 또한 우리 안의 오리엔탈리즘 때문이다.

또한 동방은 인간적인 정이 넘치고 정신적으로 우월한 것과 달리 서방은 비인간적이며 물질적으로 지나치게 경도되어 있다는 비판, 즉 오리엔탈리즘과 대비되는 옥시덴탈리즘Occidentalism도 넓은 의미에서 오리엔탈리즘에 포함된다. 오리엔탈리즘을 폭넓게 해석하면 우열을 가리고 구별해서 대립시키는 관점을 뜻하기에 그렇다.

고대 건국신화의 비밀

김수로와 허황옥의 결혼

구체적으로 알려져 있지 않은 고대사회에서는 어떻게 교류했을까? 당연한 말이지만 고대인들도 다양한 형태로 교류하며 문화를 발전시켰다. 오늘날 현대 인류가 다양한 문화를 즐길 수 있는 것도 고대부터 계승된 교류 덕분이다. 고고학 연구에 따르면 실제로 청동기시대부터 인류는 자유롭게 이동하며 살았다. 그리고 이동은 필연적으로 교류를 만들어냈다.

고대사회에서 교류가 이루어졌다는 흔적을 찾을 수 있는 실마리 가운데 가장 유력한 것이 신화이다. 특히 건국신화는 나라를 세우는 과정을 담고 있는데, 그 속에서 여러 가지 교류의 흔적은 물론 어떻게 이루어졌는지 과정도 찾아볼 수 있다.

먼저 가야의 신화를 살펴보자. 《삼국유사》의 내용 중에 김수로가 가야의 왕이 되고, 허황옥이 왕비가 된 이야기가 있다. 그 내용을 요약하면 이렇다.

　세상이 만들어지고 사람들이 살게 되었지만 나라의 이름도 없고 왕이나 신하를 부르는 이름도 없었다. 다만 아홉 간干이 추장이 되어 사람들을 다스렸다. 사람들은 산과 들에 모여 살면서 우물물을 마시고 밭을 갈아 먹고살았다.
　어느 날 북구지에서 수상한 소리가 들려 사람들이 몰려가 보니 형체가 보이지 않는 목소리가 "누가 거기 있느냐?"라고 물었다. 사람들이 대답하자 장소를 물어보고 하늘이 자기를 보냈다며 노래를 부르고 춤을 추며 왕을 맞이하라고 일렀다. 그 노래는 이렇다.

　　龜何龜何　　거북아 거북아
　　首其現也　　머리를 내밀어라
　　若不現也　　내놓지 않으면
　　燔灼而喫也　구워서 먹으리.

　사람들은 시키는 대로 노래도 부르고 춤을 추었다. 얼마 후 하늘에서 보랏빛 노끈이 드리워져 있고 그 끝에 황금 알 여섯 개가 있었다. 날이 샐 무렵 알에서 여섯 명의 사내가 나왔다. 아이들은 금세 자랐고 그 가운데에서 수로라고 부르는 남자가 나라 이름을 가락국이라고 짓고 왕이 되었다. 나머지 다섯 명도 자기의 땅을 찾아서 다섯 가야의 우두머리가 되었다.
　왕이 된 수로는 궁궐을 짓고 나라의 모습을 만들었다. 어느 날 신하들은 수로왕에게 좋은 배필을 얻어서 왕비를 세우라고 간원했다. 그러자 수로왕은 자기가 그곳에 온 것은 하늘이 정한 것이니 왕비 또한 하늘이 정해줄 것이라며 신하들의 청을 물리쳤다.

그리고 시간이 되자 수로왕은 신하를 불러 망산도로 가서 기다리면 배가 나타날 것이라 이르고 자기도 뒤따랐다. 얼마 후 붉은 비단 돛을 달고 붉은 깃발을 펼친 배가 나타났다. 그 배에는 여러 신하와 노비를 거느린 허황옥이 타고 있었다.

또한 배에는 각종 비단과 의복, 피륙과 금, 은, 주옥과 각종 구슬, 보물들이 실려 있었는데 너무 많아서 다 기록할 수 없을 정도였다. 수로왕은 허황옥을 아내로 맞이해 왕비로 삼았다.

한편 허황옥을 따라왔다가 함께 남은 신하와 노비 들에 대한 기록도 남아 있다. 노비들은 가락국에서 살았지만 아이를 낳지 못했고 고향을 그리는 시름만 품고 지내다가 모두 고향 쪽으로 머리를 두고 죽었다. 또한 왕도 허황옥이 세상을 떠나고 함께 따라왔던 사람들이 모두 죽자 매일 구슬픈 노래를 부르며 비탄에 잠겨 있다가 세상을 떠났다.

현대는 과학문명을 토대로 한 합리적이고 상식적인 사회이다. 사람이 알에서 태어날 수 없다는 것을 분명하게 알고 있으며 하늘에서 기구를 이용하지 않고 내려올 수 없다는 것도 또렷하게 알고 있다. 그렇다면 이 신화의 본질을 이해하기 위해서는 알에서 사람이 태어나고 하늘에서 사람이 내려왔다는 것을 다르게, 즉 합리적이고 상식적으로 접근해서 이해해야 한다.

고대사회에서는 이방인이 왕이 되는 경우가 많았다. 혈통에 의한 왕의 세습이 정례화되지 않은 상태에서 더 발달된 이방異方의 문화를 가진 사람이 왕이 되는 것은 오히려 자연스러운 일이었다. 대부분의 건국신화는 이런 사실을 뒷받침해준다.

한국의 신화에서 하늘의 방위는 북쪽이다. 즉 하늘에서 누군가 내려왔다는 것은 북쪽에서 내려온 것을 의미하기도 한다는 뜻이다. 그래서 왕은 북쪽 자리에 앉아 남쪽에 있는 신하들을 바라보며 신하들은 북쪽에 있는 왕을 바라본다. 또한 조상에게 제사를 지낼 때도 북쪽을 향해 상을 차린다. 또한 동아시아의 문화에서 북쪽에서 날아오는 철새들은 조상과 관련이 있다고 믿어왔다.

이렇게 이해를 하면 하늘에서 내려왔다고 전해지는 〈단군신화〉의 환웅이나 신라의 박혁거세, 가야의 김수로 신화까지 모두 북쪽에서 내려온 사람이 왕이 되었음을 알 수 있다. 물론 이런 이해는 신화를 현대적으로 해석했을 때 그렇다는 것이다. 물론 때로는 신화 고유의 의미를 토대로 이해해야 할 때도 있다.

또 하나 교류의 흔적을 찾아볼 수 있는 것은 허황옥이 가져온 혼수이다. 워낙 많아서 일일이 기록할 수 없었다는 내용과 함께 각종 비단과 의복, 피륙과 금, 은, 주옥과 각종 구슬을 가져왔다고 기록되어 있다. 이렇게 따로 기록한 것들은 대체로 당시 국내에서 볼 수 없었던 것일 가능성이 높다. 다르게 표현하면 선진 문물이 유입된 것이다.

또 하나 주목해야 할 것은 허황옥이 배를 타고 바다를 건너왔다는 것이다. 일반적으로 허황옥이 인도의 아유타국에서 찾아왔다고 알려져 있다.

그런데 당시 항해술로는 인도를 출발해 바다를 건너 다른 지역을 경유하지 않고 직항으로 가야까지 올 수 없다. 그 당시 항해란 인근 해안을 따라 이동하는 것이 전부였기 때문이다. 하지만 그렇게 하면 인도에서 가야까지 도착하는 데 정말 오랜 시간이 걸린다. 아마 허황옥의 배는 중국의 인근 해안을 따라 한반도까지 왔을 가능성이 높다. 또 긴 시간 이동하는 데 필요한 물과 음식 등의 보급을 위해 여러 나라 사람들과 접촉했을 가능성도

●
파사석탑
김수로의 왕비였던 허황옥의 능 앞에 있는 탑으로 아유타국의 공주가 어떻게 가락국 김수로의 왕비가 되었는지 알려주는 단서가 된다.

높다. 따라서 허황옥이 가져온 혼수가 모두 인도의 것이 아닐 수 있다는 것도 쉽게 추정할 수 있다.

그리고 또 하나 흥미로운 것은 수로왕이 허황옥이 올 것을 미리 알고 있었다는 점이다. 신화에서야 하늘이 나오고 꿈이 등장하지만 상식적으로 생각하면 불가능한 일이다. 전화나 이메일이 없는 상태에서 서로의 존재를 어떻게 알 수 있었을까? 아마도 그것이 인도든 중국이든 두 사람의 혼인이 미리 약속된 것이었음을 짐작할 수 있다.

좀 거칠게 추측하면 수로왕과 허황옥은 서로 잘 알고 있는 사이였다. 수로왕이 먼저 한반도로 가서 자리를 잡고 연락을 하면 그때 허황옥이 찾아

오기로 했다는 시나리오까지 생각해볼 수 있다. 하늘의 계시에 의해 허황옥과 결혼했다는 것보다는 더 상식적이고 합리적이다.

꿈을 꾸고 찾아왔다는 이야기와 앞의 거친 추측 사이에 수많은 가능성이 존재한다. 다만 한 가지 분명한 것은 이미 인도와 중국, 그리고 한반도를 잇는 바닷길이 존재했으며 그 길을 통해 여러 문물들이 오가고 있었다는 점이다.

박혁거세 신화의 의미

신라의 시조인 박혁거세도 수로왕과 비슷한 성격을 지니고 있다. 하늘과 관계가 있고 알에서 태어났다는 점에서 그렇다. 다만 박혁거세의 경우에는 천마라는 말이 하늘과 땅을 이어주는 매개 역할로 등장한다는 점에서 차이가 난다. 말은 농경보다는 유목에 어울리는 가축이라는 점에서 북방적인 요소가 더 강화되어 있다고 볼 수 있다.

실제로 박혁거세는 왕이 된 후에도 천마를 타고 하늘을 왕래했다. 이는 그가 북쪽을 상징하는 하늘에서 내려왔을 뿐만 아니라 말을 이용해 계속 북쪽과 왕래했음을 의미한다. 신화에 따르면 박혁거세는 종종 하늘로 올라가서 정치에 대한 여러 조언과 지시를 받았다고 전한다. 박혁거세의 죽음도 이와 관계 있다.

박혁거세가 총애하던 궁녀가 자기도 하늘에 데리고 가서 구경을 시켜달라고 부탁했다. 그러나 박혁거세는 그것은 금지되어 있는 일이라고 거절했

오릉
박혁거세가 금기를 깨뜨려 몸이 다섯 조각이 나서 능을 다섯 개 만들어야 했다는 전설이 얽혀 있다. 현재 경주에 위치해 있다.(사진 출처 : 경주 시청)

다. 그러자 궁녀는 작은 벌레로 변해 박혁거세가 타는 천마의 귓등에 숨어서 하늘로 올라갔다.

그러나 궁녀가 몰래 하늘로 올라간 것은 금세 발각이 나고 말았다. 박혁거세는 자기가 잘못한 것이 아니었지만 금기를 깨뜨린 벌을 받아야 했다. 박혁거세의 몸은 다섯 조각이 나 하늘에서 땅으로 떨어졌다.

그 이후 이야기는 이렇게 전해진다. 사람들이 박혁거세의 몸을 하나로 모아서 장례를 치르려고 했지만 큰 뱀이 나타나 방해했기 때문에 어쩔 수 없이 능을 다섯 개 만들어야 했다. 이것이 경주에 있는 오릉五陵에 얽힌 이야기이다. 그래서 오늘날에도 오릉을 뱀 사蛇 자를 써서 사릉이라고도 부른다.

이 이야기에서 흥미로운 것은 박혁거세가 하늘의 지시를 받았다는 점이다. 앞에서 본 것처럼 하늘을 북쪽으로 대체하면, 북쪽에서 내려와 왕이 된 박혁거세가 계속 자신이 온 곳과 교류를 하면서 도움을 받았다는 뜻이 된다. 그리고 궁녀로 상징되는 잘못에 의해 박혁거세는 죽임을 당한 것이다.

물론 이 사건을 얼마든지 다르게 해석할 수 있다. 다만 합리적이고 상식적인 차원에서 접근해야 한다는 전제가 필요하다. 박혁거세가 비행접시를 타고 하늘에서 내려왔고 종종 하늘로 올라가 보고했다는 식의 얼토당토않은 추정을 해서는 안 된다.

또한 수로왕과 주몽, 박혁거세 등이 알에서 태어났다는 것에 대한 합리적인 또 다른 추론은 '신성한 탄생'을 강조하기 위한 것이라는 해석이다. 과학이 발달한 오늘날에도 태몽을 통해 신비로운 분위기를 연출하는 경우가 많은 것을 생각하면 남다른 출생, 즉 다르게 표현하면 보다 뛰어난 문화를 갖고 있고 그래서 왕이 될 수 있는 능력이 있음을 상징적으로 보여주는 표현이라고 이해할 수도 있다.

일본 신화와 하늘

신화에서 하늘을 북쪽이라는 방위로 이해하면 일본 신화 역시 흥미로워진다. 일본에서 가장 오래된 신화집인 《고사기古事記》는 이렇게 시작된다.

하늘과 땅이 처음 생겼을 때 신들이 사는 다카마가하라에 나타난 신은 아메노미나카누시였다. 그다음으로 다카미무스히가 나타났고 가무무스히가 나타났다. 그러나 이 세 신은 어디론가 사라졌다.

그리고 뒤이어 다카마가하라에서 두 명의 젊은 남녀 신들이 파견된다. 이렇게 파견된 젊은 신인 이자나기와 이자나미는 부부가 되어 먼저 땅과 섬들을 낳고 뒤를 이어 그곳을 지배할 신들을 낳았다.

그러나 여신인 이자나미가 불의 신을 낳다가 음부에 불이 붙어 타 죽고 말았다. 홀로 남겨진 이자나기는 아내를 찾기 위해 저승으로 향한다. 그러나 이자나기는 이자나미가 부탁한 금기를 어겨 서로 사이가 틀어져 홀로 돌아온다. 그리고 저승의 불결함을 씻어내기 위해 몸을 씻는 과정에서 세 명의 신이 태어난다. 이자나기는 세 후손에게 세상을 지배하라고 맡긴 다음 돌아간다.

셋 가운데 하늘을 다스리게 된 태양의 여신 아마테라스는 자기의 후손을 땅으로 보내 지상을 다스리려고 한다. 그러나 아들은 하늘에서 땅으로 내려가는 것을 거부했고 하는 수 없이 손자인 니니기를 지상으로 내려 보낸다. 그 지방이 오늘날의 규슈이다. 그리고 이들은 훗날 지금의 나라와 교토 지방으로 근거지를 옮긴다. 그리고 일본에서는 일본의 천황이 니니기의 후손이라고 주장한다.

위에서 간략하게 살펴본 일본 신화에서 먼저 다카마가하라高天原라는 지명이 눈에 띈다. 그것은 한국 신화에서 하늘을 의미하는 장소가 구체적으로 제시되었고 그곳에서 명령을 받고 두 젊은 신이 내려온다는 구도가 한국 신화보다 구체적이기 때문이다. 또한 단군신화에서는 하늘의 신 환인이 있고 아들 환웅이 스스로 자원해서 지상으로 내려온다는 것과 차이가 난다.

그리고 하늘이든 신들이 사는 곳이든 그곳에서 내려온 것은 동일하다. 그러니까 과학적 상식으로 생각하면 원래 살던 곳이 있었고 그곳에서 이주를 해왔다는 뜻이다. 다만 환웅이 자원을 했다면 이자나기와 이자나미는 명령을 받고 내려왔다는 점에서 차이가 난다. 또한 이런 차이 때문에 이자나기는 미련 없이 원래 살던 곳으로 돌아갈 수 있었다.

이자나기 이자나미 동상
오노코로(おのころ) 신사에 있다. 일본에서 가장 오래된 신화집인 《고사기》에 등장하는 신화적 인물들이다.

또 하나 흥미로운 것은 다카마가하라에서 파견된 두 명의 젊은 신이 일본을 새로 만들어낸다는 점이다. 이 또한 상식적인 차원으로 접근하면 기존에 거의 아무것도 없는 땅을 일구고 새로운 문명을 만들었다고 이해하면 될 것이다. 그 과정을 두 신이 섬들을 낳고 그다음 그곳을 지배할 신들을 낳는 것으로 표현했다고 보는 것이 상식적이다.

또 조금 다르게 접근하면 문명의 차원이 달랐다고도 이해할 수 있다. 예를 들면, 당시 일본이 신석기 문명 속에서 살고 있는데 청동기 문명을 가진 이자나기와 이자나미로 상징되는 무리들이 나타나서 새로운 문명을 일구었다고 볼 수도 있다는 뜻이다. 그때의 충격이 당시 사람들에게 어땠을지는 도시화된 문명 속에서 살다가 아프리카 벽지나 남태평양의 어느 섬에 도착했을 때의 느낌을 떠올려보면 쉽게 이해될 것이다.

이렇게 생각하면 다카마가하라의 의미가 더 또렷해진다. 즉 뛰어난 문물을 갖고 있는 집단이 되고 역사적으로 그들의 흔적은 주로 북쪽에서 내려온다는 점에서 한국 신화의 하늘도 좀더 이해하기 쉬워진다.

이집트와 그리스신화

신화에서 이방인이 왕이 되는 과정을 통해서 교류의 흔적을 찾아낼 수 있는 것은 비단 국내나 일본에만 국한되지 않는다. 외부의 발전된 문명을 가진 사람들이 나타나 왕이 되거나 신이 되는 이야기는 한반도에서 멀리 떨어진 그리스신화에서도 발견된다. 이야기는 얼핏 사랑에 관한 것처럼 보이지만 내용은 이 글에서 다루고 있는 주제와 연결된다.

그리스신화의 최고 신 제우스는 헤라의 신전에서 일하는 이오의 아름다움에 이끌려 그녀를 유혹했다. 그런데 그 사실을 헤라가 알아차리고 말았다. 당황한 제우스는 재빨리 이오를 하얀 암소로 변신시키고 시치미를 떼려고 했다.

하지만 제우스의 의도를 알아차린 헤라는 암소를 자기에게 선물로 달라고 말한다. 거절할 명분이 없었던 제우스는 암소를 헤라에게 주고 만다. 헤라는 눈이 백 개나 되고 한꺼번에 두 개 이상의 눈을 감지 않는 아르고스라는 괴물에게 하얀 암소를 지키라고 명령했다.

애가 탄 제우스는 전령의 신인 헤르메스를 보내 이오로 변신한 암소를 훔쳐 오라고 시켰다. 헤르메스는 피리를 불고, 그 피리에 얽힌 이야기를 해주며 아르고스를 잠에 빠지게 한 다음 이오를 구출했다.

그 사실을 알고 화가 난 헤라는 등에를 보내 암소로 변한 이오를 끊임없이 괴롭혔고 이오는 헤라의 눈을 피해 바다를 건넜다. 이오가 건너간 바다를 그 이후 이오니아해라고 부르기 시작했다.

이오는 세상 곳곳을 떠돌아다니다가 이집트에 도착해서 겨우 본모습을 되찾고 안식을 얻었다. 그곳에서 제우스를 만나 아들도 낳았다. 그런 다음 이오는 이집트 왕과 결혼해서 이집트에 정착했다.

그런데 이오의 후손 가운데 다나오스와 아이깁토스라는 형제가 있었다. 다나오스는 딸만 50명을 낳았고 아이깁토스는 아들만 50명을 낳았다. 아이깁토스는 다나오스의 땅을 모두 차지할 속셈으로 사촌들끼리 결혼을 시키자고 제안했다. 다나오스는 아이깁토스의 의도를 알아차리고 거절했다. 그러자 아이깁토스는 협박을 하기 시작했다.

다나오스는 지혜의 여신 아테나의 제안에 따라 그리스의 아르고스 지방으로 도망쳤다. 아르고스는 이오의 고향이었다. 아르고스에 도착한 다나오스는 조상인 이오를 내세워 자기가 왕이 되어야 한다고 주장했다. 그때 이리 한 마리가 황소 떼를 습격했고 그 까닭을 신탁에 물었더니 이방인이 왕이 되어야 한다고 대답했다. 그 신탁으로 다나오스는 아르고스의 왕이 되었다.

얼핏 위의 신화는 헤라의 질투를 이기고 아름다운 여인과 신의 사랑이 이루어지고, 그녀의 후손들이 다시 돌아와 왕이 된다는, 비록 고난과 박해가 있었지만 모두 행복해졌다는 내용처럼 보이지만 그렇지 않다.

위 신화의 결말은 참혹하다. 이집트에서 결혼을 위해 아르고스를 찾아온 남자 사촌 50명 중 49명이 첫날밤에 목이 잘려 죽는 비극으로 끝나기 때문이다.

남자 조카들의 힘을 이길 수 없다고 생각한 다나오스는 딸들에게 첫날밤 신방에서 신랑을 죽이라고 칼을 준다. 그리고 49명의 남자가 결혼식 날 신방에서 살해되었다. 신랑을 죽인 다나오스의 딸들은 훗날 하데스에게 아무리 부어도 채워지지 않는 항아리에 물을 길어다 넣어야 하는 영원한 형벌을 받는다.

이 신화를 현대의 상식적인 차원에서, 또한 이 글의 주제인 교류에 맞춰 살펴보면 새로운 것이 보인다.

이집트는 세계 4대 문명의 발상지로 그리스와 가장 가까운 곳에 있는 문명의 발상지였다. 물은 높은 곳에서 아래로 흐르기 마련이다. 이집트와 그리스가 만났다면 당연한 말이지만 이집트의 앞선 문물이 그리스로 전해졌을 것이다.

다나오스가 아르고스로 돌아와 왕위를 요구했을 때 이리가 황소를 습격한 사건은 앞에서 본 수로왕의 이야기에서 하늘에서 들려온 이야기와 효과는 유사하다. 사람들에게 경이로움을 보여주고 그를 통해 왕이 되는 구조다. 이방인이 왕이 되는 이유는 사람들에게 경이로움을 줄 수 있을 만큼 문화가 앞서 있기에 그렇다. 그래서 고대사회는 유난히 이방인이 왕이 되는 경우가 많았다.

이오의 경우에서도 그렇지만 그리스신화에서 신과 인간의 사랑은 늘 비극으로 끝난다. 아폴론이 사랑한 다프네는 나무가 되었고, 헤라를 사랑한

익시온은 영원한 형벌을 받아야 했으며, 심지어 악타이온은 아프로디테의 몸을 보았다는 이유 하나만으로 사슴으로 변해 자기 사냥개에서 물려 죽어야 했다.

이것은 서로 다른 문명에 적용하면 쉽게 이해된다. 문명 수준이 다른 집단이나 개인이 접촉했을 때 낙후된 쪽이 늘 위험에 처하게 된다. 예를 들면, 우주에서 외계인이 찾아왔다고 해보자. 그들이 자기 별을 떠나 지구에 도달할 정도라면 뛰어난 과학문명을 보유하고 있을 것이 분명하다. 그런데 지구에 도착한 외계인들이 지구에 도움을 줄까 아니면 지구를 지배하려고 할까? 백발백중 후자일 것이다.

신과 인간의 사랑이 늘 비극으로 끝나는 것은 이런 사정 때문이다. 인간을 단숨에 제압할 정도로 신의 능력은 월등하니까 말이다. 수준이 다른 두 문화가 충돌했을 때 한쪽이 다른 한쪽을 지배하는 것은 당연한 결과이다.

이런 측면에서 이오의 신화는 서로 다른 이집트 문화와 그리스 문화의 접촉이라고 볼 수 있다. 49명의 살해는 서로 다른 문화의 충돌에서 빚어진 결과를 보여주는 상징일지도 모른다.

그러나 문화의 접촉이나 충돌이 늘 비극으로 끝나는 것은 아니다. 바람둥이였던 제우스가 소아시아에 있는 페니키아에서 에우로페 공주를 납치해 그리스 섬 크레타로 데리고 간 적이 있다. 이들 사이에서 태어난 미노스는 훗날 크레타의 왕이 된다.

이 신화도 매우 흥미롭다. 페니키아는 문자를 처음으로 발명한 곳이고, 크레타는 유럽 최초의 문명인 미노아 문명의 발상지이다. 그러니까 소아시아의 문화가 그리스로 전해져 그리스에서 문명이 발생하고 번성할 수 있게 되었다는 것을 이야기로 꾸민 것인지도 모른다. 이처럼 신화는 황당한 이야기가 아니라 고대사회의 교류를 엿볼 수 있게 해주는 훌륭한 안내자가 되기도 한다.

chapter 2

근원적인 불안에서 시작해 불변의 진리가 된

종
교

길게는 수천 년에 걸쳐서 삶의 터전을 찾기 위해 끊임없이 이동해야 했던 아리안족들은 그 이동 과정에서 수많은 체험을 겪으면서 인류가 지녀야 할 가치와 미덕에 대해 충분히 고민하고 공감 했을 것이다. 그리고 그것을 토대로 이란고원에서는 조로아스터교, 인도 북부에서는 브라만교를 만들었다.

세계를 둘로 나눈
조로아스터

300년 유랑의 아리안족

기원전 4000년에서 기원전 3000년 사이 중앙아시아 스텝 지역에 심각한 기후 변화가 발생했다. 사람들이 견디며 살기 고통스러운 상황이었다. 그곳에 살던 사람들은 어쩔 수 없이 무리를 지어 살길을 찾아 사방으로 흩어졌다.

이들이 훗날 세계를 전쟁으로 몰아넣은 독일의 독재자 히틀러가 '고결한 혈통'이라고 추앙했던 아리안족이었다. 이들 가운데 한 무리는 오늘날의 이란고원이 있는 서남쪽으로 향했다.

중앙아시아 스텝 지역을 출발한 아리안족들은 오랜 세월에 걸쳐 이동했을 것으로 추정된다. 이들의 이동 과정에 대해 알려진 것은 거의 없다. 다만 몇 가지 추측만 할 뿐이다.

먼저 이동 속도이다. 이들은 오늘날과 같은 교통수단이 달리 없었기 때문에 매우 느렸을 것이다. 게다가 목적지가 명확한 것도 아니었기 때문에 이동은 안개 속에서 길을 찾는 것처럼 느리고 힘든 일이었을 것이다. 비행기를 타면 불과 몇 시간이면 도달할 거리를 몇 천 년에 걸쳐 이동했다.

두 번째로 생각할 수 있는 것이 성장이다. 이 이동 과정에서 그것이 좋은 일이든 나쁜 일이든 수많은 사건들이 발생했을 것이다. 때때로 사람들이 머물기 좋은 곳을 찾아내어 그곳에서 한동안 살기도 했을 것이다. 그 기간은 몇 년에서 몇 백 년이 될 수도 있다. 그리고 이동하거나 정착하는 도중에 도적 떼나 맹수를 만나고, 가뭄이나 태풍 같은 기후변화 등 생존을 위협하는 일도 자주 발생했을 것이다. 그때마다 그들은 현명한 선택과 단호한 결정을 내려야 했을 것이다.

또한 뒤처지거나 포기하고 주저앉으려는 사람들에게 희망을 주어 일으켜 세우고 용기를 내게 하는 일도 있었을 것이다. 또한 어디로 가야 하는지 촉각을 곤두세우고 고민도 많이 했을 것이다.

이런 집단의 이동 가운데 비교적 상세하게 알려져 있는 것이 모세의 출애굽이다. 그러나 모세가 이집트에서 유대인들을 데리고 탈출할 때는 '젖과 꿀이 흐르는' 가나안이라는 또렷한 목적지가 있었지만 모세를 따랐던 대중들은 쉽게 지치고 포기하려고 했다. 그런데 아리안족들에게는 딱히 가야 할 목적지가 있었던 것도 아니었다. 어쩌면 아리안족의 지도자들이 '젖과 꿀이 흐르는' 가상의 목적지를 제시했을지도 모른다.

이들 중앙아시아 스텝 지역에서 남쪽으로 향했던 아리안족은 살아남아 역사를 만들었다. 그들은 이 오랜 이동 과정에서 개인이 실패와 고난을 극복하는 과정에서 강해지듯이 육체적으로나 정신적으로 매우 강해졌을 것이다. 숱한 고비를 넘기면서 생존의 기술과 능력도 크게 향상되었을 것이다.

그리고 가장 중요한 것이지만, 오랜 여정 속에서 삶에서 진정으로 필요한 것이 무엇인지 알게 되었을 것이다. 왜 타자를 위해 희생해야 하고, 주먹과 같은 물리적인 힘만이 아니라 정신적인 힘도 중요하다는 것, 미래를 위해 현재의 고통을 감내해야 한다는 것 등을 배웠을 것이다.

아리안족이 이란고원에 이르렀을 때 서쪽에는 엘람이라는 왕국이 자리하고 있었다. 엘람 왕국의 서쪽에는 거대한 장벽처럼 우뚝 솟아 있는 자그로스산맥이 있었고, 그 너머에는 세계 4대 문명 중 하나인 메소포타미아 지역이 자리하고 있었다.

오늘날의 이라크인 메소포타미아 지역은 유프라테스와 티그리스 강 유역에 건설된 문명이다. 이 지역에는 고대 세계에서 절대적 생존 조건의 하나인 물은 풍부했지만 그 외에 문명을 유지하는 데 필요한 목재나 금속 같은 물자는 턱없이 부족했다. 그 물자의 주요 공급지가 이란고원이었고 그 거점이 엘람 왕국이었다.

지도를 보면 이란고원은 매우 넓고 광활하다. 남하한 아리안족들이 엘람 왕국을 무너뜨리고 메디아 왕국을 세운 것이 기원전 1000년 전후이다. 그들이 원래 거주하던 중앙아시아의 스텝 지역을 떠나고 수천 년이 지난 후의 일이었다.

중앙아시아에서 남하한 아리안족의 다른 갈래는 그대로 남하해서 인도 북부로 내려갔다. 그래서 이들을 달리 인도 아리안이라고 부른다. 이란은 아리안의 후손이라는 의미를 갖고 있다.

인류의 오랜 역사에서 대규모의 인원이 오랜 시간에 걸쳐 대이동을 한 첫 번째 사례는 아메리카 인디언들이다. 이들은 구석기에 속한 기원전 2~3만 년 전에 주요 식량이었던 매머드의 뒤를 따라 얼어붙은 베링 해를 건너 아메리카로 건너갔을 것으로 추정된다. 인디언들의 지혜와 영성에 대해서는 이미 널리 알려져 있다. 이렇게 인디언들이 풍요로운 정신적 유산을 갖고 있다는 점에서 아리안족의 대이동이 갖는 의미가 증명된다.

유일신 사상의 출현

아리안족 역시 풍요로운 정신적 유산을 인류에게 남겼다. 그것은 인류가 향유하는 문화의 토대로 인정을 받는 종교였다. 이란고원에 정착한 아리안족과 인도로 내려간 아리안족에게는 매우 중요한 공통점이 하나 있다. 그것은 바로 종교이다.

먼저 기원전 1500년경에 인도 북부에 자리를 잡은 아리안들은 카스트제도로 유명한 브라만교를 만들었다. 브라만교는 창조의 신 브라흐마Brahma, 유지의 신 비슈누, 파괴의 신 시바를 중심으로 하는 귀족 종교로 매우 관념적이며 계급적인 종교였다.

브라만교는 철학적인 내용을 담고 있는 베다라는 경전을 기초로 우주의 원리를 추구했고, 윤회와 카르마Karma, 업, 해탈 등의 원리를 주장했다. 이러한 종교적 관념은 이후 다른 종교와 동양의 세계관을 떠받치는 한 축이 되었다.

이런 생각은 그들이 수천 년에 걸쳐 이동하며 체득한 경험과 세계에 대한 이해가 있었기에 가능했던 것이다. 따라서 그 뿌리 또한 단단했다.

기원전 6세기 인도를 지배하던 브라만교에 반기를 드는 자이나교와 불교가 등장했다. 시대가 흐르면서 인구가 증가했고 도시가 발달하고 상업이 융성하면서 새로운 힘을 가진 사람들이 나타났다. 이들은 계급적인 브라만교에 불만을 가지고 자이나교와 불교에 호응했다.

브라만교가 옹호하는 카스트제도에 따르면 부모의 계급에 따라, 즉 부모가 불가촉천민이면 자식은 저절로 불가촉천민이 되고, 다른 계급과의 결혼이 금지되어 있었다. 그들이 신분을 벗어나는 것은 죽은 후 윤회를 통해서만 가능했다.

● **브라흐마(Brahma)**
할레비드 사원에 조각된 브라흐마. 브라만교에서 우주의 창조, 유지, 해체의 기능을 담당하는 세 신 곧 브라흐마, 비슈누, 시바로 구성되는 힌두 삼위일체신론에서 브라흐마는 창조의 역할을 담당하는 신이다.

이와 달리 불교는 계급 철폐와 평등을 주장하며 누구나 구원을 받을 수 있다고 주장하며 큰 호응을 얻었다. 여기에 위기를 느낀 브라만교는 귀족 중심에서 벗어나 대중 속으로 파고들었고 그것이 주효해 인도의 대중들은 다시 브라만교로 돌아왔다. 다시 돌아온 브라만교가 오늘날의 힌두교이다. 인도에서 불교라는 걸출한 종교가 탄생했지만 정작 인도에서 밀려난 것은 이런 이유 때문이다.

한편 이란고원에서도 강력한 종교가 하나 출현했다. 조로아스터교가 그것이다. 조로아스터교는 오늘날에 들어 교세가 크게 몰락해 일반인들에게 생소한 이름이지만 과거부터 오늘날까지 여전히 세계 종교와 인류의 세계관에 엄청난 영향을 미치고 있다.

조로아스터는 니체 Friedrich Wihelm Nietzsche 의 유명한 책인《자라투스트라는 이렇게 말했다》의 자라투스트라이다. 사실 흔히 쓰는 조로아스터는 그리스식 이름이며, 조로아스터교의 경전인《아베스타 Avesta》에 기록된 현대식 이름이다. 조로아스터는 인류 역사상 가장 뛰어난 종교 지도자 가운데 한 명으로 꼽힌다.

조로아스터가 살았던 시대는 정확하게 알려지지는 않았지만 기원전 6세기일 것으로 추정된다. 조로아스터는 어릴 때부터 기이한 행동을 보였고 스무 살 무렵에 가족을 떠나 수행자가 되었고 서른 살 무렵에 계시를 받고 세상을 떠돌아다니면서 사람들에게 믿음을 전했다. 그러던 중 77세에 제단 앞에서 적에게 살해되었다.

조로아스터의 행적은 예수나 석가 같은 종교 창시자의 행적과 거의 유사하다는 그럼 점에서 신빙성이 있지만 한편으로 전형적이라는 면에서 과장되었을 수도 있다.

조로아스터의 가장 큰 공적은 아리안인들이 오랜 세월 이동하면서 습득한 다양한 생각과 관습 들을 정리해서 아후라 마즈다 Ahura Mazda 라는 최고신을 중심으로 재편했다는 점이다. 이 과정에서 기존의 범신론적 세계관을 유일신 사상으로 발전시켰다.

범신론은 어디에나 신이 존재한다는 의미이다. 이에 따르면 나무에도 신이 있고 바위나 하늘에도 신이 있다. 과거 인류가 특별한 나무나 바위 앞에서 기원을 한 것도 이런 생각 때문이다. 그러나 나무나 바위 신들의 힘은 절대적이지 않았다.

이에 비해 유일신 사상은 절대적인 힘을 가진 하나의 신만을 믿는 것이다. 달리 신들이 존재하기는 하지만 그와 차원이 다른 절대자가 따로 존재한다는 것이 유일신 사상의 기초이다. 이런 유일신 사상을 처음 제시한 것이 조로아스터교였다.

그리고 이 아후라 마즈다를 정점에 둔 유일신 사상에서 오늘날까지 강력하게 영향을 미치고 있는 선악의 이분법이 발생했다. 인간의 자유의지로 악이 발생한다는 개념은 이후에 등장하는 종교들에게 큰 영향을 미쳤다.

선악에 대한 이분법이 낳은 결과

인류는 생존의 고비가 닥쳐오거나 큰 변화가 요구될 때 이른바 혁명이라고 부르는 것을 겪었다. 신석기시대에 접어들면서 인구가 늘어나고 사냥할 수 있는 동물의 개체 수가 줄어들면서 식량 위기가 찾아왔다. 그리고 이 위기에 대처하기 위해 시작한 농사로 농업혁명이 일어났다. 이처럼 인류는 혁명을 겪을 때마다 문화와 삶의 수준을 비약적으로 끌어올렸다. 프랑스혁명이나 영국의 산업혁명 역시 시대적 요구에 따른 것이다.

조로아스터가 제시한 선악의 이분법은 농업혁명이나 산업혁명에 필적하는 사고의 혁명이었다. 세상을 선과 악으로 나눈다는 것을 얼핏 당연하고 단순한 것처럼 보이지만 이분법만큼 인류의 사고에 큰 영향을 미친 것을 찾기 힘들 정도로 혁명적인 것이었다.

그것은 선악의 이분법이라는 사고의 틀이 생기면서 생각을 확장시킬 수 있는 계기가 되었기 때문이다. 또한 세계를 더 잘 이해할 수 있는 눈을 갖게 되었다. 그리고 이 가치의 틀은 좋고 나쁨, 옳고 그름 등을 가늠하는 잣대가 되었다.

사실 사회나 개인 모두 선하기만 하거나 악하기만 한 것은 아니다. 선하기도 하고 악하기도 하고, 누구나 선과 악의 양면성을 가지고 있는 경우가 많다. 그래서 좋을 때도 나쁠 때도, 옳은 일을 할 때도 그른 일을 할 때도 있는 것이다.

선악은 구분하기 힘들 정도로 서로 뒤엉켜 있다. 자기의 삶을 돌이켜보면 쉽게 수긍할 것이다. 대부분의 사람들은 일관된 신념을 토대로 살기보다 때로는 선하게 또는 악하게 살아간다.

세상은 선하기도 하고 악하기도 하다. 선과 악을 나누고 선한 일을 권장하고 악한 일을 배제하기 위해 노력하면서 인류의 문화는 풍성해졌다. 선과 악을 나누고 옳고 그름을 구분할 수 있게 되면서 분명한 질서가 생겼다. 그러나 그렇게 이분법적으로 바라보면 사고를 확장하기 힘들어진다.

선은 인류가 지향해야 할 사회의 도덕적 가치를 만들어냈고, 이렇게 형성된 도덕은 사회가 혼란에 빠지지 않고 유지될 수 있도록 만들었다. 반대로 악은 사회를 위협하고 혼란으로 몰아넣는 것으로 규정되었다.

선악의 이분법은 단순히 세상을 구분하고, 질서와 가치를 생성하는 것에 그치지 않고 세상의 모든 것을 둘로 나누어 생각하는 전형적인 사고의 틀로 발전했다. 앞서 보았듯이 좋고 나쁨, 옳고 그름을 비롯해서 자연에 속해 있는 하늘과 땅, 봄과 겨울, 낮과 밤 등을 대립적으로 구분하게 되었고 인간에게 적용해 남자와 여자, 어른과 아이, 아군과 적군, 우리나와 타자, 오른손과 왼손, 삶과 죽음 등의 개념을 만들어냈다. 더 나아가 사회에서는 위와 아래, 오른쪽과 왼쪽, 우파와 좌파, 보수와 진보, 천국과 지옥 등의 구분을 형성하게 했다.

둘로 나누는 것은 그 대상을 더 잘 이해하는 데 도움이 된다. 예를 들면, 하루라는 막연한 개념에서 낮과 밤의 특성을 각각 드러내어 더 명확하게 이해할 수 있게 해준다.

둘로 나누어 보기의 가장 극명한 사례는 아마 삶과 죽음일 것이다. 삶과 죽음을 분리하게 되면서 수많은 문화 현상이 발생했다. 게다가 이 구분은 종교라는 매개체를 통해 선악으로 다시 한 번 구분되었다.

삶과 죽음을 선악의 이분법에 적용하면 우선 삶은 선이 되고, 죽음은 악이 된다. 이는 당연한 결과이기도 하다. 인간이 살아가는 현재적 의미의 삶을 악으로 규정짓는다면 어떻게 되겠는가. 당연히 죽음은 악으로 분류되었고, 그 결과 끔찍하고 무서운 것으로 인식되었다. 특히 인간이 죽음을 맞아 주검이 되면 썩고 부패한다. 이렇게 썩는 것과 부패는 악의 영역에 속하게 되었고, 악령이나 유령 같은 죽음의 세계에서 오는 것은 인간에게 해를 끼치는 두려운 존재가 되었다.

하지만 삶과 죽음의 구분은 여기서 끝나지 않았다. 죽음이 다시 선악의 이분법으로 나뉜 것이다. 대표적인 상징이 바로 천국과 지옥이다. 죽음 역시 둘로 나뉘어 어떤 삶을 살았는지에 따라 선과 악이 결정되고, 그 결과에 따라 천국과 지옥이라는 종착지에 가게 된다는 것이다.

이렇게 삶의 인과응보에 따라 결정되는 죽음의 종착지에 대한 생각은 인류를 크게 바꾸어놓았다. 삶에서 죽음으로 향하던 방향이 역전되기 시작한 것이다. 즉 천국과 지옥에 대한 생각이 살아있는 사람들의 삶을 변화시키기 시작한 것이다.

사람들은 사후에 천국에 가기 위해 현재적 삶을 맞추기 시작했다. 천국으로 가기 위해 선이라고 규정되어진 것들, 예를 들어 남을 돕고, 거짓말하지 않기, 질서 지키기 등 이른바 윤리가 만들어졌고 그를 충실히 따르려고 하게 된 것이다. 실제로 이집트 사람들은 사후에 저승의 심판관들 앞에서 다음과 같은 내용을 통해 자신이 죄를 저지르지 않았다고 말해야 했다.

나는 나쁜 일을 하지 않았다. 나는 폭력을 휘두르지 않았다. 나는 다른 사람의 마음을 고통스럽게 만들지 않았다. 나는 훔치지 않았다. 누군가가 배신을 당해 살해당하게 만들 원인이 될 만한 일을 하지 않았다. 나는 공물을 적게 내지 않았다. 나는 타인에게 손해나는 일을 하지 않았다. 나는 거짓말을 하지 않았다. 나는 아무도 울리지 않았다. 나는 스스로를 더럽히는 일 따위를 하지 않았다. 나는 간음을 하지 않았다. 나는 타인의 재산을 침해하지 않았다. 나는 배신을 하지 않았다. 나는 경작지에 손해를 입히지 않았다. 나는 결코 남에게 죄를 전가하지 않았다. 나는 충분한 이유 없이 결코 화를 내지 않았다. 나는 진실한 말에 귀를 기울이지 않은 적이 없었다. 나는 마술을 행하지 않았다. 나는 신을 모독하지 않았다. 나는 노예가 주인에게 학대당하게 하지 않았다. 나는 맹세코 신을 가볍게 여기지 않았다.

그리고 위에 제시된 죄를 짓지 않기 위해 애를 썼다. 즉 죽음이 삶을 지배하게 된 것이다. 결과적으로 죽은 다음 선한 곳으로 가기 위해, 즉 천국의 부름을 받기 위해 스스로 삶을 통제하고, 욕망을 조절하게 되었다. 여기서 우리가 알고 있는 아름다운 종교적 가치들이 탄생했다. 선한 마음을 갖기 위해 애쓰고 남을 해치지 않고 도와야 한다는 등의 미덕은 여기서 기원했다.

이처럼 조로아스터교가 세상에 처음 제시한 선악의 이분법이라는 명확한 틀은 훗날 많은 문제들을 잉태하기도 했지만 세상을 이해하는 데 큰 힘을 발휘한 것은 사실이다. 그리고 그 결과가 나타났다.

최초의 제국 페르시아

중앙아시아 스텝 지역에서 이주해온 아리안족들은 남서부에 있는 엘람 왕국을 무너뜨리고 메디아 왕국을 세웠고 그 뒤를 이어 아케메네스 페르시아 기원전 550~330를 세웠다. 아케메네스 왕조는 세계의 역사에서 등장하는 최초의 제국이다.

아케메네스 왕조의 키루스 Cyrus II 황제는 리디아를 비롯한 주변의 나라들을 차례로 무너뜨리고 병합했다. 키루스는 그 이전에 누구도 이루지 못했던 넓은 영토를 가진 제국을 세웠다. 또한 바빌로니아를 무너뜨리고 그곳에서 노예 생활을 하던 유대인들을 해방시켜주었다. 이런 이유로 키루스는 《성경》에서 고레스라는 이름의 위대한 황제로 등장한다.

키루스의 뒤를 이은 캄비세스 Cambyses II 황제는 아프리카에 속한 4대 문명의 발상지 가운데 하나인 이집트마저 정복해 손에 넣었다. 이제 페르시아제국에 속하지 않는 문명화된 지역은 험준한 톈산산맥으로 막혀 있는 동쪽의 중국과 히말라야산맥과 힌두쿠시산맥이라는 장벽이 있는 인도, 그리고 서쪽 바다 건너에 있는 그리스였다.

아케메네스 왕조의 전성기는 다리우스Darius I 황제 대였다. 다리우스는 '페르시아의 도시'라는 의미를 가진 페르세폴리스Persepolis, 아케메네스 왕조의 수도라는 거대한 도시를 건설하고 인도 북부에서 이집트에 이르는 광활한 세계를 지배했다. 오늘날 페르세폴리스는 기원전 330년 알렉산더 대왕의 페르시아 원정 때 부분적으로 파괴되어 흔적만 남아있지만 그것만으로도 다리우스가 지배했던 페르시아제국의 위용을 충분히 엿볼 수 있다.

페르시아가 세계 최초로 제국을 건설할 수 있었던 가장 큰 원동력은 오랜 세월 정착할 땅을 찾아 방황하며 키운 육체적, 정신적인 힘과 그것을 발현시킨 종교의 힘이었다. 우리가 향유하고 있는 문화의 상당 부분이 종교에서 유래했음을 상기하면 그 힘을 쉽게 짐작할 수 있다.

다르게 표현하면 페르시아가 제국을 세울 수 있었던 것은 많은 사람들이 공감하는 가치와 미덕을 보유했기 때문이었다. 가치와 미덕은 우리의 삶과 사회 또는 공동체를 지탱해주는 힘이다. 그 힘을 표현해낸 것이 종교이다.

실제로 페르시아제국은 조로아스터교를 국교로 삼았다. 조로아스터교는 선악의 이분법과 인간의 자유의지를 토대로 유일신 사상을 내놓았고 앞에서 살펴본 대로 세상을 보다 명확하게 이해할 수 있는 새로운 사고의 틀을 제시했다. 이렇게 보면 조로아스터교가 있었기에 페르시아가 제국을 세우고 오랜 기간 유지할 수 있었다고도 말할 수 있다.

이는 한반도에서 신라가 불교를 통해 삼국을 통일한 것, 로마가 몰락한 이후 초대 콘스탄티누스 Constantinus I 황제가 그리스도교를 국교로 삼아 비잔틴제국을 1,000년 이상 유지했던 것 등의 역사적인 사례 등을 통해서도 알 수 있다.

그것은 페르시아제국의 통치 스타일을 살펴보면 더 명확해진다. 페르시아제국은 넓은 영토를 정복

●
콘스탄티누스 황제
선대의 황제인 디오클레티아누스가 만년에 격렬하게 탄압한 기독교를 스스로 받아들여 훗날 제국의 국교가 되는 일에 공헌했다.

했지만 일제 강점기 때 일본이 한반도에 취했던 무력통치 같은 강제적 지배를 하지 않았다. 오히려 정복한 지역의 고유한 문화를 존중하고 배울 것이 있으면 지배·피지배의 관계를 떠나 폭넓게 수용했다.

페르시아의 최전성기를 이끌었던 다리우스 왕의 경우 제국 지배를 위해 공평함과 관대함을 최우선 목표로 삼았다. 수많은 국가와 민족으로 구성된 페르시아제국이 물 흐르듯이 무리 없이 순항할 수 있었던 것은 이 때문이다.

다리우스 왕은 피지배층에도 세금을 공평하게 부과하고 자율권을 가진 총독 제도를 활용해 각 지역에 맞는 고유한 방법에 따라 지배했다. 이렇게 되자 각 민족적인 특성인 종교와 관습, 문화가 저절로 존중되었고 넓어서

제대로 중앙의 힘이 미치지 않아 발생하기 쉬운 반란도 자주 일어나지 않았다.

제국의 평탄한 지배가 이루어지자 상업과 교역이 활발해졌다. 다리우스 왕은 도량형과 화폐를 통일해서 교역이 원활하게 이루어질 수 있도록 강화했다. 도량형과 화폐의 통일은 자유로운 교역을 위한 필수적인 조건이다. 지역마다 무게의 기준이나 화폐 단위가 다르면 그로 인한 다툼과 갈등이 잦아 교역하기 힘들다. 또한 무게나 길이를 정하는 도량형이 통일되지 않으면 교역하는 상대를 믿을 수 없게 되어 결국 또 다른 분쟁이 발생하게 된다. 이런 이유로 강력한 권력을 가진 지배자들은 도량형을 통일시키는 데 관심을 가졌으며 다리우스 왕은 과감하게 해낸 것이다.

흥미로운 사실은 다리우스 왕이 페르세폴리스 건설을 주도하면서 노동자들에게 임금을 지불했다는 점이다. 전쟁에서 포로가 되면 노예가 되는 것이 상식이었던 시대, 다리우스 왕이 '페르시아제국에는 노예가 없다'고 선언하며 임금을 지불한 것은 큰 의미를 지닌다. 제국이 지녀야 할 미덕이 무엇인지 보여주며, 그 미덕을 형성하기까지 조로아스터교가 큰 역할을 했기 때문이다. 페르시아제국의 통치 스타일은 이후 세워진 제국이 그대로 모방할 정도로 모범적이고 전형적인 모형이었다.

길게는 수천 년에 걸쳐서 삶의 터전을 찾기 위해 끊임없이 이동해야 했던 아리안족들은 그 이동 과정에서 수많은 체험을 겪으면서 인류가 지녀야 할 가치와 미덕에 대해 충분히 고민하고 공감했을 것이다. 그리고 그것을 토대로 이란고원에서는 조로아스터교, 인도 북부에서는 브라만교를 만들었다.

조로아스터교는 세계 최초의 제국인 페르시아제국을 태동시키는 원동력이 되었고, 브라만교와 힌두교는 지금까지 인도와 인도인을 지탱하는 원동력이다. 이제 이란고원을 지나 인도로 내려간 아리안들이 세운 종교에 대해 살펴보자.

불교의 생성과
전래

브라만교와 싯타르타의 출가

세상의 모든 것이 변해왔듯이 종교 또한 여러 이유로 변화를 거듭해왔다. 때로는 같은 이름으로 변화의 과정을 겪었고 더러는 이름까지 바꾸며 변화했다. 전자의 좋은 예는 불교이며 후자의 좋은 예는 브라만교와 힌두교이다. 이들 종교는 모두 인도아대륙에서 몸을 일으켰다.

아리안족이 중앙아시아에서 오랜 세월 남쪽으로 이동하다가 그들 가운데 일부는 이란고원에 정착했다. 이들은 유일신 사상의 원형적인 종교인 조로아스터교를 신봉했고 그를 바탕으로 세계 최초의 제국으로 인정받는 페르시아제국을 건설했다. 조로아스터교에는 그들이 오랫동안 방황하며 깨닫고 얻은 삶에 대한 진리가 담겨 있었다. 조로아스터교의 최고신은 아후라 마즈다였다.

샤 푸르 2세의 임명식
타케 보스탄(Taq-e Bostan)에 세워진 아치에 새겨진 부조. 샤 푸르 2세(오른쪽)에게 키다리스(Cydaris) 고리를 건네는 아후라 마즈다(가운데)가 새겨져 있다.

한편 인도 북부로 내려간 아리안족들도 자신들의 터전을 찾았다. 이들은 이란고원에 남은 사람들과 갈등 관계에 있었다. 그것은 아수라Asura 라는 인도의 신을 통해 이해할 수 있다.

아후라와 아수라는 동일한 어원에서 나온 말인데 이란고원에서는 최고 신의 이름이 되었고, 인도 북부에서는 악을 대표하는 귀신들의 왕을 가리키는 이름이 되었다. 이란고원에 정착한 아리안족과 인도 북부에 정착한 아리안족이 함께 있을 때에 아수라와 데바는 모두 신을 의미했지만 그들의 사이가 벌어져 갈라진 후에 인도에서는 아수라가 전쟁을 일삼는 악신이 되고 데바는 선한 신이 되었다.

여담이지만 가장 불쌍한 신은 신봉자를 잃고 이름만 남거나 잊혀져 기억되지 않는 신이며, 또 하나는 전쟁에서 패한 사람들이 믿는 신이다. 이런 경우 대부분 승자가 믿는 종교 체계로 편입되어 악신으로 전락하기 일쑤였다.

　인도 북부에 정착한 아리안들이 만든 종교가 브라만교이다. 브라만교는 세상 사람들을 네 계급으로 구분한 카스트제도로도 유명하다.

　인도 아리안족은 기원전 1500~500년 사이에 신들에게 제례를 지내기 위한 문헌을 가리키는 베다Veda, 인도 바라문교의 사상의 근본 성전이며 가장 오래된 경전 시대를 거치면서 철학적이고 사변적인 교리를 가진 브라만교를 발전시켰다. 하지만 일반인들이 이해하기에는 브라만교의 교리가 너무 어려웠다. 브라만교는 일반 대중이 아닌 철저히 귀족 중심의 종교였기 때문이기도 했다.

불교의 등장

오랫동안 인도인들의 생각을 지배한 것은 브라만교였다. 여기에 도전장을 내민 것이 자이나교와 불교였다. 인구가 늘어나고 상업이 활성화되면서 경제적인 부를 얻은 사람들이 늘어났고, 기존 사회에 대한 불만들이 고개를 들기 시작한 것이다.

　자이나교와 불교는 이렇게 사회에 단단하게 뿌리를 내리고 있는 계급제도를 비판하며 평등을 주장했다. 이미 잘 알려진 것처럼 불교의 핵심 메시지는 '누구나 부처가 될 수 있다'였다. 이 말은 계급이나 출신에 상관없이 누구든지 수행을 하면 구원에 이를 수 있다는 생각을 토대로 한 것이다. 이미 신분이 정해져 죽어야만 신분을 바꿀 수 있는 브라만교의 가르침과 근본부터 달랐다. 이런 불교의 교리에 많은 사람들이 호응하기 시작했다.

불교는 석가국의 왕자인 싯다르타Siddhartha 가 주창한 가르침이다. 석가국은 오늘날 네팔에 있었다. 고귀한 신분으로 태어난 싯다르타는 네 번에 걸친 성 밖 나들이, 즉 사문유관四門遊觀, 석가모니가 태자 때 가비라성 밖으로 놀러 나갔다가 동문 밖에서는 노인을, 남문 밖에서는 병든 사람을, 서문 밖에서는 죽은 사람을, 북문 밖에서는 승려를 만나, 늙고 병들고 죽는 고통을 해결하기 위하여 출가하기로 결심했다는 고사를 말한다. 을 통해서 세상의 고통에 대해 관심을 갖게 되었다. 싯다르타는 동서남북의 네 문 바깥으로 나가서 인간을 괴롭히는 네 가지 고통에 대해 보았던 것이다.

고민을 거듭하던 싯다르타는 출가를 결심했다. 그리고 왕국을 떠나 당시 유행하던 고행을 오랫동안 해보았지만 그것이 진리를 구하는 길이 아님을 알았다. 고행의 기본은 정신과 육체를 분리해서 정신적인 깨달음을 얻기 위해 육체를 학대하는 것이다. 정신을 선으로 보고 육체를 악으로 분리해서 거칠고 황량한 장소에서 기거하면서 거의 먹지도 않고 육체적인 욕망을 최대한 억제하는 것이다.

싯다르타는 고행만이 진리에 이르는 길이 아님을 깨우쳤다. 그래서 고행을 버리고 보리수 아래에서 깨달음을 얻었다. 이렇게 석가국의 싯다르타는 붓다Buddha 가 되었다. 붓다는 '진리를 깨달은 사람'이라는 뜻이다.

그리고 오랫동안 세상을 떠돌면서 자신이 깨달은 바를 사람들에게 전하고 열반에 들었다. 그 이후 불교는 제자들을 중심으로 교세가 확장되었다. 제자들은 한자리에 모여 '여시아문如是我聞', 즉 '나는 이렇게 들었다'라는 말로 시작되는 붓다에게서 들은 것을 확인하는 과정을 거쳐 붓다의 유훈을 정리했다. 이렇게 한자리에 모여 확인한 것을 '결집'이라고 부른다.

그런데 시간이 지나면서 문제가 발생했다. 붓다와 그에게 직접적인 가르침을 받았던 제자들이 하나둘 세상을 떠나면서 영향을 발휘할 수 있는 힘이 사라지게 된 것이다. 불교를 이끄는 것은 붓다가 남긴 가르침뿐이었다.

시간이 흐르자 붓다의 가르침을 따르는 사람들이 두 부류로 나뉘기 시작했다. 한쪽은 붓다의 가르침을 그대로 따라야 한다는 상좌부, 또 다른 쪽은 시대에 따라 변해야 한다고 주장하는 대중부였다. 그 이후에도 불교는 수백 년간 분열을 거듭하여 20여 개의 교단으로 갈라진다. 이 시대를 부파불교部派佛敎 라고 부른다. 부파불교가 가장 왕성한 때는 기원전 3~2세기경이었다.

보시자비심으로 남에게 재물이나 불법을 베푸는 것 의 예를 통해 상좌부와 대중부의 차이를 살펴보면 이렇다. 과거 붓다가 살았던 시절에는 승려들이 재가신자집에 있으면서 승려처럼 도를 닦는 사람 나 일반 사람들로부터 음식물을 공양받아 그것만으로 삶을 영위하며 수행에 정진했다. 그런데 시대가 바뀌면서 음식이 아니라 돈으로 보시를 받는 경향이 나타나기 시작했다. 그것은 물질적 탐욕 때문이 아니라 편의성 때문이었다. 당시 음식물로 보시를 받을 경우 시간이 지나면 상해서 먹을 수가 없었다. 하지만 돈으로 받으면 그런 제약에서 벗어날 수 있었다. 이런 생각은 훗날 인도와 달리 추운 겨울이 있어서 매일 공양을 하러 다닐 수 없는 중국이나 한반도 등지로 불교가 전파되면서 자연스레 바뀐 요소이기도 했다. 또한 이 편의성을 활용하면서 우리가 살고 있는 한반도처럼 사찰이 산처럼 마을에서 멀리 떨어진 곳에

생길 수 있는 여지가 생겼다.

인도 불교의 변화

기원전 1세기쯤 되면 부파불교에 대한 비판과 함께 붓다의 원래 가르침에 충실하자는 주장이 나타난다. 이들의 생각은 수행자들이 개인의 구원에만 몰두하고 있다고 비판했다. 그런 경향을 소승불교라고 불렀다. 그리고 이들은 보다 많은 사람들을 열반으로 이끄는 운동을 주창했다. 그것을 대승불교라고 불렀다. 여기서 소승과 대승에서 승乘은 탈 것을 의미한다. 많은 사람들을 구원의 배에 태워야 한다는 주장이 대승불교의 핵심이다.

그리고 대승불교에 맞는 새로운 경전들이 만들어졌다. 《화엄경華嚴經》, 《금강경金剛經》, 《법화경法華經》처럼 불교 신자가 아닌 사람들도 자주 들어 본 경전들이 이때 쏟아져 나왔다.

붓다가 세상을 떠돌면서 가르침을 전했던 원래의 취지에 대승불교가 더 어울린다는 생각이 빠르게 퍼지면서 큰 힘을 얻게 되었다. 기존의 소승불교의 경전이 철학적이고 사변적인 해석에 매달려 있었다면 대승불교는 신라의 원효가 장터에서 다양한 사람들과 어울리면서 불교를 널리 전한 것 같은 대중적인 것이었다.

대승불교의 등장으로 불교는 큰 변화를 겪게 된다. 가장 큰 것은 수행자 중심의 불교에서 일반 신자들과 밀착된 종교로 바뀌었다는 점이다. 그 과정에서 붓다에 대한 신앙이 강해지면서 개인 구원이라는 수행적인 측면에서 '모두 함께'라는 종교적인 측면으로 그 비중이 변화했다.

그러나 인도는 전통적인 종교인 브라만교의 영향력이 강하게 남아있는 곳이었다. 대승불교의 새로운 제시는 기존의 종교적인 토대와 충돌하고 교류하는 과정에서 힘이 약화되었다.

그 과정에서 인도 불교는 비밀스럽고 신비적인 것으로 변해갔다. 이른바 밀교이다. 밀교는 7세기쯤 해서 많은 사람들의 호응을 얻었다. 밀교의 가르침은 비밀스러운 주문다라니. 법문을 번역하지 않고 음 그대로 외는 일을 외우면 삶의 고통에서 벗어나 구원을 받을 수 있다는 내용을 담고 있었다. 밀교가 호응을 얻은 것은 기존의 혹독한 수행이나 어려운 교리를 통하지 않고 비밀스러운 의례를 통해 구원에 이를 수 있다는 점 때문이었다.

밀교가 등장할 수 있었던 것은 불교가 인도 전통의 종교인 브라만교의 여러 요소를 받아들였기 때문이다. 그런 까닭에 밀교는 시간이 흐르면서 힌두교와 유사한 형태로 변해갔다.

인도에서 불교가 쇠약해진 결정적인 사건은 이슬람의 침입이었다. 11세기 이슬람 세력이 인도 북부로 밀려들면서 불교의 승려들은 그들의 억압을 피해 인근의 티베트나 히말라야 산자락으로 피신해야 했다. 인도에 깊이 뿌리 내린 힌두교는 이슬람과 맞설 수 있었지만 밀교로 변한 인도의 불교는 세력이 약했기 때문에 저항할 힘이 부족했던 것이다.

달라이 라마Dalai Lama. 티베트 종교이자 정치의 최고 지배자 또는 교주를 이르는 말이기도 함 라는 독특한 제도를 갖고 있는 오늘날 티베트 불교가 중국이나 한국과 달리 밀교적인 성격이 강한 것은 이때 인도 북부 승려들이 티베트로 이주했던 것과 연관이 있다.

알렉산드로스의 동방 원정군과 불교 전파

불교가 본격적으로 산을 넘고 바다를 건너 해외로 전파되기 시작한 것은 마우리아 왕조기원전 317~180 대의 일이다. 아름다운 깃털을 가진 공작을 뜻하는 속어에서 유래한 마우리아 왕조는 마케도니아의 알렉산드로스 Alexandros 왕의 군대가 인도에서 물러나자 인도 북부에 있는 마가다 왕국을 중심으로 인도의 상당 부분을 영토로 하는 제국을 건설했다.

마우리아 왕조의 전성기는 3대인 아소카Asoka 왕이 재위에 있을 때였다. 아소카 왕은 인도 남동부에 있는 칼링가 지역을 정복하는 과정에서 전쟁이 지닌 참혹한 비극을 깨닫고 불교를 장려하고 보호했다.

마우리아 왕조의 힘이 인도 대부분과 아프가니스탄까지 미치고 있었기 때문에 불교 또한 그 길을 따라 사방으로 뻗어나갔다. 이는 그리스도교가 로마를 통해 세계로 전파된 것과 흡사하다. 이 때문에 불교 신자들은 아소카 왕을 위대한 왕으로 여겼고 중국의 불경에는 아육왕阿育王이라는 이름으로 전해졌다.

사실 이 시기는 정치적으로나 문화적으로 변동이 격심한 때였다. 서쪽에서 알렉산드로스의 동방 원정군이 인도 북부까지 밀려들었고 그 과정에서 그리스 문화인 헬레니즘이 함께 유입되었다. 그리고 얼마 후 마우리아 왕조의 활약으로 불교 또한 남북으로 널리 퍼져나간 때였다. 마우리아 왕조의 통치 이념은 역으로 그리스와 이집트 등 서쪽으로 전해졌다.

그런데 파도처럼 문화가 밀물과 썰물처럼 밀려왔다가 밀려가기만 한 것은 아니었다. 서쪽에서 밀려든 헬레니즘과 동쪽에서 밀려간 불교가 오늘날의 파키스탄 북서부에 있는 페샤와르 지역에서 만났다.

원래 인도에는 신을 형상화시키는 전통이 없었다. 그런데 서쪽에서 온 그리스의 헬레니즘 문화에는 신의 모습을 동상이나 부조로 만드는 전통이 있었다. 제우스를 비롯한 올림포스의 신들의 신상神像을 만들고 신전에 모시는 관습이 전해진 것이다.

페샤와르에서의 만남은 신상을 만드는 그리스의 전통과 불교 교리였다. 그리고 세상에 없던 것이 탄생했다. 그것은 바로 불상이었다. 지금은 절에 가면 흔히 볼 수 있는 불상은 이런 과정을 통해 생겼다. 문화는 늘 산을 넘고 물을 건너며 서로 충돌하고 만나 새롭게 변한다.

그리스처럼 불상이 만들어졌다. 문제는 신전이었다. 그리스는 각 신마다 고유의 신전을 갖고 있었다. 하지만 페샤와르 지역에는 불상을 모실 신전이 없었다. 그래서 초기 불상은 굴을 파거나 동굴에 모셔졌다. 그 흔적으로 지금도 인도, 중앙아시아, 중국 등지에 석굴 사원이 많이 남아있다.

굴을 파고 불상을 모시는 전통은 주변국으로도 전파되었고 실크로드를 타고 중국을 지나 신라에까지 이르러 '석굴암'이라는 아름다운 석굴 사원으로 마침표를 찍었다. '석굴암'은 신라의 금관과 더불어 헬레니즘 문화가 실크로드를 통해 경주까지 영향을 미쳤음을 보여주는 중요한 증거이다. 이렇게 인도 북쪽으로 뻗어나간 불교를 북방 불교라고 부른다. 북방 불교는 중앙아시아, 중국, 한국, 일본 등지로 전해졌다.

한편 마우리아 왕조 때 불교는 스리랑카를 비롯한 남쪽으로 전파되었다. 이때 전파된 불교는 인도 서부에서 힘을 발휘하고 있던 상좌부 불교였다. 상좌부 불교는 교단의 전통과 규율을 엄격하게 지키려는 사람들이 추구했던 불교의 한 종파였다. 이런 이유로 스리랑카의 불교는 오늘날에도 본래적인 모습을 많이 담고 있다.

그리고 5세기에 붓다고사Buddhaghosa, 중부 인도 부다가야 지방 출신으로 430년경 실론에 건너간 상좌부 계통의 불교학자 라는 학자가 등장하면서 경전에 주를 달고 교리를 체계적으로 정리했다. 이렇게 정리된 불교는 미얀마, 태국, 라오스, 캄보디아 등지로 퍼져나갔다. 이렇게 동남아시아로 전파된 불교를 남방불교라고 부른다.

중국으로 건너간 불교

인도에서 태어난 불교는 동쪽의 또 하나의 거대한 문화권인 중국으로 건너갔다. 그러나 유입 과정에 우여곡절이 많았고, 그에 따라 시간도 오래 걸렸다. 개인도 새로운 생각을 수용하고 관습을 익히는 데 많은 시간이 걸린다. 하물며 불교 같은 사상 체계는 말할 것도 없다. 그뿐만 아니라 중국은 이미 오래전부터 풍토에 맞는 고유한 사상과 종교를 체계적으로 발전시켜온 나라였다.

인도의 불교를 중국으로 전한 것은 중앙아시아의 세력이었던 월지족이었다. 월지족은 이란 계통으로 추정되는 사람들로 1세기 무렵 중앙아시아와 인도 북부에 이르는 지역에 쿠샨 왕조를 세웠다. 인도의 불교를 중국으로 실어 나르는 배의 역할을 한 것은 쿠샨 왕조였다.

그런데 중국에는 춘추전국시대기원전 770~221를 배경으로 융성했던 제자백가 사상에 더해서 민간 도교가 깊이 뿌리내리고 있었다. 훗날 한반도에서 신라를 불교를 공식적으로 받아들이기 전에 이차돈의 순교가 있었던 것처럼 중국에서 불교와 도교가 충돌은 예상된 일이었다.

실제로 불교를 배척하는 파불破佛 사태가 몇 차례 일어났다. 북위의 태무제太武帝, 북주의 무제武帝, 당나라의 무종武宗, 후주의 세종世宗 등이 불교를 억압하고 배척했다. 태무제의 경우 처음에는 불교 신자였지만 훗날 도교로 개종하고 불교를 배척하라는 명령을 내려 많은 승려를 살해하고 절과 불상, 경전 등을 태웠다.

태무제
중국 후위(後魏)의 제3대 왕으로 처음에는 불교 신자였지만 훗날 도교로 개종하고 배불정책을 펴 많은 승려를 살해하고, 절과 불상, 경전 등을 태웠다.

가장 심했던 것은 '회창폐불會昌廢佛'이라고 불리는 사건이었다. 당나라 무종은 유교를 신봉했던 황제로 모두 4,600개의 절을 없애고 26만 500명의 승려를 일반인으로 환속시켰다. 또 절이 보유하고 있던 전답을 몰수해 경제적인 타격을 입혀 소생의 길을 막았다. '회창폐불'은 진시황의 분서갱유焚書坑儒에 비견될 만큼 폭력적인 종교 탄압이었다.

그러나 비바람이 몰아쳐도 꽃이 피고 나무가 자라듯 불교는 새로운 토양에서 뿌리를 내리고 싹을 틔웠으며 아름다운 꽃을 활짝 피워냈다. 인도의 종교적 토양과 중국이 서로 달랐기 때문에 피워낸 꽃은 또 다른 아름다움을 지니고 있었다. 강남의 귤이 회수를 건너면 탱자가 되는 것처럼 인도와 중국의 불교는 서로 다른 모습을 지니게 되었다.

중국에서 불교가 뿌리를 내리는 데 가장 큰 공헌을 한 사람은 4~5세기에 활동했던 쿠마라지바Kumarajiva였다. 인도의 승려였던 쿠마라지바는 중국으로 건너가 많은 불경을 한문으로 번역했다. 그때까지 막연하게 불교를 알고 있던 사람들은 그의 번역으로 불경을 읽게 되면서 더 구체적으로 불교의 교리를 이해할 수 있게 되었다.

우리가 살고 있는 한반도에 불교가 전해진 것도 이 무렵이다. 지리적인 차이가 있기 때문에 중국에서 불교에 대한 기초적인 이해가 있고 난 뒤에야 전해질 수 있었던 것이다.

중국에서 불교가 뿌리를 내리고 꽃을 피운 것은 당나라에 이르러서였다. 《대당서역기》와 《서유기》의 예에서 볼 수 있듯이 현장을 비롯한 여러 승려들이 쿠마라지바의 번역에 만족하지 못하고 직접 인도로 가서 경전을 구해 직접 번역하며 불교에 대한 깊은 이해를 갖게 되었다. 그리고 어떤 경전을 중심에 둘 것인지를 놓고 여러 종파가 출현하며 불교의 교리 이해에 대한 깊이를 더했다.

또 하나 중국 불교에서 간과할 수 없는 것이 선禪이다. 선은 붓다가 영산회석가모니가 영취산에서 제자들과 함께했던 모임에서 말없이 꽃을 꺾어 내보였을 때 제자 가운데 가섭만이 그 의미를 이해하고 미소를 지었다는 것에서 기원되었다. 말이 아닌 마음에서 마음으로 전한다는 이심전심以心傳心, 염화미소拈華微笑라는 말 역시 여기서 파생되어 만들어졌다.

그러나 선은 철저하게 중국적인 것이다. 한마디로 거칠게 정리하면 중국의 대표 종교인 민간 도교와 불교가 결합한 형태가 선이라고 할 수 있다. 인도의 밀교가 힌두교의 영향을 받아서 생겨난 것처럼 중국의 도교라는 전통적인 토양에 불교라는 씨앗을 뿌려 싹을 틔우고 꽃을 피운 것이 선이다.

결국 소승불교, 대승불교, 선불교, 티베트 불교는 서로 불교라는 이름을 공통으로 쓰고 있기 때문에 서로 같은 것처럼 보이지만 실제적으로는 많은 차이가 있다.

선은 5세기 무렵 중국에서 본격적으로 꽃을 피우기 시작해 중국을 통해 불교를 받아들인 한반도와 일본에 큰 영향을 미쳤다. 그렇기 때문에 오히려 한국의 불교가 선불교에 경도되고 인도의 불교와 멀어지는 계기도 되었다. 근래에 한국에서 초기의 인도 불교에 대한 관심이 높아진 것도 이런 사정과 관련이 있다.

혼인을 통해 전해진 티베트 불교

당나라 문성 공주가 티베트로 시집간 이유

오늘날 달라이 라마로 대표되는 티베트가 신음하고 있다. 고통스럽다고 고래고래 소리를 지를 힘도 없이 끙끙거리며 낮은 신음소리만 토해내고 있다. 가끔 몸을 일으켜보려고 하지만 그때마다 구둣발이 날아와 그들의 몸을 짓밟는다.

티베트가 속해 있는 티베트고원은 중국, 인도, 네팔, 부탄, 미얀마 등과 국경을 맞대고 있어 무역하기에 매우 유리한 지리적 환경을 가지고 있다. 그러나 한편으로 그만큼 외부의 침입에 취약한 면도 있다. 즉 힘이 강할 때에는 사방으로 뻗어나갈 수 있지만 약해지면 주위 세력들이 눈독을 들이는 먹이로 전락하기 쉽다.

또한 티베트는 높은 고원 지대에 위치해 있다. 티베트의 하늘 관문인 라싸 공항은 해발 3,000미터가 넘는 지구에서 가장 높은 곳에 위치한 공항이다. 비행기에서 내리면 고산증이 느껴질 정도로 높은 땅이다. 땅이 높다는 것은 하늘과 그만큼 가깝다는 뜻이기도 하다. 티베트의 독특한 장례문화, 즉 하늘에 묻는 천장天葬도 이런 지리적인 환경과 관련이 있다. 천장은 독수리를 활용한다는 면에서 다른 말로 조장鳥葬이라고도 부른다.

현재 티베트는 독립국가가 아니라 중국에 속해 있다. 1951년 중국의 종주권을 인정하고 자치권을 인정받는 협정이 체결되었기 때문이다. 그래서 중국에서는 티베트가 아닌 서장西藏 자치구라고 부른다. 서장은 서쪽과 장족이 결합된 말이다. 티베트 인구의 90퍼센트 이상이 장족이기 때문이다. 티베트라는 이름은 청나라 때 얻은 이름이다.

하지만 티베트도 강성했을 때가 있었다. 그때 토번이라는 이름으로 통일국가를 세웠다. 때는 중국 연표로 당나라와 송나라 때였다. 7세기 이후의 일이었다. 토번의 33번째 왕이었던 손챈감포 Sron-btsan sgam-po, 티베트의 제1대왕 는 티베트 역사의 거대한 문을 열어젖힌 인물이었다. 약 2만 년 전부터 사람들이 살았을 것으로 추정되는 티베트고원에서 기록된 역사에 첫발자국을 남긴 사람이 손챈감포였다. 손챈감포는 왕위에 오른 뒤에 오늘날의 수도인 라싸를 수도로 삼고 티베트의 상징적인 건물인 포탈라 궁을 세웠다.

한편 손챈감포는 시선을 외부로 돌려 강력한 군대를 이끌고 남쪽의 거대한 벽인 히말라야산맥을 넘어 인도와 네팔로 세력을 확장했고 동쪽으로는 중국을 위협했다.

손챈감포의 군대는 중국 당나라의 수도였던 장안까지 위협했고, 위기를 느낀 당나라는 주위의 강한 세력에게 늘 그러했듯이 싸움보다 회유정책을 썼다. 즉 월등한 경제력을 활용해서 경제적 원조를 지원하고 한편으로 공주를 시집보내 인척 관계를 만드는 것이 회유정책의 핵심이었다.

손챈감포는 당나라의 정책에 만족했고 군대를 물려서 티베트고원으로 돌아갔다. 그리고 얼마 후 당나라에서 문성 공주가 티베트로 시집을 갔다. 이 혼인으로 인해 티베트는 두 가지 큰 선물을 얻었다.

차와 말을 바꾸던 옛길, 차마고도

높은 곳에 자리한 티베트의 지리적인 환경은 농경보다는 유목에 어울렸다. 유목은 농경과 달리 한곳에 머무르지 않고 양이나 말, 야크 등을 키울 수 있는 목초지를 찾아 이동하며 사는 생활방식이다.

티베트는 고원 지대로 건조 지대에 속한다. 흔히 건조 지대는 사막과 고원, 초원으로 이루어져 있는데 아시아의 많은 지역이 이에 속한다.

아시아를 살펴보면 일본과 한반도, 중국 남부, 인도 등 습기가 많아 농경에 적합한 지역이며, 나머지는 대부분 건조 지대에 속한다. 건조 지대는 농사를 지을 만큼 물이 충분하지 않기 때문에 대체로 유목적인 삶을 영위해왔다.

유목민들은 농경 위주의 삶이 아니기 때문에 아무래도 채식보다 육식 위주로 생활을 해왔다. 따라서 비타민이 풍부한 야채를 구하기가 힘들었다. 유목민들이 차를 선호하게 된 것은 이런 배경 때문이었다.

인류 역사에서 가장 오래된 교역로로 꼽히는 차마고도茶馬古道가 생겨난 것도 이런 절실한 이유에서였다. 차마고도는 말 그대로 티베트의 말과 중국의 차를 서로 교환하기 위해 생긴 길이었다.

물론 사람들의 욕구는 다양해서 오직 차와 말만 바꾼 것은 아니다. 그 길 위에서 소금과 약재, 금은, 버섯 등이 오갔고, 티베트와 중국을 축으로 네팔, 인도 심지어 유럽까지 교역의 범위도 넓어졌다.

차마고도는 말 그대로 차의 원산지인 운남성과 사천성에서 티베트로 이어진 육상 교역로에 불과하다. 하지만 거리만 해도 5,000킬로미터에 이르고, 평균 해발이 4,000미터에 이르는 좁고 험준한 길이었다. 이 교역로를 다닌 상인들은 몇 날 며칠을 길에서 보내야 목적지에 도달할 수 있었기 때문에 짐을 실은 말을 끌고 이동하는 마방이 있었다. 마방은 많은 도로가 건설된 지금도 고대 유적처럼 남아있다.

이런 것들을 배경으로 당나라에서 티베트로 시집간 문성 공주의 첫 번째 선물은 큰 의미가 있다. 문성 공주는 당시 국법을 어기고 외국으로 가지고 나갈 수 없는 차의 씨앗을 모자에 숨겨서 시집을 갔다고 전한다. 물론 이 이야기는 허구일 가능성이 높지만 차가 티베트로 전해진 것은 사실이다.

한국 사람이라면 문익점의 이야기를 잘 알고 있다. 문익점이 중국에 갔다가 역시 외국으로 반출할 수 없는 목화를 붓두껍에 숨겨 가져왔다는 일화로 유명하다. 이 이야기 역시 허구일 가능성이 높지만 목화가 전해진 것 사실이다. 그로 인해 우리의 조상들은 겨울에 따뜻한 솜옷을 입을 수 있게 되었다.

문성 공주나 문익점의 이야기는 그들의 영웅적인 행위를 통해 이야기를 듣는 사람들에게 극적인 효과를 발휘한다는 점에서 공통점이 있다. 그래서 모자나 붓두껍과 같은 드라마틱한 물건이 등장하고 추리소설을 읽는 것처럼 긴장감을 느끼게 한다. 그리고 그를 통해 목화와 차의 씨앗이 얼마나 소중한 것인지를 깨닫게 된다. 이것이 이야기의 본질적인 속성이다.

문성 공주는 티베트로 시집을 가면서 차로 상징되는 중국 문화를 전한 여인이다. 차뿐만 아니라 책 같은 물질적인 것과 눈에 보이지 않는 중국의 다양한 문화가 함께 티베트로 전해졌을 것이다.

문화가 전해지는 방법은 교역만 있는 것이 아니다. 문성 공주의 혼인처럼 서로 다른 문화의 인적 교류는 새로운 문화를 만들어낼 수 있다.

뵌교와 불교의 충돌

그런데 문성 공주는 티베트에 차만 전한 것이 아니다. 어쩌면 차보다 더 중요할 수도 있는 불교가 문성 공주를 통해 따라 중국에서 티베트로 넘어간 것이다. 티베트에서 차가 육체적 삶을 지탱해주는 요소라면 불교는 정신적 삶을 풍요롭게 해주는 요소였다.

불교가 유입되기 전 티베트에는 이미 많은 사람들이 신앙해오던 토착 종교 뵌Bon이 있었다. 흔히 뵌교라고 불린다. 이 종교는 고대 종교로 불리는 샤머니즘 전통이었다. 이 샤머니즘 전통은 오늘날에도 한반도를 비롯해서 일본, 중국 등에서 사회 밑바닥에서 기층문화를 형성하고 있다. 한국은 여전히 무당들이 많고 중국의 민간 도교, 일본의 신도 또한 그 뿌리를 샤머니즘에 있다는 점에서 그렇다.

그런데 어디든 알게 모르게 텃세라는 것이 존재한다. 그래서 낯선 곳으로 가게 되면 신고식 같은 의례를 통해 조화를 이루기도 하고 끝내 불화인 채로 남아있기도 하다. 학교의 입학식이나 직장의 입사식, 군대나 교도소와 같은 곳의 신고식 등이 그런 것들이다.

하물며 개인이 이러할 정도인데 생각을 송두리째 바꾸는 종교 같은 새로운 세계관의 유입은 당연히 갈등을 불러일으킬 수밖에 없다.

그것은 비단 종교뿐만 아니라 새로운 문화가 늘 겪는 일이기도 하다. 이렇게 서로 다른 문화가 부딪치는 것을 '문화충돌'이라 부르고 그를 통해 문화가 변화를 겪는 것을 '문화접변'이라 부른다. 이런 과정을 통해 새로운 문화가 태어나게 된다.

문성 공주가 불교와 함께 티베트로 시집을 갔을 때 티베트에는 토착 종교인 뵌이 귀족들의 비호를 받으며 자리 잡고 있었다. 세상을 달리 보는 두 종교는 당연히 갈등을 빚을 수밖에 없었다. 그것은 우리의 사례를 비추어보면 쉽게 이해할 수 있다.

이 땅에 불교가 전래된 것은 삼국시대였다. 고구려, 백제, 신라의 순서로 불교가 전해졌다. 그런데 불교와 불교 문화를 극대화시켜서 삶에 녹여내고 그 힘을 활용해 삼국통일을 이룬 것은 불교를 가장 늦게 받아들인 신라였다. 이 내막에는 한 가지 사건이 있었고 그 효과가 주효했다.

그 사건은 흔히 이차돈이차돈異次頓. 신라 법흥왕 때의 승려로 자는 염촉이다. 신라 십성의 한 사람으로, 불교의 공인을 위해 순교를 자청. 그가 처형되자 피가 하얀 젖으로 변하는 이적을 보였다고 한다.으로 불리는 '염촉의 순교'였다. 우리의 고대를 알게 해주는 유일한 책인 《삼국유사》를 보면 새롭게 전해진 불교와 기존의 샤머니즘이 갈등을 빚었음을 암시해주는 대목이 꽤 많이 등장한다.

《삼국유사》의 〈원종原宗이 불교를 일으키고 염촉厭觸이 몸을 희생하다〉라는 기사를 보면 법흥왕 대 불교가 왕실의 종교로 뿌리를 내리게 되는데 그 과정에서 염촉의 희생이 있음을 알려준다. 염촉은 왕과 계획한 대로 불교의 공인을 놓고 다툼을 벌이고 왕은 염촉의 머리를 벤다.

옥사정이 염촉의 머리를 베니 흰 젖이 한 길이나 솟아올랐다. 이때 하늘은 사방으로 침침해지며 저녁나절 햇빛이 캄캄해지고 땅이 진동하면서 빗방울이 꽃인 양 나부끼어 떨어졌다.

염촉이 보인 기적이었다. 이 기적을 통해서 신라의 땅에 불교가 굳게 자리를 잡게 되었고 불교를 통해 사람들의 마음을 하나로 모아서 신라가 삼국을 통일할 때 큰 힘을 발휘하게 되었다.

신라도 그렇고 티베트도 그렇고 귀족들은 과거부터 자기들을 지탱해준 토착 종교를 굳게 신봉했다. 따라서 새로운 종교가 들어왔을 때 그 저항이 만만치 않았다. 오랫동안 믿고 살아왔던 생각에 변화를 주는 게 얼마나 힘든지는 스스로의 삶을 돌이켜보면 쉽게 알 수 있다. 종교를 바꾸는 것은 실로 엄청난 사건이 아닐 수 없다.

과학의 경우 정설로 받아들여졌더라도 그것을 뒤집는 학설이 등장하면 언제든지 바뀔 수 있다. 하지만 종교는 절대적인 신념, 즉 절대 바뀔 수 없는 믿음이기 때문에 개종한다는 것은 정말 어렵다. 삶을 송두리째 바꾸는 것과 마찬가지이기 때문이다.

역사에서 유달리 종교적 순교가 많은 것도 이 때문이다. 자신이 믿고 있는 종교를 바꾸기 어렵고, 기존 종교들을 대신해 자리를 잡기까지 오랜 시간과 노력이 필요하기 때문이다. 그래서 염촉의 사례 같이 기적이나 충격 요법이 필요해진다.

티베트 불교와 달라이 라마

개종 같은 종교의 큰 변화는 크게 두 가지 형태로 진행된다. 그 중 하나는 강제적인 것으로 믿음을 강요하는 것이다. 이 과정에서 순교나 전쟁 등의 갈등이 발생한다. 이 경우 힘의 우위에 따라 종교의 변화가 일어나지만 종교적 진리의 특징 때문에 그 간극을 메꾸는 것은 쉽지 않다.

또 하나는 우월한 힘을 지닌 쪽이 약한 쪽과 조화를 이루며 흡수해가는 경우이다. 대부분 강한 힘을 지닌 것은 외부에서 전래된 종교이다. 흔히 습합이라고도 부르는 이 과정은 강한 힘을 가진 쪽의 관용이 필요하다. 대체로 이 경우 처음에는 힘을 앞세우지만 우위가 확신되면 포섭해 조화를 이루는 쪽으로 진행된다.

위에 제시한 두 경우가 확연하게 구분되는 경우는 거의 없고 일반적으로 두 방법이 섞여서 나타난다. 또 단기간이 아니라 오랜 세월에 걸쳐 일어난다. 한반도에 유입된 불교와 티베트로 전래된 불교는 후자의 측면이 강했다. 즉 불교 특유의 관용적인 특징이 발휘되며 기존의 토착 종교를 끌어안고 변화를 이루어냈다.

티베트 불교가 여전히 불교라는 꼬리표를 달고 있지만 기존 불교와 다른 독특함을 갖게 된 것은 이런 이유 때문이다. 티베트 불교는 중국에서 들어온 불교와 토착 종교였던 뵌교, 인도에서 올라온 밀교가 뒤섞여 있다.

특히 8세기에 인도의 고승이었던 파드마 삼바바Padma Sambhava가 티베트에 인도의 불교인 밀교를 전하고 뵌교와 불교의 접점을 찾아내 라마 승단을 조직하면서 티베트 불교는 밀교적인 성격을 강하게 띠게 되었다. 또한 파드마 삼바바는 한문으로 된 불교 경전들을 번역해서 《대장경》을 만들어 티베트 불교의 이론적인 토대를 확립했다.

티베트 불교는 다른 이름으로 라마교라고도 불린다. 티베트 불교는 13세기에 몽골이 중국에 세운 원나라 때 국교로 인정을 받으면서 큰 위세를 떨치게 된다. 이런 인연으로 티베트 불교는 오늘날 몽골과 부탄, 네팔 등지에서 널리 신앙되고 있다.

그런데 티베트 불교에서 내분이 일어났다. 내분이 일어난다는 것은 외부 세력과의 다툼에서 승리한 다음에 발생한다. 전쟁에 비유하면 전리품을 놓고 서로 차지하기 위해 싸운 셈이다.

티베트 불교는 기존의 뵌교를 밀어내고 주력 종교가 된 다음에 여러 파벌로 나뉘었다. 흔히 쓰는 모자로 구분하는데 붉은색 모자를 쓰는 홍모파닝마파와 노란 모자를 쓰는 황모파게룩파가 그들이다. 힘에 밀린 황모파는 몽골족인 오이라트의 군대를 끌어들여 홍모파를 제압하고 1624년에 달라이 라마를 정점으로 하는 정권을 수립했다.

달라이는 몽골어로 바다를 의미하고 라마는 덕이 높은 스승을 뜻한다. 달라이 라마는 티베트 불교의 4대 종파 가운데 하나인 게룩파황모파의 수장이며 1624년 이후 티베트의 국왕이다.

달라이 라마는 살아있는 부처, 즉 활불活佛로 육체의 죽음을 맞이해도 계속 환생하는 능력을 갖고 있는 것으로 유명하다. 달라이 라마가 사망하면 환생한 달라이 라마를 찾는다. 그리고 질문을 통해서 달라이 라마는 환생을 확인하고 국왕의 자리에 앉게 된다.

현재의 달라이 라마는 14대째이다. 그는 네 살이 되던 해 수색대에 발견되었고, 달라이 라마가 아니면 할 수 없는 물음에 대답을 해서 달라이 라마의 환생을 확인시켰다.

그러나 1951년 티베트가 중국의 종주권을 인정하는 협약을 맺은 이후 중국과 계속 마찰을 빚었고 결국 달라이 라마는 티베트를 떠나 1959년 인도에 망명정부를 세우고 계속 저항하고 있다.

그리고 달라이 라마의 환생 제도를 폐지할 의사를 내비치고 있다. 과거 몽골이 세운 원나라 집전 시기에 원나라 사람이 달라이 라마로 추대된 적이 있을 정도로 달라이 라마 추대에 정치적 입김이 크게 작용할 수 있기 때문이다. 이미 고령인 달라이 라마를 대신해 중국인이 지명되면 티베트는 자치권마저 잃을 가능성이 높기에 그렇다.

방랑을 통해 얻은 가르침, 헤브라이즘

힉소스의 몰락이 미친 영향

유대인은 기원전 2000년쯤에 메소포타미아, 즉 지금의 이라크 지역에 살았다. 메소포타미아문명은 유프라테스와 티그리스라는 두 강을 끼고 세워졌다. 유대인들은 유프라테스 강어귀에 모여 살던 셈족에 속한 유목민들이었다. 이들을 달리 헤브라이인이라고 부르는데 이들이 오늘날 이스라엘인들의 조상이다.

이들은 메소포타미아 지역을 지배하던 바빌로니아의 군대에게 쫓겨 새로운 정착지를 찾기 위해 서쪽으로 향했다. 그것은 긴 여정이었다. 오랜 여행은 사람을 피로하게 만들지만 한편으로 많은 체험을 통해 삶을 성장시킨다. 《성서》에 나오는 '젖과 꿀이 흐르는 땅'이라는 생각은 어쩌면 이때 만들어진 것일지도 모른다.

• **모세의 십계명**
모세가 긴 출애굽의 과정에서 공동체가 함께 살기 위해 지켜야 할 계명으로 제시하는 것이다.

이들은 자기들이 정착해서 평화롭게 살 수 있는 이른바 '젖과 꿀이 흐르는 땅'을 찾아 헤맸고 그들 가운데 일부는 오늘날의 팔레스타인 지역에 정착했다. 그러나 일부는 더 여행을 해서 이집트까지 건너갔다. 이집트는 나일 강이 제공하는 매우 풍요로운 지역으로 많은 사람들이 살기 원하는 땅이었다.

이집트에서 걸음을 멈춘 유대인들은 그곳에서 한동안 평화롭게 살았다. 그 기간은 거의 500여 년에 이른다. 아시아에서 이집트로 이주해온 사람들은 비단 헤브라이인이 아니었다. 많은 민족들이 아시아에서 풍요롭고 살기 좋은 이집트로 이주해왔다.

비유하면 당시의 이집트는 오늘날의 미국처럼 다양한 민족들이 모여 사는 연합국가였다. 그리고 자연스럽게 아시아에서 이주해온 사람들의 후예들이 사회 요직을 하나씩 차지하기 시작했다. 이런 배경에서 힉소스동방에서 온 유목 민족라는 민족이 두각을 나타내기 시작했고 힉소스는 108년기원전 1648~1540 동안 이집트를 지배했다.

힉소스는 '이민족 통치자'라는 이집트어에서 유래한 말이다. 힉소스는 명확하게 밝혀져 있지 않지만 헤브라이인들처럼 동쪽에서 서쪽으로 이동해온 사람들일 것으로 추정된다. 힉소스가 이집트를 장악할 수 있었던 것은 이집트로 이주해온 많은 아시아인들의 지지를 등에 업었기 때문이었다.

헤브라이인들은 힉소스와 끈끈한 유대를 유지하며 힉소스가 지배하던 이집트에서 특별한 대우를 받으며 잘 지냈다. 그러나 달이 차면 기울고 낮이 지나면 밤이 오듯이 헤브라이인들의 머리 위로 짙은 어둠의 그림자가 내리기 시작했다. 그 시작은 힉소스의 몰락이었다.

힉소스가 몰락하자 이들의 비호 아래 행복한 삶을 누리던 헤브라이인들은 평소 그들에게 불만이 많았던 이집트인의 노예로 전락하거나 도로나 신전을 건축하는 데 부리는 막일꾼으로 살아가야 했다.

물론 힉소스나 헤브라이인들이 건축 노동에 차출된 것은 그들이 뛰어난 건축 기술을 보유하고 있었기 때문이다. 삶의 고통을 견디지 못한 일부 헤브라이인들은 탈출하려고 했지만 번번이 이집트 군대의 감시망을 피하지 못했다.

고통과 불행에 시달리던 헤브라이인들을 구해낸 것은 모세였다. 모세는 사막에서 40여 년이라는 긴 시간을 외롭게 보내면서 헤브라이인들을 하나로 묶을 수 있는 새로운 가치를 얻었다. 그것은 천둥과 폭풍의 신인 여호와를 중심으로 탄생된 종교였다.

모세는 여호와로부터 헤브라이인들을 이끌고 이집트를 탈출하라는 계시를 받는다. 그 후 여호와의 안내를 받아 헤브라이인들을 이끌고 '젖과 꿀이 흐르는 땅'을 찾는 새로운 여정을 떠나게 된다. 이것이 이른바 '출애굽엑소더스'이다.

모세는 긴 출애굽의 과정에서 '십계명'이라는 공동체가 함께 살기 위해 지켜야 할 계명을 제시한다. 그리고 계명을 지키고 자기가 인도하는 대로 따르면 여호와가 '젖과 꿀이 흐르는' 낙원으로 안내한다고 약속했음을 헤브라이인들에게 전했다.

이것이 이른바 옛 약속 구약舊約이다. 이 약속에 대한 내용이 담겨 있는 것이 《구약성서》이다. 훗날 예수가 나타나 새로운 약속, 신약新約을 했고 그에 관한 내용이 《신약성서》이다.

모세가 이끄는 헤브라이인들 출애굽 시기에 대해서는 둘로 나뉜다. 기원전 15세기와 13세기가 그것이다. 일반적으로 후자가 더 가능성이 높을 것으로 추정하지만 정확한 것은 알 수 없다.

헤브라이인들은 오랜 방랑 끝에 여호와의 약속에 따라 오늘날의 팔레스타인 지역에 정착했고 그곳에 유대 왕국을 세웠다.

현대에 들어 제2차 세계대전이 끝나고 유대인들이 팔레스타인 지역에 이스라엘을 세울 때 내세웠던 근거가 옛 조상들이 나라를 세웠던 땅의 회복이었다. 그러나 그것은 3,000년도 전의 일이었다. 오랫동안 그 땅에서 살아온 힘 없는 사람들에게는 억울하기 짝이 없는 일이다.

헤브라이인들은 팔레스타인에 정착한 이후 출애굽 과정에서 얻은 지혜와 가르침을 세련되게 정리했다. 모세의 가르침을 토대로 내려오던 삶의 지침서 '하가다Haggadah, 설화'는 기원전 5세기에 이르러 유대인들의 지혜 문학으로 유명한 《탈무드Talmud》가 되었다. 또한 성스러운 가르침이었던 '타나하Tanha'는 《구약성서》로 발전했다.

헤브라이인들의 고난

이집트 탈출에 성공한 헤브라이인들은 팔레스타인 지역에 정착했지만 그렇다고 영원한 평화와 안식을 얻은 것은 아니었다. 헤브라이인들이 평화와 안식을 얻고 살았다면 어쩌면 지금쯤 헤브라이인들은 역사의 뒤안길로 사라지고 말았을지도 모른다.

헤브라이인들이 정착한 땅은 고대 역사의 소용돌이가 휘몰아치는 곳이었고 그들은 그 속에 끊임없이 휘말렸다. 그리고 끝내 디아스포라Diaspora가 되어 자기들의 땅을 잃고 세계로 흩어져 살게 되었다. 오늘날 유대인들이 강한 힘과 결속력을 갖게 된 것은 그런 소용돌이를 헤쳐 나오며 겪었던 체험과 지혜, 그리고 그것을 갈무리한 그들의 가치 덕분이다.

헤브라이인들은 지중해와 면해 있는 땅에 헤브라이인들의 나라를 세웠고, 초대 왕은 예언자 사무엘Samuel, 《구약성서》의 〈사무엘서〉에 나오는 인물의 추대를 받은 사울Saul, 기원전 11세기경 이스라엘 왕국의 제11대 왕이었다. 사울은 헤브라이인들의 첫 번째 왕이었다. 사울은 헤브라이인들의 평화를 위해 주위 이민족들과 싸웠지만 블레셋Philistia, 고대 팔레스타인 민족 중 하나과의 싸움에서 큰 공을 세운 다윗David, 고대 이스라엘 왕국의 제12대 왕을 질투하고 시기했다.

사울이 블레셋과의 전쟁에서 죽은 이후 헤브라이인들의 왕국은 이스라엘과 유대 왕국 둘로 쪼개졌다. 다윗은 남쪽으로 가서 예루살렘을 수도로 삼았고, 여호와가 다윗을 선택했다는 이른바 '다윗 계약'을 통해 다윗 혈통의 지배를 정당화했다.

그 이후 다윗은 이스라엘과 유대 왕국을 모두 통치했다. 그리고 유대 왕국은 다윗의 아들인 솔로몬Solomon, 이스라엘 왕국의 제3대 왕 때에 이르러 전성기를 맞이했다. 솔로몬은 '솔로몬의 재판'이라는 일화에서 보듯 매우 지혜로운 왕이었다. 솔로몬은 야훼에 대한 신성한 믿음이 왕국에 깊게 뿌리를 내리게 만들었다. 그 상징으로 예루살렘에 웅장하고 화려한 신전을 세웠다.

그러나 한편으로 솔로몬은 화려하고 방탕한 생활을 좋아했다. 그로 인해 많은 세금 징수와 가혹한 정치가 이루어졌고, 점점 사람들의 불만을 야기시켰다. 남방의 유대 왕국은 다윗 집안에 대한 믿음이 있었지만 북쪽 사람들은 그렇지 않았다.

결국 솔로몬이 세상을 떠나자 평소 불만이 많았던 북쪽 사람들이 독립해서 북이스라엘 왕국을 세웠고, 한동안 남쪽 유대 왕국과 다툼을 벌였다. 북이스라엘 왕국은 오므리Omri 집안이 왕위에 앉으면서 남쪽의 유대 왕국과 평화협정을 맺고 안정을 되찾았다. 그 이후 예후 집안이 왕좌에 올랐지만 기원전 722년에 아시리아의 침입을 받고 몰락했다.

한편 남쪽의 유대 왕국은 정권 교체 없이 다윗의 후손들이 왕국을 지배했다. 다윗 일가만이 왕위에 오를 수가 있었다. 그것은 앞서 지적한 '다윗 계약'에 의한 것이었다. 그러나 유대 왕국 또한 기원전 701년에 아시리아의 침입을 받고 속국이 되었다.

기원전 6세기에 이르러 유대 왕국은 두 차례의 바빌로니아의 공격을 받고 무너지게 된다. 그리고 전쟁에 패한 헤브라이인들은 노예가 되어 바빌로니아로 끌려가야 했다. 이렇게 유대인들이 노예로 전락해 끌려간 사건을 '바빌론유수'라고 부른다.

바빌론유수

바빌로니아에서 헤브라이인들의 또 다른 수난과 고통이 시작되었다. 바빌로니아는 메소포타미아 지역에 세워진 왕국이었다. 그러니까 헤브라이인들은 과거 기원전 2000년에 떠났던 그곳으로 다시 돌아온 셈이다.

여기서 흥미로운 사실 하나는 헤브라이인들이 세계 4대 문명의 발상지 가운데 메소포타미아문명과 이집트문명을 모두 체험했다는 점이다. 인도의 갠지스와 중국의 황하문명은 지리적인 이유로 배제한다면 고대 최고의 문명 세계에서 오랫동안 머물며 그것을 자기 것으로 만들 수 있는 기회가 있었다는 말이다. 또한 이들 지역은 여전히 세계의 중심이기도 했다.

물론 헤브라이인들이 이집트와 바빌로니아에서의 노예 생활을 해야 했던 것이 가치가 있는 것임을 말하려는 것이 아니다. 중요한 것은 이들이 이집트와 바빌로니아에서 노예 생활을 하면서 겪었던 고통과 굴욕을 통해 그들이 개인의 삶을 넘어 민족을 지탱하게 해주는 가치와 지혜를 생성해냈다는 점이다.

헤브라이인들의 바빌론유수는 그다지 오래가지 않았다. 인근 이란고원에서 제국을 건설한 페르시아의 황제 키루스가 기원전 539년 바빌로니아를 무너뜨렸기 때문이다. 또한 키루스는 그곳으로 끌려와 노예 생활을 하고 있던 헤브라이인들을 자유롭게 풀어주었다. 이런 이유로 키루스 황제는 《구약성서》〈이사야서〉45장 13절에 위대한 왕으로 기록되어 있다.

자유를 되찾은 4만에 이르는 헤브라이인들은 바빌로니아의 왕 네부카드네자르Nebuchadnezzar에게 빼앗겼던 재물을 되찾아 고향으로 돌아갔다. 그러나 그곳에는 이미 비슷한 믿음을 갖고 있는 사마리아Samaria, 팔레스타인의 사마리아 인근에 살던 민족 인들이 차지하고 있었다.

사마리아인들은 스스로 이스라엘의 백성이라고 주장했지만 유대인들은 그들을 받아들이지 않았다. 헤브라이인들은 그들이 외국인과 결혼해서 낳은 혼혈이며 외국의 신들을 받아들였다고 주장하며 경멸했다. 그렇게 몇 백 년 동안 다투던 두 집단은 기원전 128년 헤브라이인 지도자가 사마리아인들의 신전을 무너뜨리면서 절정에 이르렀다.

헤브라이인들과의 분쟁과 다툼을 겪은 끝에 오늘날 사마리아인들은 극히 소수만 남아있다. 정작 우리가 사마리아인을 기억하는 것은 예수의 이른바 '선한 사마리아인'의 가르침 때문이다. 예수는 사마리아인 가운데에도 착한 사람이 있고 나쁜 사람이 있으며 헤브라이인 가운데에도 착한 사람이 있고 나쁜 사람이 있다는 시각을 통해 오래된 편견과 갈등을 뛰어넘을 것을 말하려고 했다.

그러나 해묵은 편견과 갈등은 쉽게 치유되지 않았고 예수의 새로운 가르침과 약속 또한 수용되지 못했다. 결국 예수가 헤브라이인들의 지지를 받지 못하고 십자가에 못 박혀 죽어야 했다. 이는 훗날 유대인들이 예수를 중심으로 하는 그리스도교를 깊이 받아들인 유럽에서 모진 박해를 받아야 했던 한 이유가 되었다.

디아스포라와 헤브라이즘

헤브라이인들, 즉 유대인 하면 떠오르는 말 가운데 하나는 디아스포라이다. 이 말은 그들의 살아온 삶을 제일 명징하게 나타내는 말이기 때문이다. 디아스포라는 그리스어로 '헤어져 흩어짐' 즉 이산離散을 뜻한다. 그리고 대체로 유대인에게 적용해서 쓰인다. 떠도는 유대인들, 또는 그들의 공동체라는 의미이다.

그런데 오늘날에 들어 디아스포라라는 말은 살아갈 땅을 잃은 난민을 가리키는 말이 되었다. 제2차 세계대전 이후 미국을 등에 업고 이스라엘을 세워 돌아온 유대인들은 더 이상 디아스포라가 아니었다. 이런 이유로 최근에는 종교 분쟁, 쿠데타 등의 여러 요인으로 살 땅을 잃은 난민이나 심리적인 주거지를 잃은 사람들을 가리키는 말로 확장되었다.

참고로 헤브라이인과 유대인의 구별은 거칠게 나누면 헤브라이인이 민족적 개념이 강한 반면에 유대인은 유대교를 믿는 사람들을 가리키는 말이다. 대개는 중첩이 되기에 구별하지 않고 쓰지만 헤브라이인이 모두 유대교를 믿는 것도 아니라는 점을 고려해야 한다.

헤브라이인들은 이집트에서 팔레스타인 지역으로 돌아와 유대 왕국을 건설하고 번영을 맞이하면서 외부로 시선을 돌리기 시작했다. 이때부터 헤브라이인들의 이주가 시작되었다. 그러나 본격적인 디아스포라는 기원전 8세기 북쪽의 이스라엘 왕국과 남쪽의 유대 왕국이 차례로 아시리아에게 몰락하면서 많은 헤브라이인들이 고향을 떠나야 했다.

그리고 기원전 4세기 마케도니아의 알렉산드로스의 동방 원정이라는 거대한 파도가 아시아를 덮치면서 그 상업과 교역의 파도를 타고 헤브라이인들은 시리아, 이집트, 그리스, 멀리는 이탈리아에 자기들의 공동체를 건설했다. 기원전 2세기경에 이집트의 알렉산드리아에는 100만에 가까운 헤브라이인들이 모여 살았다고 전한다.

이렇게 흩어진 헤브라이인들은 그리스와 로마 지배라는 시대적 분위기를 등에 업고 상업이나 교역에 종사했고 이주민의 장점인 중계 무역에 활발하게 뛰어들었다. 그 결과 팔레스타인에 남아있던 다른 사람들보다 훨씬 부유한 삶을 누렸다. 이들은 그리스 문화의 영향을 많이 받아 문화와 사상적인 면에서도 자유로운 성향을 지니게 되었지만 자기들의 뿌리를 잊지는 않았다. 과거에 겪었던 고난이 만들어낸 뿌리가 깊고 단단하게 박혀 있었던 까닭이다.

한 예로 헤브라이인들이 흩어져 살게 되자 종교적인 집회를 할 수

●
시나고그
유대교 회당을 말한다. 사진은 체코의 플제니 회당이다. 그리스어로 '만남의 장소'의 의미이며, 기원전 586년 예루살렘이 무너지고 유대인들이 포로로 잡혀간 이후 세워지기 시작했다. 그 이후 유대인이 있는 곳이면 어디에든지 세워지기 시작해 현대에도 유대교의 대표적 집회 장소로 기능하고 있다. 예배의식, 각종 집회, 교육 등이 이루어진다.

있는 유대인의 예배당인 시나고그 Synagogue 를 세웠다. 그리스어로 '만남의 장소'라는 뜻의 히브리어 'Bet Hakeneset'를 번역한 말이다. 그 이후 유대교를 믿는 헤브라이인들이 모여 사는 곳곳에 세워졌고 그 영향을 받아 예루살렘에도 많은 시나고그가 생겨났다.

그러나 빛이 있으면 그림자가 있기 마련이다. 시나고그를 중심으로 한 종교적 배타성과 이주민으로서 경제적인 부를 누리고 있는 헤브라이인에

대한 질투가 뒤섞인 반감이 싹트기 시작했고, 곳곳에서 헤브라이인을 배격하는 폭동이 발생했다.

정치가들은 헤브라이인에게 혹독한 벌금을 부과했다. 유대인에 대한 박해의 시작이었다. 이때부터 시작된 유대인들에 대한 편견과 박해는 무려 2,000여 년 동안 유럽과 중근동을 지배했다. 다시 유대인들은 정착하지 못하고 세계를 떠돌아야 했고 나치의 대규모 학살이라는 비극을 맞이하게 된다.

그러나 모진 박해에도 유대인들은 살아남았다. 쇠가 두드릴수록 강해지는 것처럼 유대인들의 생명은 어쩌면 이런 고통스러운 환경에서 강해진 것일지도 모른다. 그들은 배타성 때문에 배척을 받았지만 그 배타성 덕분에 결속력을 잃지 않았다. 그리고 그 결속력을 유지하게 해준 것이 헤브라이즘Hebraism 이다. 헤브라이즘은 유대인에게만 머무르지 않고 유럽으로 전해졌고, 그리스도교 문명이라는 새롭고 거대한 흐름을 잉태했다.

그리스도교의
시작과 변용

헤브라이즘과 그리스도교

흔히 서양 문명을 이해할 수 있는 두 개의 열쇠로 헬레니즘과 헤브라이즘을 꼽는다. 그것은 오늘날 서양의 문화를 만든 근원적인 두 요소가 헬레니즘과 헤브라이즘이기에 그렇다. 헬레니즘은 그리스 문화이고 헤브라이즘은 헤브라이인들의 문화를 가리킨다.

헤브라이즘의 정수가 고스란히 담겨 있는 것은 단연《구약성서》이다. 모세가 이집트에서 헤브라이인들을 탈출시킬 때 주장했던 신과 헤브라이인들의 약속이 토대가 되고 유대 왕국을 거치면서 믿음과 가르침이 세련되어지고 정치해졌다. 그리고 바빌론유수와 같은 피가 터질 듯한 고통스러운 고난을 겪으면서 구원에 대한 생각이 깊이 뿌리를 내렸다.

구원에 대한 관념은 신이 인간을 창조하고 신이 세상을 지배하고 심판을 내린다는 생각으로 발전했고 이 또한 시간과 더불어 깊이가 더해지고 세련되어졌다. 그리고 구원을 위해 신이 정한 삶을 살아야 한다는 생각이 바위처럼 단단하게 강화되었다. 또한 헤브라이인들은 자기들이 신에 의해 선택되었다는 믿음, 이른바 '선민사상'을 갖게 되었다.

이런 생각과 믿음은 인류와 인류가 향유하는 문화에 어마어마한 영향을 미쳤다. 아마 인류 역사상 인류에게 가장 큰 영향을 미친 책을 꼽으라면 《성경》을 능가할 만한 것이 없을 정도이다. 실제로 지금까지 인류 역사에서 최고의 베스트셀러는 단연 《성경》이다.

위의 생각과 믿음이 사람들에게 끼친 영향 가운데 가장 큰 것은 기존의 자연에 대한 신앙에서 벗어나 유일신 신앙을 확고하게 발전시켰다는 점이다.

이전까지 사람들은 자연을 두려워하며 자연을 인격화한 신들을 신앙했다. 나무에 정령이나 요정이 산다고 믿거나 바위나 돌에 마음을 담아 비는 암석 숭배가 그렇고 강한 힘을 가진 불이나 물에 신이 깃들어 있다고 믿으며 자기들이 원하는 것을 빌었다.

헤브라이인들이 신앙했던 여호와도 원래는 폭풍의 신이었다. 인도의 주신 인드라Indra, 인도 베다 신화에 나오는 비와 천둥의 신나 북유럽의 오딘Odin, 그리스의 제우스 모두 폭풍의 신이었고 역시 번개를 무기로 사용했다. 고대 종교는 이렇게 자연의 힘을 인격화한 신앙이었다.

그것이 페르시아에서 기원한 조로아스터교를 통해 유일신 개념을 받아들여 유일신 신앙이 형성되기 시작했고, 헤브라이인들은 그것을 명확하게 만들었다. 그리고 유일신은 인간의 삶과 역사에 깊이 개입하기 시작했다.

재산과 가족 등 모든 것을 잃고도 신에 대한 신앙을 버리지 않았던 욥Job의 이야기가 담겨 있는 〈욥기〉에서 보듯 신이 인간을 시험하고, 사람들의 믿음이 약해질 때마다 선지자들이 나타나 사람들을 일깨우고 바른 삶을 살도록 유도했다.

그리고 그것은 신의 이름으로 이루어졌다. 신은 과거와 달리 구체적으로 인간의 양심과 인간의 행동을 비추는 거울이 되었고, 인류의 생각과 삶 속으로 깊숙하게 들어왔다. 이른바 '신의 역사'가 시작된 것이다.

이런 가르침을 통해서 유대인들은 당시 최고의 문명을 자랑하던 이집트가 깊이 빠져 있던 죽음 이후의 세상에 대한 집착에서도 벗어났다. 삶을 지배하던 죽음의 짙은 그늘에서 벗어나 현실을 긍정하고 그 속에서 삶을 모색할 수 있는 힘을 갖게 되었다. 신은 부정적인 것들, 즉 죽음이나 암흑을 몰아낼 힘이 있었고 그래서 빛으로 상징되었다.

이런 전통을 배경으로 나타난 인류의 스승 예수 또한 이런 전통을 그대로 이어받았다. 다만 예수는 그 가르침이 헤브라이인의 민족주의적 이념으로 국한될 것이 아니라 인류의 보편적인 신앙이 되어야 한다고 가르쳤다.

이 대목에서 유대교와 그리스도교가 갈라진다. 유대교는 헤브라이인들의 민족적인 종교로 남았고 그리스도교는 세계로 뻗어나갔다. 그래서 유대교는 여전히 예수를 인정하지 않고 따라서 새로운 약속인 《신약성서》의 가르침을 따르지 않고 《구약성서》만을 신봉한다.

그리스어로 번역된 《70인역 성서》

헤브라이인들의 믿음이 고스란히 담겨 있는 《구약성서》는 언어의 한계 때문에 널리 전파되기 어려웠다. 문화가 산을 넘고 물을 건너기 위해서는 산과 강을 넘고 건널 수 있는 매개체가 필요하다. 가장 대표적인 수단 가운데 하나가 언어이다.

오늘날의 영어처럼 당시 국제어는 그리스어였다. 국제어는 세계의 표준임을 의미하고 전파를 위한 날개를 의미한다. 그리고 기원전 3세기경부터 《구약성서》가 그리스어로 번역되기 시작했다.

● **《70인역 성서》**
현재 전하는 가장 오래된 그리스어 본 구약성서이다. 72명의 학자가 이 번역에 참여했다는 이야기에 따라 붙여진 이름이다.

이른바 《70인역 성서 Septuaginta》라고 불리는 이 번역본은 지금 남아있는 가장 오래된 그리스어 성서이다. 기록에 따르면 이 성서의 번역은 당대 문화의 중심지였던 이집트의 알렉산드리아에서 이루어졌다. 본국에서 초빙을 받고 온 72명의 전문가가 번역에 참여했기 때문에 권위를 인정받았다.

그런데 이 번역본의 일부는 기원전 2~1세기에 번역된 것도 포함되어 있어 번역 작업이 한 번에 이루어진 것이 아님을 알 수 있다. 그러니까 체계적으로 이루어진 것이 아니라 산발적으로 이루어졌을 수도 있다는 뜻이다.

중국에서 불교가 전해진 이후 쿠마라지바와 현장 등의 불경 번역을 통해 불교가 동쪽 중심인 중국에서 널리 퍼진 것처럼 이 그리스어로 번역된 《70인역 성서》는 《구약성서》가 유대교를 넘어 세계로 그리스도교가 뻗어 나갈 수 있는 초석이 되었다.

여기에 날개를 달아준 것이 로마였다. 《70인역 성서》가 번역되고 있을 때 당시 서방 세계의 중심은 로마였다. 그러나 로마는 강력한 군단을 가지고 세계를 지배했지만 실제로 문화의 중심은 그리스였다. 로마가 그리스의 영토를 정복했지만 문화를 정복한 것은 그리스였다는 말이 있을 정도로 당시 가장 세련된 문화는 그리스의 것이었다.

따라서 그리스어는 국제 공용어로 활용되었고 로마인들은 그리스인을 가정교사로 고용했다. 《70인역 성서》를 굳이 그리스어로 번역한 이유가 여기에 있다. 그리스와 로마라는 두 날개를 단 성서는 서방 곳곳으로 퍼져 나갔고 유대교의 울타리를 넘은 그리스도교가 세계화되는 데 막대한 역할을 했다.

물론 로마가 그리스도교를 성원하고 지지했던 것은 아니다. 대부분의 제국들이 그렇듯이 로마 역시 종교에 대해 관용적이었다. 그래서 특정 종교를 고집하지 않았고 특정 종교를 배척하지도 않았다. 또 자기들이 정복한 땅에서도 종교에 대해서는 관용적인 태도를 취했다. 사람들이 신앙하는 것을 굳이 방해하거나 억압하지 않았고 정치적인 문제를 일으키지 않으면 문제 삼지 않았다.

그래서 그리스의 많은 신들이 로마로 입성했고 이집트의 오시리스 Osiris, 이집트 신화에 나오는 대지의 신 신앙이나 동쪽에서 기원해 군대에서 널리 신앙되었던 미트라교 Mithra, 기원전 3세기경 고대 페르시아에서 일어난 미트라를 숭배하는 종교 등 다양한 종교와 신앙들이 로마 여기저기에 자리를 잡았다.

그런데 그리스도교에 대한 반응은 조금 달랐다. 로마는 그리스도교를 탄압했다. 그것은 정치적인 문제가 발생했기 때문이다. 로마는 어디까지나 제국의 질서 속에서 종교의 자유를 허용했다. 그런데 그리스도교를 믿는 사람들이 제국의 질서와 법보다 종교의 법과 질서를 따랐고 이들이 서로 상충될 때 당연히 그들이 믿고 있는 하늘의 법과 질서를 따랐다. 특히 로마의 근간인 군대와 황제의 숭배를 거부했다.

그러자 로마제국은 제국의 질서를 거부하는 신앙을 금지했고 이를 따르지 않자 그리스도교를 박해하기 시작했다. 그러나 종교적 진리는 '신념'에 있다. 신에 대한 믿음을 버리는 것은 삶을 버리는 것과 동일하다. 그리스도교인들은 박해가 심해질수록 더 강하게 저항했다. 이 또한 로마제국의 입장에서는 매우 우려할 만한 현상이었다.

로마의 황제 가운데 특히 네로Nero Claudius Caesar Drusus Germanicus, 로마의 제5대 황제의 그리스도교 탄압은 유명하다. 훗날 중세에 그리스도교가 이교도들을 탄압하기 위해 벌인 마녀사냥과 비슷한 일이 로마제국 내에서 일어났다. 그리스도교 신자들을 붙잡아 십자가에 못 박아 죽이고 밤이면 횃불 대신 태우기도 했다.

《명상록瞑想錄》을 남긴 철학자 황제로 유명한 그래서 합리적이고 명철한 이성을 가진 인물로 인정을 받는 마르쿠스 아우렐리우스Marcus Aurelius Antoninus, 고대 로마의 황제. 오현제의 마지막 황제 황제도 제국의 위협이 되는 그리스도교를 박해하고 탄압했다.

그 이후 그리스도교는 끊임없이 박해의 대상이 되었다. 그러나 로마의 그리스도교 박해는 종교적 갈등에서 기인한 것이 아니라 어디까지나 정치적인 문제였다. 그래서 그리스도교를 박해하기는 했지만 근절하고 박멸할 이유는 없었다. 이런 이유로 그리스도교는 명맥을 유지할 수 있었다.

그리고 313년 비잔틴제국의 초대 황제인 콘스탄티누스Constantinus I는 그리스도교의 박해를 종식하고 공식적으로 인정했다. 이 또한 종교적인 것이라기보다는 정치적인 성격이 강했다. 눈앞에 닥친 전쟁에서 승리하기 위해 그리스도교를 이용했다고 보는 편이 옳다.

그러나 박해에서 벗어나 정치적으로 인정을 받은 그리스도교는 탁월한 교리와 열성적인 전파에 힘입어 크게 교세를 확장했다. 그리고 한 세기도 지나지 않은 391년에는 테오도시우스Thedosius I 황제가 그리스도교를 국교로 삼을 정도로 그 힘이 막강해졌다.

이렇게 유대교의 테두리에서 벗어난 그리스도교는 비잔틴제국동로마의 국교가 되었고, 중세를 관통하며 유럽인들을 사로잡아 세계 종교로 발돋움하게 되었다.

바이킹을 만난 그리스도교

지중해와 면한 팔레스타인 지역에서 유래한 그리스도교는 세계 제국인 로마를 통해 유럽으로 전파되었고 오래지 않아 유럽 전역으로 전해졌다. 그런데 지중해 지역과 유럽은 여러 가지 면에서 달랐다. 자연환경과 삶의 풍토가 달랐고 그 때문에 살아오며 향유한 문화도 크게 달랐다.

무엇이든 다른 자연환경과 다른 문화를 만나게 되면 그 환경과 문화에 따라 변하게 된다. 너무나 당연한 말이지만 유럽 사람들은 자기들이 갖고 있던 생각과 세계관을 통해 그리스도교를 만났고 그 나름대로 이해했다.

유럽에도 오랜 세월 그곳의 사람들을 지배했던 신들이 있었다. 이들 신들은 민간신앙이나 신화 등을 통해 나름대로 체계를 갖춘 모습으로 존재해왔다. 가장 대표적인 것이 넓게는 게르만족에 속한 노르만족이었다. 노르만은 북쪽에 사는 사람이라는 뜻으로 흔히 바이킹으로 많이 알려진 사람들이었다.

북쪽의 노르만족은 오딘과 서리거인으로 대표되는 방대한 신화적 세계를 갖고 있었다. 흔히 북유럽 신화라고 불리는 이들의 신화는 노르만족을 하나로 묶고 그들이 세계를 정의하고 바라볼 수 있는 세계관과 신념 체계를 제공했다.

그리고 로마의 뒤를 따라 유럽으로 전래된 그리스도교는 북유럽의 신화와 만나면서 몇 가지 변화가 생겼다. 기본적으로 그리스도교가 유럽 사람들에게 새로운 세계관과 신념 체계를 제공했지만 그리스도교가 유럽에 뿌리내리기 위해서는 몇 가지 유럽 사람들이 기존에 갖고 있던 세계관과 신념 체계를 새롭게 수용해야 했다.

그 과정에서 중근동에서 유럽으로 건너간 그리스도교는 조금씩 달라졌다. 가장 대표적인 것은 타자, 특히 적대하는 타자에 대한 것이었다. 이때 타자는 이웃일 수도 있고 산 너머에 사는 이방인일 수도 있고 바다 건너의 다른 민족일 수도 있다. 그리스도교의 사탄 또한 '적대하는 자'라는 헤브라이어에서 유래한 말로 타자의 범주에 속한다.

그런데 예수의 가르침이 담겨 있는 《신약성서》의 〈마태복음〉 5장 39절에는

●
〈산상수훈〉
이 그림은 칼 하인리히 블로흐(Carl Heinrich Bloch)의 작품으로 '산상수훈'은 신약 성경 가운데 〈마태복음〉 5~7장에 실려 있는 예수의 가르침을 말한다.

'누가 오른뺨을 치거든 다른 뺨을 대라'는 구절이 나온다. 뒤이어 적대하는 타자와 맞서지 말고 '원수를 사랑하며 너희를 박해하는 자를 위해 기도하라'〈마태복음〉 5장 43절 라고 가르쳤다.

위에 인용한 〈마태복음〉의 내용은 예수가 초기에 제자들과 일반 사람들을 위해 작은 산 위에서 설교한 내용으로 흔히 '산상수훈'이라고 부른다. 이 산상수훈은 예수가 가르침을 전파하는 초기에 자기의 생각을 펼쳤다는 면에서 윤리에 대한 예수의 가르침이 가장 잘 드러난 것으로 인정받고 있다. 그리스도교 신자에게 매우 중요한 '주기도문'도 〈마태복음〉을 토대로 한 것이다.

그런데 이러한 예수의 가르침은 거친 자연환경과 싸우면서 살아온 유럽 사람들에게 어울리지 않았다. 특히 앞에서 제시한 노르만들은 늘 싸움을 하며 투쟁 정신을 강조하며 살아온 사람들이었다. 누가 뺨을 때리면 다른 뺨을 내놓기보다 먼저 뺨을 때리는 사람들이었다.

바이킹들은 빠른 배를 이용해서 유럽 곳곳을 약탈했고 그것을 생업처럼 당연하게 여기며 살아온 사람들이었다. 또한 그런 행위는 그들이 지니고 있던 신화에 의해 지지를 받고 뒷받침되었다.

북유럽 신화에 따르면 전쟁이 벌어지면 그들의 최고 신인 오딘의 명령을 받은 요정인 발키리 Valkyrie, 북유럽 신화에서 오딘을 섬기는 싸움의 처녀들 가 하늘을 날아다니면서 용감하게 싸우다가 죽은 사람들을 하늘에 있는 궁전인 발할라 Valhalla 로 데리고 간다. 그것은 라그나뢰크 Ragnarokkr, 신들의 황혼 라고 불리는 먼 훗날 선과 악의 충돌이 벌어질 때를 위해 전사를 모으는 것이다.

북유럽 신화에서 발할라 궁전은 종교적으로 비유해서 말하면 천국이나 낙원이다. 사정이 이러했기 때문에 노르만족은 죽어서 발할라 궁전으로 가는 것이 목적일 수밖에 없고 예수가 힘주어 가르친 사랑보다 투쟁을 더 우선하는 가치로 생각하며 살아왔다. 이들에게 원수는 사랑의 대상이 아니라 투쟁의 대상일 뿐이다. 그리고 그 투쟁이 그들에게는 평생 추구해야 할 지고한 선善 이었다.

라그나뢰크와 천국

투쟁을 선으로 생각해왔던 사람들에게 적대적인 타자에 대한 생각은 중근

●
악마
〈루시퍼〉(왼쪽)는 악마를 상징하는 사탄의 우두머리로 이 그림은 구스타프 도레가 그렸다. 적대적 타자를 극단적으로 상징하는 악마(가운데)는 중근동의 그리스도교가 유럽으로 건너가 어떻게 달라졌는지를 알 수 있게 해준다. (오른쪽)그림은 불가리아 릴라 수도원의 프레스코 세부로 악마를 표현하고 있다.

동의 그것보다 또렷하고 분명할 수밖에 없었다. 적대적 타자를 극단적으로 상징하는 것이 바로 악마이다. 따라서 악마에 대한 관념을 살펴보면 중근동의 그리스도교가 유럽으로 건너가 어떻게 달라졌는지를 알 수 있다.

기존 유럽인들의 머릿속에 있던 생각들, 즉 서리거인들, 지하 세계의 난쟁이들과 트롤Troll 과 같은 존재들은 악과 악마에 대한 대중적인 관념을 형성하는 데 큰 역할을 했다. 이들은 그리스도교의 신앙에서 작은 악마들의 구체적인 이미지를 제공했다.

그리스도교에서 지옥을 뜻하는 헬Hell 은 북유럽 신화에서 악마의 대표 이미지인 로키Loki 의 딸이었다. 헬은 상체는 여자이지만 하체는 썩은 뱀의 몸을 하고 있는 존재로 지하 깊은 동굴에 있는 죽음의 공간을 지배했다. 그것이 그리스도교의 지옥과 만나 이미지를 형성하는 데 큰 영향을 미쳤다.

지옥의 모습도 유럽에 건너오기 전에는 이집트를 연상시키는 뜨거운 유황 지옥의 성격이 강했다면 유럽으로 건너온 이후에는 차가운 얼음 궁전이 보편적인 것이 되었다. 대표적으로 《신곡》을 저술한 단테가 기술한 지하 세계는 얼음이 뒤덮인 추운 황무지였다.

또한 그리스도교의 유입으로 유럽의 신들 또한 악마와 연관되어 이야기를 장식하는 존재들로 변했다. 대표적으로 북유럽의 최고신이었던 오딘은 '난폭한 사냥꾼'과 같은 존재로 전락했다.

한편으로 북유럽 신화에서 신들과 서리거인들이 때로 익살스러운 관계로 등장하는데 그 성격이 그대로 신과 악마, 인간과 악마의 관계에 투영되었다. 악마의 희화화가 그것이다. 독일에서 전해지는 이야기를 하나 살펴보자.

독일 사람들은 낮은 지대에 많은 바위들이 거인이나 악마와 관계가 있다고 믿었다. 즉 악마의 신발에서 떨어진 티끌이 돌이 되고 바위가 되었다고 생각했던 것이다.

어느 날 농부 하나가 아직 개간되지 않는 땅을 경작하려고 마음먹었다. 그러자 그 땅을 소유하고 있는 악마가 나타나 수확한 것의 절반을 내놓으라고 요구했다. 농부는 위를 가질 것인지 아래를 가질 것인지를 물었다. 그리고 악마가 위를 요구하면 순무를 심고 아래를 요구하면 밀을 심었다. 악마는 번번이 쭉정이만 챙겼을 뿐이다.

이런 종류의 이야기는 책으로 엮을 수 있을 만큼 많다. 또한 훗날 독일의 거장 괴테 Johann Wolfgang Von Goothe 가 악마와 영혼을 놓고 거래한다는 내용을 담은《파우스트Faust》를 쓸 수 있는 토양을 제공했다.

그것은 악마인 서리거인을 놀리고 희화화하던 전통을 가지고 있다가 악마의 관념이 그리스도교를 통해 이식되자 그대로 악마에게 적용했기 때문이다. 또한 여기에는 그리스도교에서 받아들인 절대 신에 대한 믿음이 깔려 있다. 절대적인 힘을 신이 있기에 악마를 희롱할 수 있었던 것이다.

이런 외형적인 이미지뿐만 아니라 관념에서도 그리스도교는 기존에 유럽에서 믿고 생각했던 것들을 많이 수용했다. 북유럽 신화 특유의 종말, 즉 라그나뢰크는 그리스도교의 최후의 심판과 어울리며 선과 악의 대결에서 밝은 빛을 상징하는 선이 승리한다는 생각이 강화되었다. 이런 생각이 막연하고 엷었던 구원에 대한 생각을 더 확고한 것으로 만들었다.

이렇게 오늘날 우리가 친숙한 그리스도교는 예수 당시의 본래적인 모습이 아니라 상당 부분 유럽화한 모습이다. 그것은 교류 과정에서 동양에 전해진 그리스도교가 대부분 유럽의 것이기에 그렇다. 또한 이런 이유 때문에 한 뿌리에서 갈라져 나온 유대교와 그리스도교가 전혀 다른 종교처럼 보이기도 한다.

chapter 3

가장 폭력적인 잉태

전쟁

알렉산드로스의 군대는 그리스와 마케도니아를 출발해서 고대 문명의 발상지인 이집트, 시리아를 지나 이란고원을 통과했으며 인도 북부와 중앙아시아에 발을 디뎠다. 이 지역에 중국을 더하면 고대의 중심 세계라 할 수 있을 정도로 강력한 문화를 보유하고 있었다. 그 세계는 모두 독특한 문화를 발전시켜 온 곳이다. 그런데 알렉산드로스의 군대라는 대규모 인원을 통해 서로 접촉하고 부딪치면서 새로운 것을 만들어냈다.

유목민 VS 정착민

유목민에 대한 첫 기록

인류를 여러 형태로 분류할 수 있다. 간단하게는 남자와 여자로 분류할 수 있고 황인, 백인, 흑인처럼 피부색이나 동서양처럼 지역에 따라 분류할 수도 있다. 때로는 명확하지 않지만 문화권으로 나누기도 한다.

그런 부류 가운데 하나가 농경민과 유목민이다. 정착해서 사는 농경민과 떠돌아다니는 유목민은 각각 문화적, 사회적 특징을 지니고 있다. 이 분류를 통해 인류의 특성을 들여다보면 여러 가지 시각을 얻을 수 있다. 정착과 이동, 고정점과 변화, 중심주의와 다원주의가 이들을 나누는 특징이다. 또 시대적으로도 분류가 가능하다. 근대가 농경적 성격이 강한 사회였다면, 현대는 유목적 성격이 강한 시대로 볼 수 있다.

유목민들은 오랫동안 문자가 없었다. 그래서 그들은 자기들의 삶과 역사를 기록으로 남기지 못했다. 이들이 역사에 등장하는 것은 기록 문화를 가진 주로 농경을 하는 정주민들과 접촉하고 그 일에 대해 정주민들이 기록했을 때뿐이다.

유목민에 대한 첫 기록은 서양에서 역사의 아버지라고 부르는 헤로도토스Herodotos가 쓴《역사》에서 발견할 수 있다.《역사》는 페르시아제국과 그리스를 비롯해 고대 중근동에서 일어났던 역사를 편향되지 않는 시선으로 기록해놓은 역사책이다.

헤로도토스
고대 그리스의 역사가로 페르시아 전쟁을 중심으로 동방 여러 나라의 역사와 전설 및 그리스 여러 도시의 역사를 서술한 책《역사》로 알려져 있다.

헤로도토스가《역사》에서 다룬 유목민은 스키타이Scythai였다. 스키타이는 최초의 기마 유목으로 유명한 민족이다. 최초라는 말을 붙인 것은 그 이전에는 유목민에 대한 기록이 없기 때문이다. 스키타이가 세계의 역사에 등장한 것은 당시 최강의 힘을 자랑하던 페르시아제국과 충돌했기 때문이다.

헤로도토스는 그 과정을 비교적 자세하게 서술해놓았다. 그것은 당시 페르시아가 세계사의 중심이었기 때문이다. 헤로도토스에 따르면 세계 최초의 제국인 페르시아 다리우스 황제는 이집트를 정복한 이후 서쪽에 마지막으로 남은 문명세계인 그리스를 치기로 결정한다. 다만 한 가지 우려되는 것은 아나톨리아반도 위 넓은 지역에 자리 잡고 있는 세력이었다. 그 세력이 바로 유목 민족인 스키타이였다. 스키타이는 기원전 8~7세기 사이에 볼가 강 주위에서 살다가 중앙아시아 쪽으로 남하한 것으로 추정된다.

다리우스 황제는 그리스를 공격하는 사이에 역습을 당하지 않기 위해 먼저 스키타이를 제압하기로 결정했다. 그래서 기원전 513년에 70만 명에 이르는 엄청난 군대를 동원했다. 다리우스는 해상과 육상에서 양동작전을 펼칠 생각이었다. 해군은 아시아와 유럽의 경계인 보스포루스해협을 거쳐 흑해로 북상하고 그와 보조를 맞추어 육군을 북진시켰다.

일반적으로 이렇게 대군을 거느리고 공격하는 경우에는 식량을 현지에서 조달하는 방법을 썼다. 심지어는 이동 중에 농사를 지어 식량을 충당하기도 했다. 오랜 원정에 필요한 식량을 모두 짊어지고 갈 수 없었기 때문이다.

페르시아의 군대 또한 사정이 다르지 않았다. 그런데 스키타이의 세력권에 들어서자 페르시아 군대는 당황하고 말았다. 인근 마을은 모두 불탔고, 식량은 하나도 남아있지 않았던 것이다. 이른바 스키타이가 선수를 쳐서 소개 Dispersal 작전을 쓴 것이다. 이 방법으로 성공을 거둔 유명한 사례는 러시아이다.

러시아는 프랑스 나폴레옹의 침공 때나 독일 나치의 침공 때 끊임없이 후퇴하며 마을을 소개시켜 상대를 굶주림과 추위에 시달리게 만들었다. 그러다가 결정적인 순간에 총반격을 해서 적을 물리치는 작전을 쓴 것이다. 이렇게 해서 러시아는 프랑스와 독일의 대군을 물리칠 수 있었다.

그런데 이 방법의 원조는 스키타이였다. 가끔 말을 탄 스키타이의 기병의 무리들이 나타나 재빠르게 페르시아 군대를 공격한 다음에 신기루처럼 사라졌다. 페르시아 군대는 약이 올랐지만 적이 어디에 있는지조차 알 수 없었다. 기동력을 갖춰 민첩한 기마 군대의 무서움이었다.

처음에는 약이 오르고 투쟁심이 끓어올랐지만 스키타이의 치고 빠지기 전략과 소개 작전에 휘말려 변변히 싸움도 해보지 못하고 다리우스 황제는 군사를 8만이나 잃었다. 군대의 사기는 한겨울의 수은주처럼 추락했고 다리우스 황제는 적의 얼굴도 제대로 보지 못하고 퇴각 명령을 내리고 만다. 최강을 자랑하던 페르시아제국의 군대가 겪은 참혹한 패전이었다.

스키타이가 다시 역사에 나타난 것은 기원전 4세기였다. 이번에도 문자를 가진 정주민들의 시야에 스키타이가 들어왔기 때문이다. 이번에도 전쟁이었고 당시 최고의 군대인 알렉산드로스의 군대가 그들을 향해 움직였다.

알렉산드로스가 역사에 등장하기 이전에 여러 차례에 걸쳐 그리스와 페르시아 사이에 전쟁이 있었다. 그리스는 연이은 페르시아와의 전쟁에서 큰 타격을 입었다. 후세의 기록에는 페르시아와 그리스의 전쟁에서 승자를 그리스라고 말한다. 하지만 두 나라 모두 엄청난 피해를 입었고, 엄밀하게 보면 그리스가 더 큰 충격을 받았다.

그 이유는 전쟁을 그리스에서 했기 때문이다. 페르시아는 전쟁에 패해 군사를 잃고 돌아가면 그만이었다. 하지만 그리스는 본토가 전쟁터였기 때문에 적을 물리쳤어도 인명과 국토 손실이라는 막대한 피해를 고스란히 떠안아야 했다. 그리고 얼마 후 북쪽에서 내려온 마케도니아에 대해 제대로 힘도 쓰지 못하고 무너지고 만다. 전쟁을 준비하고 막아낼 여력이 남아있지 않았기 때문이었다.

마케도니아의 왕 필리포스Philippos II 가 그리스를 수중에 넣지만 왕가의 암투로 곧 피살되었고 그의 아들이 왕위를 물려받게 된다. 그가 바로 알렉산드로스 대왕이었다. 약관의 나이에 왕이 된 알렉산드로스는 기원전 334년 기세가 오른 군대를 이끌고 아버지 필리포스의 숙원이었던 페르시아를 손에 넣기 위해 떠난다. 이것이 이른바 '알렉산드로스의 동방 원정'이다.

그런데 알렉산드로스도 페르시아의 다리우스와 비슷한 생각을 했다. 북쪽에 있는 스키타이가 위협이 될 수도 있다고 생각했다. 그래서 페르시아로 동방 원정을 떠나면서 스키타이를 치기 위한 북방 원정군을 보냈다.

그러나 스키타이는 알렉산드로스가 보낸 북방 원정군을 패퇴시켰다. 그러니까 당대 최고의 군대를 자랑하던 페르시아제국과 마케도니아의 군대와 싸워 모두 이겼다는 말이다. 물론 흔히 생각하듯 서로 마주보고 돌격해서 벌이는 전투가 아니라 유목민적인 전투, 즉 치고 빠지기와 소개 작전에 의한 것이지만 고대 세계의 패권자들과의 두 차례에 걸친 전쟁에서 모두 승리했다는 것은 큰 의미가 있다.

그리고 스키타이가 두 차례 전쟁에서 승리할 수 있었던 가장 큰 힘은 바로 기마였다. 서로 창칼을 맞대고 싸우는 것이 아니라 말을 이용한 기동력으로 상대를 제압하는 새로운 전술이었다.

이 전술은 동방에서 나타난 사르마트 Sarmart, 기원전 6세기부터 4세기까지 드네프르 강에서 아랄 해에 이르는 초원 지대를 지배하던 이란 계통의 유목 기마 민족 집단에게 밀려난 스키타이가 동쪽으로 이동하면서 그쪽에 사는 유목민들에게 전해졌다. 그리고 이 전술은 총과 화포가 등장하기까지 오랫동안 전쟁을 좌우하는 절대적인 요소가 되었다.

흉노의 기마 군단과 진시황

이제 눈길을 스키타이의 전술이 전해진 동쪽으로 돌려보자. 고대 세계에서 서쪽의 패자霸者가 페르시아였다면, 동쪽의 패자는 중국이었고 이 때문에 동서를 잇는 교역의 고속도로였던 실크로드의 두 축 또한 페르시아와 중국이었다.

당시 중국은 전국시대기원전 403~221로 이른바 '전국 7웅'이라고 불리는 일곱 나라가 대륙을 차지하기 위해 서로 싸우고 있었다. 전국시대가 막바지로 치닫던 무렵 북쪽에 있던 조趙나라가 강성해졌다.

조나라의 군대가 강해진 원인은 기마에 있었다. 북쪽에 자리하고 있어서 유목민과의 접촉이 잦았던 조나라는 그들로부터 기마 기술을 배웠다. 기마의 기술이 산을 넘고 물을 건너 중앙아시아에서 동아시아로 전해진 것이다.

기마 기술은 말을 타는 것에서 끝나지 않는다. 말을 타기 위해서 옷이 바뀌어야 하고 말을 타고 싸우기 위해서 무기도 변하게 된다.

고대사회의 옷들은 그리스와 로마 사람들이 많이 입었던 튜닉처럼 큰 천을 몸에 감는 형태가 많았다. 그런데 그런 복장은 편하기는 하지만 말을 타기 힘들었다. 오늘날 우리가 즐겨 입는 바지가 등장한 것은 말과 관련이 있을 것으로 추정된다. 바지가 유목민에게서 유래했기에 그렇다. 그것은 실제로 몽골에서 발굴된 유목민들의 유물을 통해서 지금 우리가 입는 바지와 1세기에 그들이 입던 바지가 거의 같음을 확인할 수 있다.

호복기사胡服騎射라는 말이 있다. 호복을 입고 말 위에서 활을 쏜다는 뜻이다. 여기서 호복은 오랑캐의 복장이 아니라 서북쪽의 유목민들이 입는 옷이라는 뜻이다. 이처럼 하나의 문화가 유입되면 그것으로 끝나는 것이 아니라 그와 관련해서 문화가 파생되기 마련이다. 이렇듯 문화는 다면체이기 때문에 한 면만 보고 판단할 수 없다.

한편 조나라의 약진을 주의 깊게 관찰한 나라가 있었다. 바로 진나라였다. 진 역시 서북쪽에 자리하고 있었기 때문에 유목민들과의 접촉이 잦았다. 진나라는 재빠르게 강한 기마 군단을 육성하기 시작했고 그 힘으로 전국시대의 패자가 될 수 있었다.

전국시대를 통일한 인물은 중국에서 황제라는 칭호를 처음으로 사용한 진시황이었다. 진시황은 누구보다 기마 군대의 무서움을 잘 알고 있었다. 춘추전국시대의 병법서인《손자병법孫子兵法》에는 '적을 알고 나를 알면 백전백승'이라는 유명한 말이 나온다. 그래서 진시황은 남아있는 적인 북쪽에 있는 유목 집단인 흉노를 막기 위해 만리장성을 쌓고 군현제를 실시했다.

만리장성과 군현제는 북쪽의 흉노를 견제하기 위한 것이었다. 즉 만리장성이라는 경계선을 긋고 군과 현을 44개 설치해서 거점을 만든 것이다. 아마 위에서 보면 상당히 견고한 방어선과 병영처럼 보였을 것이다.

여담이지만 진시황은 '호胡'를 조심해야 한다는 예언을 들었다고 한다. 그래서 오랑캐를 뜻하는 호에서 흉노를 떠올렸고 만리장성과 군현제를 실시했다. 그러나 호는 가까운 곳에 있었다. 진시황의 둘째 아들로 진의 두 번째이자 마지막 황제가 된 호해胡亥가 바로 주인공이었다.

형 부소를 몰아내고 황제가 된 호해는 대규모 토목사업을 벌이고 환관들의 발호를 방치했다가 진나라를 멸망의 길로 이끌었다. 오랜 전국시대를 마감하고 황제를 칭하며 세운 진나라는 불과 2대 11년 만에 몰락하고 말았다.

그리고 중국은 다시 혼란 속으로 빠져들어 전쟁에 휘말리게 된다. 진나라의 폭정에 반기를 든 유방과 항우가 함께 진나라를 무너뜨리고 최후의 일전을 벌이는 이른바 초한 전쟁이 벌어지게 된 것이다. 우리에게도 잘 알려진 중국 고전 《초한지楚漢志》는 전쟁 과정을 소설화한 것이다.

초반에 강동에서 몸을 일으킨 항우가 앞서 나간다. 하지만 항우의 편에 섰다가 말을 갈아탄 한신과 장량의 활약으로 유방에게 패하고 만다. 그리고 '역발산기개세力拔山氣蓋世', '사면초가四面楚歌'와 같은 유명한 말을 남기고 오강 기슭에서 스스로 목숨을 끊는다.

그리고 새롭게 황제가 된 유방은 기원전 202년 한나라를 세웠다. 진나라 때 무리하게 벌인 토목사업과 그로 인한 폭정, 유방과 항우의 전쟁으로 중국은 매우 피폐했다. 새로운 황제는 이런 점을 살펴 민심을 다독이고 내정에 몰입해야 했다. 그러나 유방 또한 북쪽의 흉노가 마음에 걸렸다. 마침내 한고조가 된 유방은 기원전 200년에 32만의 군대를 이끌고 흉노를 공격하기에 이른다.

백등산 전투의 기막힌 반전

한나라와 흉노의 전쟁에 앞서 흉노의 세력에 대해 살펴보자. 흉노 또한 유목민의 나라였으며 역사를 기록할 문자가 없었다. 따라서 기록된 역사를 갖고 있지 않았다. 스키타이와 마찬가지로 이들이 역사에 등장하는 것은 정주민들의 기록에 의한 것이다.

흉노에 대한 풍부한 기록을 남긴 것은 서양의 헤로도토스와 짝을 이루며 동양에서 역사의 아버지라고 불리는 사마천司馬遷이었다. 사마천은 아버지의 유언을 지키기 위해 치욕적인 궁형 중국에서 행하던 형벌 가운데 하나로 죄인의 생식기를 없애는 형벌을 당해 환관이 되면서까지 역사서를 집필했다. 《사기史記》는 이렇게 개인의 지독한 고난을 통해서 태어났다.

사마천
중국 전한의 역사가로 역사서 《사기》를 완성했다. 현재 기록이 거의 남아있지 않은 유목민인 흉노족에 대한 글인 〈흉노열전〉을 남겼다.

사마천은 《사기》 속에 〈흉노열전〉을 남겼다. 우리가 흉노에 대해 알 수 있는 것은 전적으로 사마천이 쓴 〈흉노열전〉 덕분이다. 〈흉노열전〉에 소개된 흉노는 매우 드라마틱하게 묘사되어 있다.

흉노는 자기들의 우두머리를 선우單于라고 불렀고 몽골고원에 근거지를 갖고 있었다. 당시 몽골고원 동쪽, 즉 한반도의 북쪽에는 동호東胡가 있고, 서쪽에는 이란계 유목민인 월지가 자리하고 있었다.

진시황이 중국을 지배하고 있을 때 당대 선우는 새로 태어난 아들에게 자리를 물려주고 싶어 했다. 그래서 가장 큰 걸림돌인 태자 묵돌冒頓을 월지에게 인질로 보낸 다음 이를 빌미로 월지를 공격했다. 월지로 하여금 묵돌을 죽이게 하려는 생각이었다.

그러나 묵돌은 선우의 의도와 달리 천리마를 타고 월지에서 빠져나왔다. 선우는 어쩔 수 없이 묵돌에게 군대의 지휘권을 맡겼다. 묵돌은 재차 아버지에게 당할 수 없다고 생각하고 꾀를 냈다. 묵돌은 명적이라는 화살을 활용했다. 명적은 화살에 속이 빈 나무나 사슴뿔로 만든 소리를 내는 장치가 달려 있어서 화살을 쏘면 소리를 냈다. 주로 신호를 할 때 사용되는 화살이었다.

묵돌은 자기를 따르는 부하들에게 명적을 쏘면 모두 함께 그곳으로 화살을 날리라고 명령했다. 그리고 월지에서 도망칠 때 타고 온 말을 향해 명적을 날렸다. 묵돌이 그 말을 사랑하는 것을 알고 있던 몇몇 부하들은 망설였고 묵돌은 가차 없이 그들을 죽였다.

그다음 묵돌이 명적을 날린 곳은 그가 사랑하던 부인이었다. 부하들은 화살을 날렸지만 또한 몇몇은 주저하며 쏘지 않았다. 그러자 묵돌은 이번에도 그들을 가차 없이 죽였다. 이렇게 되자 명적은 절대 복종을 상징하는 신호가 되었다.

그다음에 묵돌의 명적의 목표가 누가 될지 상상하기 어렵지 않다. 묵돌은 아버지인 선우를 향해 명적을 쏘았고 묵돌의 부하들이 쏜 화살이 새까맣게 날아갔다. 그리고 죽은 아버지의 뒤를 이어 묵돌은 선우가 되었고 그때가 기원전 209년이었다. 남쪽에서는 진시황이 기원전 208년에 이미 세상을 떠난 뒤였다.

새로 선우가 된 묵돌은 왼쪽의 동호와 오른쪽의 월지를 격파하고 옛 흉노의 영토를 회복한 다음 군사력을 키우기 시작했다. 당시 흉노의 기병은 30만을 헤아렸다.

그리고 남쪽에서는 유방이 한나라를 세우고 기원전 202년에 한고조로 등극했다. 10년 사이에 동아시아에 엄청난 일들이 잇달아 일어난 셈이다. 그리고 앞서 본 것처럼 기원전 200년 겨울, 한고조는 흉노를 치기 위해 군대를 이끌고 북쪽으로 떠났다.

넓은 강을 흐르는 도도한 물결처럼 한고조가 거느린 군대는 북쪽으로 밀려갔다. 이에 맞서 흉노가 취한 전략은 과거 스키타이의 전략과 비슷했다. 기병을 이용해 갑자기 나타나 빠르게 기습하고는 사라졌다. 유목 군대가 주로 사용하는 치고 빠지기 전략이었다.

하지만 한고조 유방은 페르시아의 다리우스 황제와 달랐다. 얼마 전까지도 전쟁터를 누비던 기백이 남아있던 고조는 휘하의 직속 친위 기병대만을 거느리고 흉노를 뒤쫓았다. 계속 약을 올리듯 달아나는 흉노의 기병을 고조는 바싹 쫓았다.

이때 한고조가 간과한 것이 하나 있었다. 말을 타는 기술은 유목민들을 따라갈 수 없다는 점이었다. 그들이 잡힐 듯 말 듯 가깝게 달아날 수 있었던 것도 기마 능력이 뛰어났던 덕이다.

그리고 한고조가 정신을 차렸을 때는 이미 뒤따르던 보병과 너무 멀리 떨어진 상태였다. 그곳은 백등산이었다. 한고조와 친위대는 고립되었고 흉노의 기병에 의해 포위되었다. 이때 흉노의 기병은 40만을 헤아렸다. 그야말로 백등산은 물샐틈없이 포위망으로 둘러싸여 있었다.

한고조는 추위와 싸우며 일주일 동안 백등산에 머물렀다. 계속 그대로 전쟁을 유지하는 게 위험하다고 판단한 한고조는 그사이에 막대한 재물을 선우의 부인에게 보내 화해를 청했다. 선우의 부인은 묵돌에게 남쪽으로 내려가 살 것도 아닌데 더 이상 전쟁을 하는 것은 무의미하다며 말린다. 묵돌은 부인의 제안에 동의하고 한고조가 제시한 제안을 받아들이게 된다.

유목 국가와 농경 국가의 관계 변화

한나라가 흉노에게 화평 조건으로 제시한 것은 막대한 재물과 혼인이었다. 재물에 더해서 왕가의 공주를 선우에게 시집보내서 인척 관계를 맺고 서로 싸우지 말자는 제안이었다. 서로에게 믿음을 얻기 위해 피를 나누는 것만큼 좋은 방법이 없다. 흉노 또한 한고조의 제안을 받아들이지 않을 이유가 없었다.

흉노는 군사력은 강했지만 경제력이 약했다. 그 부분을 한나라에서 제공받기로 한 것이다. 이는 한나라 입장에서도 다를 것이 없다. 한나라는 농경 국가로서 흉노보다 경제력이 뛰어났지만 군사력이 떨어졌다. 따라서 한과 흉노의 평화협정은 서로에게 모자란 것을 채워주는 윈윈전략이었다.

흉노와의 전쟁 이후 한고조는 '토사구팽兎死狗烹'이라고 알려진 개국공신들을 솎아내는 것이었다. 처음에 한고조는 개국공신들을 왕이나 제후로 봉했지만 차츰 자기 친인척으로 그 자리를 메웠다. 고조의 입장에서는 힘을 가진 공신들이 언제 반란을 일으킬지 모르는 일이었다. 고조는 자기를 도와 한나라를 일으키는 데 큰 역할을 했던 한신이나 팽월 등의 장군들도 누명을 씌워 모두 죽였다.

하지만 한고조가 칼날을 휘두를 때 개국공신들은 제대로 저항 한 번 하지 못했다. 그것은 한고조의 치밀한 술수 때문이기도 했지만 평화협정을 맺은 후 언제든지 지원 준비가 되어 있는 흉노의 기마 군단 때문이었다.

한나라 황실과 흉노 선우 집안이 혼인을 통해 인척 관계가 되었고, 거기에 더해 경제력이라는 선물까지 얻은 흉노는 군사력에서 한 황실의 든든한 버팀목이 되었다. 이미 백등산 전투를 통해 흉노의 군사력을 인지하고 있던 사람들은 한고조의 배경이 된 흉노가 부담스러울 수밖에 없었다. 어쩌면 한고조가 마음껏 칼날을 휘두를 수 있었던 것도 이런 이유 때문일 수도 있다.

아무튼 백등산 전투는 향후 유목 국가와 농경 국가의 관계를 결정짓는 중요한 사건이 되었다. 그 이후 역사를 거치면서 이 관계는 몇 차례 변화를 겪기는 했지만 기본적으로 변하지 않았다. 남쪽의 농경 국가는 경제력을 제공하고 북쪽의 유목 국가는 군사력을 제공했다.

이런 사정을 이해하면 강력한 힘을 갖고 있던 송나라가 왜 개봉에 수도를 정하고 남쪽에 웅크리고 있었는지를 알 수 있다. 송나라는 중국 최고의 문화를 꽃피웠고 그에 어울리는 힘을 갖고 있었지만 북쪽의 요와 금이 군사적으로 더 강했다.

훗날 몽골이 세운 원나라가 송을 무너뜨린 다음 유목 국가가 중국으로 내려온 이후 경제력과 군사력의 교환이라는 관계가 무너졌다. 그것은 서로 나뉘지 않고 섞였기 때문이다. 그 이후 잘 아는 것처럼 한족이 세운 명나라가 들어서고 그 뒤에 다시 몽골고원에서 내려온 만주족이 세운 청나라가 들어선다.

이렇게 농경 국가와 유목 국가의 교류가 본격적으로 막을 올렸다. 이들은 서로에게 필요한 것을 주고받았고, 특히 혼인이라는 독특한 관계 맺기를 통해서 사이를 공고히 했다. 한나라는 흉노에 계속 공주를 시집보냈고 그것이 쌓이면서 한나라의 유씨와 선우 집안의 성씨인 연제씨의 혈통은 동아시아의 고대 세계에서 가장 신성한 혈통이 되었다.

　혈통의 중요성은 훗날 《삼국지三國志》에서 유비가 유씨라는 이유 하나로 주위에 포진했던 관우나 제갈량과 같은 유수의 뛰어난 사람들을 제치고 촉나라의 황제가 될 수 있었던 것에서 알 수 있다.

　그런데 교류는 늘 공평하지 않다. 또한 오랫동안 동일한 조건으로 교류를 하다 보면 시대의 변화에 따라 한쪽이 불공평하다고 느낄 때가 생긴다. 위에서 살펴본 유목 국가가 군사력을 제공하고 농경 국가가 경제력을 제공하는 것이 불공평하다고 느낀 사람은 한나라의 무제였다.

전쟁이 낳은 엉뚱한 결과

중국의 4대 미녀 왕소군의 비극

북쪽의 유목민은 군사력을 제공하고 남쪽의 농경민은 경제력을 제공한다는 한과 흉노의 협정은 한나라의 황제가 바뀌어도 지속되었다. 그리고 두 세력의 평화를 위해서 한나라의 공주가 흉노로 시집가는 일도 계속되었다. 이렇게 정치적인 이유로 이민족에게 시집을 가야 했던 공주들을 화번和蕃 공주라고 부른다.

이렇게 계속되는 혼인 가운데 사람들의 눈길을 끌고 인구에 회자되는 사건이 하나 있었다. 이 사건은 더러는 과장되고 더러는 미화되며 많은 문인들에게 창작을 불러일으키는 영감을 주기도 했다. 후한 때의 책인《서경잡기西京雜記》에 이렇게 전한다.

한나라의 11대 황제인 원제 대의 일이었다. 흉노에게 공주를 시집보낼 때가 다가왔다. 사실 공주라고는 하지만 거칠고 황량한 북쪽의 초원 지대로 곱게 자란 황제의 딸을 보내는 일은 거의 없었다. 대개 신하의 딸을 양녀로 삼아 공주의 신분으로 보내거나 후궁 가운데 하나를 뽑아서 역시 공주의 신분을 보내곤 했다.

원제는 후궁 가운데 하나를 선택해서 흉노로 보낼 생각이었다. 원제는 많은 후궁 가운데 누구를 골라야 할지 난감했다. 그래서 화공을 불러 후궁들의 얼굴을 그려오라고 명령했다. 원제는 화공이 그린 초상화를 보고 하나를 고를 생각이었다.

이 소식을 들은 후궁들은 곧바로 황제의 의도를 알아차렸다. 아니 누가 보아도 뻔한 일이었다. 황제가 예쁜 후궁을 흉노로 보낼 이유가 없었다. 후궁들은 앞다퉈 화공에게 뇌물을 주고 예쁘게 그려달라고 부탁했다. 화공은 때아닌 횡재를 했다.

그런데 한 후궁만 뇌물을 주지 않았다. 그 후궁의 이름은 왕소군王昭君이었다. 뇌물을 주지 않자 화공은 왕소군을 일부러 예쁘지 않게 그렸다. 이렇게 작업이 끝나자 화공은 황제에게 화첩을 제출했다.

황제는 화공이 그려온 화첩을 보았다. 그리고 망설임 없이 흉노로 보낼 후궁을 선택했다. 후궁이라면 원래 예쁘겠지만 뇌물을 준 예쁜 여자를 더 예쁘게 그리고 왕소군을 추하게 그려놓았으니 황제의 취향이 독특하지 않다면 결과는 빤한 것이었다.

곧 흉노로 사신을 보낼 때가 되었다. 원제는 형식적으로 딸이 된 왕소군을 접견했다. 그리고 원제는 자기의 눈을 의심했다. 왕소군이 화공이 그린 그림과 달리 절세미인이었고 몸가짐도 단아한 아름다운 여인이었던 것이다.

원제는 왕소군을 미리 보지 못한 것을 후회했지만 이미 엎질러진 물이었다. 왕소군은 이제 후궁이 아닌 딸이었다. 사신을 따라 왕소군이 흉노로 떠나자 분을 참지 못한 황제는 화공 모연수의 목을 베었다.

왕소군
중국 전한 원제의 후궁이었다. 기원전 33년 흉노와의 화친정책으로 흉노의 호한야선우(呼韓邪單于)와 정략 결혼을 하였으나 자살하였다. 후세의 많은 문학 작품에 슬픈 이야기로 미화되었다. 이 그림은 일본의 오래 오쿠마 왕이 그린 것으로 도쿄 국립박물관에 소장되어 있다.

일부러 얼굴을 찡그리고 다녔다는 춘추전국시대 월나라의 서시, 《삼국지》에서 여포가 사랑했던 초선, 당나라의 양귀비와 더불어 왕소군은 중국의 4대 미녀의 하나로 꼽힌다. 이들 가운데 초선은 사서에 등장하지 않는 허구의 인물이다. 4대 미녀들의 특징은 얼굴도 중요하지만 드라마틱하고 비극적인 이야기를 배경으로 하고 있어 후대 사람들의 마음을 뒤흔들어 놓는다는 점이다.

흉노로 시집을 간 왕소군에게 따라다니는 시 구절이 하나 있다.

胡地無花草 오랑캐 땅에는 꽃도 풀도 없으니
春來不似春 봄이 와도 봄 같지 않구나

이 시는 동방규라는 사람이 쓴 〈소군원昭君怨〉이라는 것으로 척박한 흉노의 자연환경과 왕소군의 원망 섞인 마음을 잘 표현한 것으로 오늘날에도 봄이면 자주 신문이나 방송에서 자주 인용한다. 봄이라고 하지만 봄 같지 않는 거친 날씨가 계속되거나 봄처럼 찾아와야 할 희망이 이루어지지 않을 때 쓴다.

왕소군의 고사는 한나라를 세운 고조와 흉노의 선우 묵돌이 맺었던 평화협정이 그대로 유지되고 있음을 보여준다. 그런데 그것이 중간에 파기된 적이 한 번 있었다.

흉노에 원한을 품은 무제

사실 한고조와 흉노의 묵돌이 맺은 평화협정은 서로에게 원하는 것을 얻었다는 면에서 공평하게 보일 수도 있지만 한나라의 입장에서는 매우 굴욕적인 일이었다. 실제로 흉노가 한나라에 주는 것이 없이 한나라는 재물과 거기에 더해 공주까지 시집을 보내야 했기에 그렇다. 한나라의 입장에서 보면 연인이 선물을 주거나 함께 시간을 보내는 등의 사랑의 행위 없이 멀찍이 떨어져서 오직 사랑한다는 말만 되풀이하는 꼴이었다.

그러나 물리적인 힘이 상대적으로 약했기 때문에 한나라의 입장에서는 흉노의 눈치를 볼 수밖에 없었다. 그저 흉노가 남쪽에서 보내는 경제력에 만족하고 남쪽으로 내려오지 않기를 바랄 뿐이었다. 가급적 물리적인 충돌은 피했다.

그러나 그것은 보이지는 않지만 한나라에 큰 이익이 되는 일이었다. 흉노가 화적떼처럼 여기저기서 출몰해 피해를 입히기 시작하면 사회가 불안해질 것이고 당연히 한나라 왕조는 큰 부담을 느끼게 될 터였다. 흉노에게 지불한 경제력은 그 부담에 대한 대가였다.

농경민들은 유목민들의 기마 군단과 정면 대결로는 승산이 없음을 잘 알고 있었기 때문이다. 이런 사례는 한나라뿐만 아니라 당나라와 송나라도 다르지 않았고 심지어 최강의 군단을 자랑하던 로마도 유목민들의 집단인 훈족과 만났을 때 유사한 방법을 활용했다.

그러한 유목민들의 경우에도 강력한 지도자가 없을 때 분열되기 쉽다는 치명적인 단점을 갖고 있었다. 그래서 농경민들은 경제적인 원조를 하는 한편으로 분열을 조장해 그들의 힘을 약화시켜 자멸하는 전략을 쓰곤 했다. 그것은 농경국가에서 잘할 수 있는 최선의 방법이기도 했다.

한나라의 경우 고조가 맺은 평화협정은 충실히 지켰다. 그러다가 7번째 황제인 무제에 이르렀을 때 그동안 조금씩 축적되어 응결된 분노가 폭발했다. 16세라는 어린 나이에 황제에 오른 무제는 10여 년 동안 준비를 한 다음 흉노와의 전쟁을 선포했다. 물론 북쪽으로 가는 경제적인 지원도 끊었다.

기원전 129년의 일이었다. 그리고 50여 년에 걸쳐 길고 긴 전쟁을 치르게 된다. 한나라와 흉노의 전쟁은 동아시아 전체를 흔들어놓았다. 무제도 정면 대결로는 불리하다는 것을 알았기 때문에 흉노를 포위하는 전략을 세웠다.

그래서 기원전 139년에 장건을 흉노의 숙적인 월지로 보내 함께 손을 잡고 공격하자고 제안한다. 하지만 월지는 흉노와 싸울 의사가 없었기 때문에 제안을 거부한다. 무제는 포기하지 않고 기원전 108년에 이광리를 보내서 대완大宛을 정복하고, 뒤이어 여러 나라들을 복속시켰다. 이것을 한나라의 서역 경영이라고 부른다. 이렇게 해서 흉노의 서쪽 날개에 타격을 입혔다.

이때 흉노가 잃은 땅 가운데 기련산맥에 속한 연지산이 있다. 기련은 흉노어로 하늘을 의미하는데, 연지산은 한국 문화와도 깊은 관련이 있다. 먼저 흉노의 말을 들어보자.

> 내가 기련산을 잃었다. 내가 가축을 번식하지 못하게 하였다. 내가 연지산을 잃었다. 내가 신부의 얼굴에 바르는 연지를 사용하지 못하게 하였다.

여기서 연지는 한반도에서 결혼을 할 때 뺨에 바르는 그 연지이다. 그런데 위의 글에서 연지가 생산되는 연지산을 잃었기 때문에 신부의 얼굴에 바르는 연지를 바를 수 없게 되었다고 한탄하고 있다. 연지 곤지 찍고 시집가던 풍습이 흉노에도 있었다는 뜻이다. 매우 흥미로운 대목이다.

또한 한무제는 동쪽으로도 군대를 파견했다. 역시 흉노의 오른쪽 날개에 타격을 입히고 포위하기 위해서였다. 그 과정에서 한반도에 자리를 잡고 있던 고조선이 멸망하고 만다. 기원전 108년의 일이었다. 고래 싸움에 새우 등이 터진 꼴이었다. 고조선을 무너뜨린 한나라는 한사군이라고 불리는 네 개의 행정구역을 설치하고 동쪽에 거점을 확보했다.

한편 남쪽에서 올라오는 경제력을 토대로 평화롭게 지내던 흉노는 과거와 같은 강력한 군사력을 갖추고 있지 않았다. 여기에 50여 년 경제적 지원을 받지 못하게 되면서 큰 타격을 입었다. 또한 한나라의 분열 동안 정책에 휘말려 내분까지 일어나 제대로 힘을 발휘하지 못했다. 흉노는 한나라에게 밀려서 고비사막 너머로 밀려났다.

그렇다고 전쟁이 끝난 것은 아니었다. 지루한 소모전이 계속되었다. 한나라와 흉노의 체력은 무의미한 전쟁 속에서 점점 고갈되어갔다.

한나라의 경우 전쟁 비용을 마련하기 위해 무거운 세금을 백성들에게 부과했다. 또한 재원을 마련하기 위해 소금과 철, 술을 국가에서 전매하기 시작했다. 특히 소금과 술은 일반 생활에서 반드시 필요한 것이었는데 이를 국가가 관리하면서 많은 세금을 징수했다.

이때 생긴 소금과 철, 술의 전매는 이후에도 사라지지 않고 중국 왕실의 주요 수입원이 되었다. 우리나라의 경우 담배와 인삼 제품을 국가가 독점해서 팔던 전매청이 1989년이 되어서야 비로소 폐지되었을 정도이다. 예부터 전매는 국가가 돈을 벌기 위한 가장 좋은 수단이었다. 왕실의 창고와 국고를 채우던 전매가 시작된 것은 흉노와의 전쟁 때문이었다.

또한 무거운 세금을 징수하기 위한 혹리들이 등장했다. 무제는 제자백가 가운데 법가들을 많이 등용했는데 말 그대로 '법대로'라는 잣대로 백성들을 깊은 고통 속으로 밀어넣었다. 법은 사람들의 생활을 돕기 위해 만든 것이었지만 무제 대에는 오히려 사람들을 고달프게 만드는 도구로 변했다.

이 전쟁의 희생자 가운데 하나가 《사기》를 쓴 사마천이었다. 한 무제 대의 신하였던 사마천은 친구인 이릉이 흉노와 싸우다가 포로가 되었을 때 이릉을 변호했다가 남성의 생식기를 거세하는 궁형과 자결 가운데 하나를 선택해야 하는 상황에 놓였다. 사마천은 《사기》를 완성하기 위해 치욕적인 궁형을 선택했고 환관이 되어 다시 한 무제를 섬겼다.

흉노도 힘들었겠지만 정작 심한 고통에 시달린 것은 한나라의 백성들이었다. 50여 년에 걸친 전쟁 속에서 많은 아들들이 전쟁터로 끌려가 죽거나 다쳤고 남은 자들은 혹독한 세금에 시달려야 했다. 관료들 또한 끝없는 전쟁에 지쳤다. 그러나 무제는 포기하지 않았다. 한고조 이후 쌓인 원한은 그만큼 강했다.

무제는 죽기 2년 전에 비로소 집요했던 집념을 내려놓았다. 기원전 89년 무제는 전쟁을 포기하고 내정에 충실하겠다는 교서를 발표했다. 의지와 집념의 대상이 사라진 탓인지 무제는 2년 뒤에 세상을 떠나고 말았다. 그리고 동아시아에는 다시 화사한 봄날과 같은 평화가 찾아왔다.

화번 공주에서 시작된 신성한 혈통

모든 것은 무제 이전으로 돌아갔다. 한나라는 휴전을 제안했고 흉노 또한 마다할 이유가 없었다. 한나라는 다시 흉노에게 경제적인 원조를 하고 공주를 시집보냈다. 왕소군이 흉노에게 시집을 간 것은 7대 무제 이후 11대인 원제 대의 일이었다. 이렇게 한동안 평화롭던 두 세력에 위기가 다시 찾아왔다.

그것은 한나라의 몰락이었다. 한나라의 신하였던 왕망이 정권을 잡고 신新이라는 나라를 세웠다. 신은 불과 15년 만에 무너졌는데 왕망은 야심가들이 그렇듯이 흉노와 대립각을 세웠다. 그러나 흉노와의 싸움에서 패하고 신마저도 무너졌다.

그리고 한의 명맥을 이은 후한이 들어섰다. 한과 흉노의 관계는 원래대로 돌아갔다. 그사이에 흉노는 강성해졌고 선비족을 복속시켰다.

이렇게 보면 한과 흉노는 무제 이후 왕망의 신만 빼고 300여 년 정도 평화롭게 지냈다. 그리고 함께 늙어 죽었다. 그사이에 끊임없이 공주는 흉노로 시집을 갔고 한나라의 유씨와 흉노의 연제씨는 하나가 되어갔다.

즉 흉노에서 선우 집안인 연제를 성으로 쓰는 사람이 중국으로 오면 당연하다는 듯이 유씨 성을 사용했고 시집을 간 공주나 흉노로 간 유씨는 자연스럽게 연제씨를 사용했다. 이렇게 거듭되는 혼인 속에서 유씨와 연제씨는 동아시아에서 가장 신성하고 가장 강력한 권력을 가진 성이 되었다.

권력이라는 면에서 보면 왕의 권력은 공공의 권력이 아니었다. 왕이 군대를 장악하고 있지만 엄밀하게 보면 왕의 권력은 개인이나 가문의 카리스마, 신성함에서 나온 것이었다. 그래서 왕권을 유지하기 위해 신화나 전설 등을 이용해 자기들의 가문이 신성함을 지닌 존재와 관계 있음을 주장한 것이다.

그것이 중세나 근대로 들어오면 유럽의 대관식 등에서 보듯이 또 다른 신성 권력인 종교의 수장을 활용해서 권력의 정당성을 인정받는 방법을 쓰기도 한다. 지금도 서양의 경우 대통령이 성서에 손을 얹고 서약하는 것도 이런 흔적이다. 물론 오늘날의 대통령은 투표를 통해서 선출된 사람이기에 신성함이 요구되지는 않는다.

한과 흉노의 경우 오랜 세월에 걸쳐서 화번 공주를 매개로 한 피의 교류를 계속한 셈이다. 전쟁이 낳은 독특한 교류였다. 그리고 이 교류는 훗날 매우 흥미로운 사건으로 이어진다.

세계사의 미스터리, 훈족

무제가 세상을 떠나고 동아시아에 평화가 찾아들자 오랫동안 몸을 움츠리고 전쟁을 했던 흉노는 긴장감을 잃기 시작했다. 그리고 유목민이 세운 국가가 지닌 치명적인 단점인 분열이 발목을 잡았다.

기원전 1세기에 흉노는 먼저 동서로 분할되었다. 서흉노는 서쪽으로 갔고 역사에서 사라졌다. 역사에서 사라졌다는 것은 실제로 증발한 것이 아니라 기록을 하는 정주민들의 눈에서 사라졌음을 의미한다. 특히 흉노를 지켜보던 중국의 시야에서 서흉노가 사라졌다.

서흉노의 행방에 대해서 여러 주장이 있다. 그 가운데 하나는 세계사의 미스터리로 꼽히는 훈족과 연관이 있다는 것이다. 훈족이 서양의 역사에 등장하는 것은 4세기 무렵이다. 그것은 4세기 무렵 유럽에 훈족이 나타났기 때문이다.

훈족은 하늘에서 뚝 떨어진 것처럼 어디에서 왔는지도 모르는 세력이 유럽에 나타나 유럽 전역을 공포로 몰아넣었고 게르만족의 이동을 유발시켰다. 그리고 그 강력한 파도는 로마의 몰락까지 유발했다.

훈족에 대한 공포는 멀리 스칸디나비아반도에서 전하는 북유럽 신화에 훈족의 왕 아틸라Attila 가 등장하는 것으로도 증명된다. 살해된 남편의 복수를 위해 아틸라와 결혼해 훈족의 군사력으로 복수하는 장면은 당시 훈족의 이미지를 단적으로 보여준다. 특히 신화는 그 신화를 가진 사람들의 본질적인 세계관을 담고 있다는 점에서 북유럽 신화의 아틸라는 매우 흥미롭다.

다만 훈족의 왕가가 투르크족 계통이고, 언어 또한 투르크어를 주로 사용했다는 점에서 훈족과 서흉노를 연관시키는 것이 무리라는 주장도 있지만 시기적으로 서흉노의 행방과 겹치고 훈족이 지나간 자리에 남겨진 공통의 유물이 흉노의 그것과 유사하다는 점에서 적어도 훈족의 지배층에 서흉노가 포함되어 있었을 가능성은 충분하다.

독일의 공영방송인 ZDF는 훈족을 다루면서 신라 경주에서 발견된 기마인물상騎馬人物像이 훈족이 지나간 경로에서도 발견된다는 이유로 훈족이 신라에서 출발했다는 가정을 내세우기도 했다. 이 주장은 무리가 있

기마인물상
1924년 발굴된 하인으로 보이는 기마인물형 토기로 신라시대의 복식과 기마 풍습, 마구의 격식 등을 볼 수 있다.

지만 훈족이 흉노와 나름대로 연관성이 있는 것만은 분명해 보인다.

진나라를 무너뜨린 유연

서흉노가 떠나고 남은 동흉노는 한나라와 예전의 관계를 유지하며 평화롭게 지냈다. 그러다가 1세기에 천재지변과 내분으로 동흉노가 북흉노와 남흉노로 분할되었고 북흉노는 고비사막 너머로 떠났다.

한편 남쪽의 한나라는 1세기에 이루어진 반초班超의 서역 경영으로 부흥기를 맞이했다. 문인이었던 반초는 붓을 꺾고 장군이 되어 서역 지방의 50개 나라를 복속시키고 부하를 오늘날의 페르시아만까지 파견했다.

한편 홀로 남은 남흉노는 과거의 기세를 이어가지 못하고 오히려 한나라에게 복속되고 말았다. 남흉노는 초원을 떠나서 중원으로 내려왔다. 다만 기마 군단의 위력은 남아있었기 때문에 주로 용병의 역할을 맡았다.

그리고 후한과 남흉노가 합세해서 북흉노를 공격했고 1세기 말이 되면서 북흉노조차 어디론가 사라지고 만다. 이들 또한 역사의 시야에서 사라졌다. 즉 북쪽을 지배할 수 있는 힘이 공백 상태에 놓였음을 의미한다.

일시적인 부흥을 맞이했던 한나라후한도 3세기 초반에 몰락을 길을 걷기 시작했다. 곳곳에서 반란이 일어났는데 황건적의 난은 나라를 위태롭게 할 정도였다. 그리고 조조, 유비, 손권이 패권을 다투는 《삼국지》가 시작된다.

《삼국지》는 잘 알려진 대로 조조의 위와 손권의 오, 유비의 촉이 대립하다가 위가 제패를 하지만 위의 신하였던 사마 집안의 사마담이 265년에 진晉을 세우고 막을 내린다. 이 과정에서 흉노의 기마 군대를 활용한 것은 북쪽에 있는 조조의 위였다.

그러나 진나라는 곧 여덟 명이 황제를 놓고 다투는 이른바 '팔왕의 난'으로 접어들면서 혼란에 빠졌다. 정통성이 약한 권력을 서로 차지하기 위해 숙부와 조카들이 난을 일으켰다. 누구든 황제가 될 수 있는 시대였다. 이 어수선한 혼란 속에서 열쇠가 된 것은 오히려 흉노였다. 엄밀하게 말하면 흉노의 군사력이었다. 흉노의 군사력을 얻는 쪽이 최종 승자가 될 것이 확실했다.

당시 진나라에는 흉노의 후예인 유연이 어릴 때부터 볼모로 잡혀 있었다. 유연은 선우 묵돌의 후손이었고 한과 흉노의 오랜 혈연 관계로 연제씨이면서 유씨였다. 앞에서도 지적했지만 유비가 촉의 황제가 될 수 있었던 주요 요인 가운데 하나는 그가 유씨였다는 사실이다. 현대로 들어서며 혈통의 신성함이 많이 약화되었지만 고대로 올라갈수록 그 힘은 막강해진다.

유연은 당시 중국에서 가장 신성한 혈통을 가진 사람이었다. 사마 집안이 갑자기 부자가 된 졸부라면 유연은 수백 년의 역사를 가진 명문 집안의 후손인 셈이었다. 게다가 유연은 어릴 때부터 볼모로 잡혀 있었기 때문에 문자를 이해하고 교양을 가진 명문가의 후손으로 자라났다.

그러니까 유연은 중국 땅에서는 교양과 학식을 갖춘 준수한 선비였고 그가 초원으로 돌아갔을 때 강력한 기마 군단의 수장이 될 수 있는 힘을 가지고 있었던 것이다. 유연을 간단하게 정리하면 한나라와 흉노의 결합체이자, 교양과 힘의 결합체라고 볼 수 있다. 이런 이유로 여덟 명의 왕은 서로 유연을 자기 편으로 끌어들이려고 했다.

유연은 늘 조상들의 뼈와 영혼이 있는 초원으로 돌아가고 싶어 했다. 그러나 중국은 그의 힘을 필요로 했기에 놓아주지 않았다. 그러다가 기회가 찾아온 것이 '팔왕의 난'이었다. 유연은 초원의 기마 군대를 이끌고 와서 원조하겠다는 굳은 약속을 하고 볼모의 상태에서 풀려나게 된 것이다.

후세의 역사가들은 이 상황을 보며 '호랑이가 풀려났다'고 평가했다. 유연이 초원으로 돌아가자 선우의 귀환을 알리는 소식이 초원에 빠르게 전해졌고 삽시간에 30만에 이르는 기마 군대가 유연의 발아래 모여들었다. 강력한 지도자가 있어야 통합되는 유목민들의 속성을 확인하는 순간이었다.

유연은 약속을 지키려고 했지만 장로들은 조상을 내세워 유연을 압박했고, 유연은 이를 충고로 받아들였다. 유연은 강력한 기마 군대를 이끌고 남쪽으로 내려갔고 진나라를 무너뜨렸다. 한고조와 선우 묵돌의 대결에서 보았듯이 강력한 지도자가 이끄는 기마 군대를 이길 수 있는 사람은 없었다.

그러나 유연은 초원에 머물지 않고 중국에 눌러앉았다. 그리고 혈통에 부합되는 한漢이라는 나라를 세우고 왕이 되었다. 그리고 중국은 5호16국의 시대로 접어들게 된다. 유연이 떠난 초원의 유목민들은 누군가 새로운 지도자가 나타나기를 기다렸다.

탈라스 전투와
종이의 전래

동방의 강자, 고구려의 몰락

컴퓨터와 인터넷의 발달로 종이 소비량이 크게 줄 것으로 예측했지만 오히려 종이 소비량이 늘어났다는 통계가 있다. 편지나 노트 같은 개인들의 종이 소비는 줄었지만 서류가 대량으로 늘어난 탓이다. 실제로 과거와 달리 우리는 매달 종이에 인쇄된 수많은 고지서를 받는다.

이렇게 인류의 근대 문명은 종이에 크게 의지하고 있다. 이 종이의 발원지는 중국이다. 그러나 종이의 활용이 본격적으로 이루어진 곳은 인쇄술이 발달한 근대 서양이다. 그것은 종이가 고향을 떠나 서양으로 전래되었음을 의미한다. 종이가 어떻게 중국에서 서양으로 전래되었는지 살피기 위해 먼저 한반도 북쪽에 자리 잡고 있었던 고구려를 알아야 한다.

고구려는 압록강 중류에서 출발했을 것으로 추정된다. 다만 압록강 인

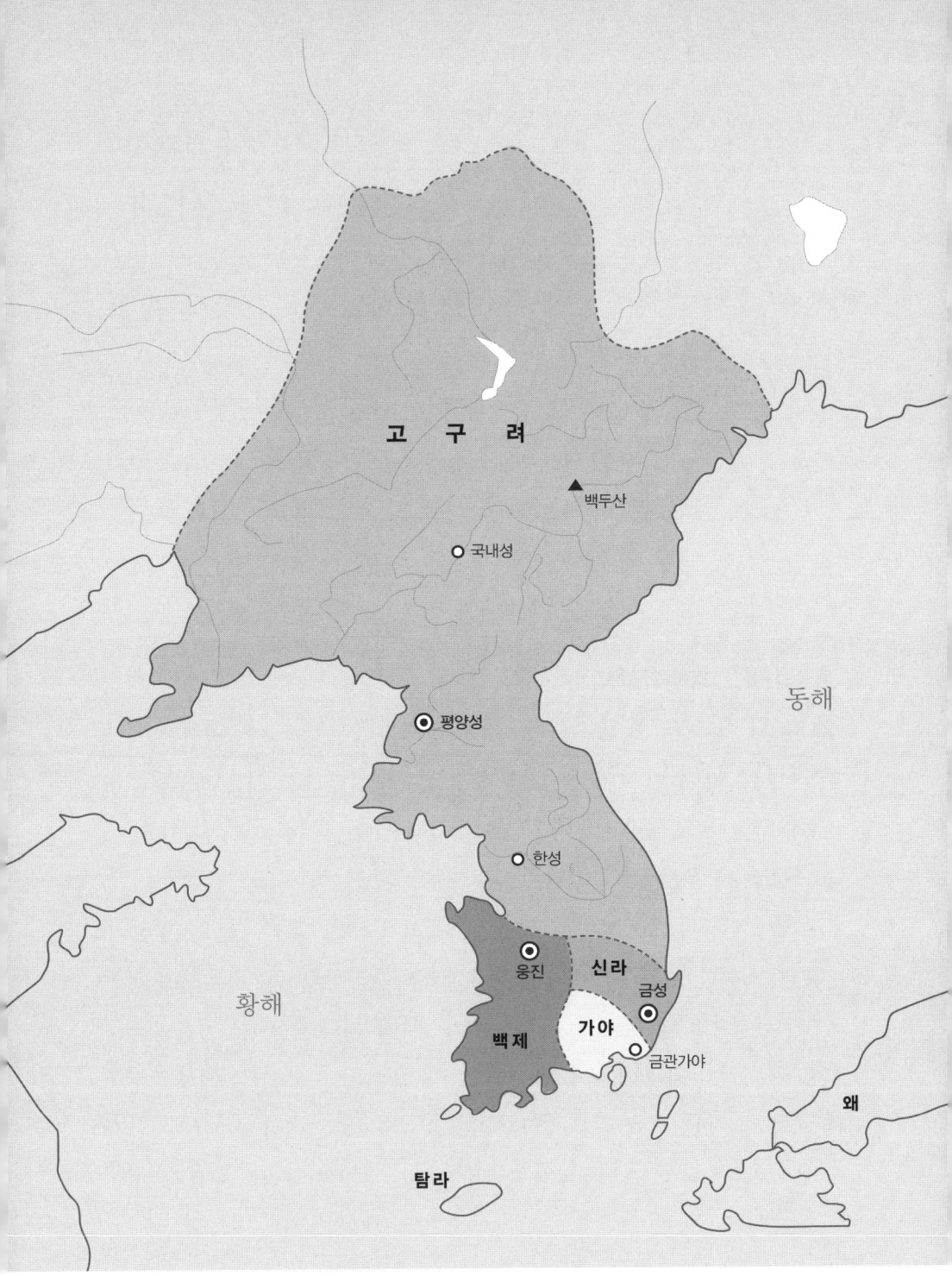

● **고구려의 전성기 때 지도**
고구려는 광개토대왕이 등장하면서 급속한 영토 확장을 도모했고, 서진 정책을 펼친 결과 수나라와 충돌해 승리하게 된다.

근에 농토가 많지 않았기 때문에 서북쪽의 몽골고원과 동북쪽의 삼림 지대로 자기들의 영역을 넓혀나갔을 것이다.

고구려는 4세기 무렵, 중국을 지배하던 진晉이 무너지고 5호16국의 시대로 접어들면서 혼란에 빠져들자 그 틈을 노려 인근의 낙랑군과 대방군을 정복하고 요동평야로 진출해 강대국으로 성장할 수 있는 기틀을 닦았다.

그리고 4세기 말에 광개토왕이 등장하면서 급속한 영토 확장을 도모하는 과정에서 모용씨가 지배하던 후연後燕을 몰아내고 요동평야를 손에 넣었다. 이렇게 서북쪽으로 손을 뻗는 한편 신라가 백제와 왜의 연합군에 대항하기 위해 원조를 요청하자 군대를 파견해 신라를 도우면서 한반도에 대한 관심도 높였다.

그러나 6~7세기가 되면서 동북아시아 세력의 지형이 변하기 시작했다. 그 변화는 중국 대륙과 한반도에서 동시에 나타났다. 먼저 한반도에서는 신라와 백제가 고구려의 남하를 막기 위해 맺었던 나제동맹이 깨지면서 신라가 북상했고, 중국 대륙에서는 선비족의 후예들이 세운 나라인 수나라가 위진남북조시대를 종식시켰다. 고구려는 이전과 달리 양쪽에서 위협을 받는 형세가 되었다.

고구려는 한반도로 내려가는 남하 정책보다 서쪽으로 향하는 서진 정책을 택했고, 그 결과 서쪽에 있는 수나라와 충돌했다. 수나라의 황제 문제는 598년 30만 대군을 보냈지만 고구려에게 패했다.

문제의 뒤를 이어 황제가 된 양제는 북쪽의 돌궐을 격파한 다음 612년 113만이라는 엄청난 대군으로 요동성을 공격했지만 무너뜨리지 못하자 다시 30만의 병력으로 압록강을 건넜다. 그러나 그 유명한 살수대첩에서 고구려의 장군 을지문덕에게 패해 겨우 2,700명만 살아서 돌아갔다.

수나라는 고구려와의 전쟁에서 잇달아 패하면서 국운이 쇠락했고 반란이 일어나 무너지고 말았다. 중국을 통일하고 제국으로 불렸던 수나라를 무너뜨린 것은 고구려였다. 역시 선비족의 후예로 수나라의 뒤를 이은 당나라는 동방의 강자 고구려를 눈엣가시처럼 여겼다. 고구려는 북쪽의 돌궐과 손을 잡고 당나라를 견제하는 한편 천리장성을 쌓아 당의 침입에 대비했다.

당나라를 세운 태종은 고구려를 고립시키기 위해 신라와 손을 잡았고 북쪽의 돌궐을 복속시키는 한편 고구려의 세력 안에 있던 거란족을 꾀어 고구려를 포위한 다음 645년 고구려를 공격했다. 그러나 본토는커녕 양만춘이 지키는 안시성조차 넘지 못했다. 그 뒤 647년, 648년에 잇달아 군대를 보냈지만 고구려는 무너지지 않았다.

고구려가 몰락한 것은 668년이었다. 그것은 당나라가 신라를 끌어들인 나당연합군과의 싸움에서 패했기 때문이다. 김인문이 거느린 27만의 신라군과 이적과 설인귀가 이끄는 당나라의 50만 대군과의 전쟁에서 평양성이 무너지고 말았다.

고구려는 강했고 70년 가까이 지속된 수당과의 전쟁을 견뎌냈지만 신라가 당나라와 손을 잡으면서 완전히 포위를 당하고 말았다. 그사이 전쟁을 이끌던 연개소문이 사망하면서 고구려는 구심점을 잃고 주몽 대부터 약 700년을 이어온 왕조는 막을 내리게 된다.

그런데 한 가지 생각해야 할 것은 고구려의 몰락이 내분에 의한 것만이 아니라는 사실이다. 전쟁을 주도하던 연개소문이 사망하고 후계자를 놓고 내분이 일어나 고구려가 몰락했다는 것이 거의 정설처럼 여겨지고 있다. 하지만 고구려는 중원을 통일한 수나라를 무너뜨릴 정도로 강한 나라였다. 여기서 고려해야 할 것은 어느 나라든 한 나라를 무너뜨리고 나라를 세우면 이전의 나라가 망해야 마땅한 이유가 있었다고 역사를 기술하고 자기들의 행위를 정당화한다는 사실이다.

백제의 경우에 낙화암에서 삼천궁녀가 뛰어내렸다는 믿기 힘든 이야기를 통해 의자왕이 황음무도荒淫無道, 주색에 빠져 사람으로서 마땅히 할 도리를 돌아보지 않음한 자였음을 상상하게 만들어 백제는 망해야 한다는 생각을 갖게 만들었다. 백제가 몰락의 빌미를 제공하기는 했지만 본질적인 이유는 당나라와 신라가 손을 잡고 강한 군대로 백제를 공격했기 때문이다.

고구려의 경우에도 연개소문이 죽고 후계자를 놓고 의견이 갈린 것은 사실이지만 그것 때문에 국가가 무너졌다기보다는 강력한 당나라와 신라의 연합군의 공격을 받았기 때문이다.

고구려가 몰락한 원인은 오히려 고구려의 지리적 환경과 주위 정세에서 찾아야 한다. 고구려는 한반도와 대륙의 경계에 있어서 힘이 강할 때는 앞뒤로 뻗어나갈 수 있지만 힘이 약해지면 앞뒤에서 공격을 받을 수 있었다.

그리고 더 큰 원인은 서북쪽에 있었다. 몽골고원에서 발흥한 유목 국가와 남쪽의 중국 왕조가 충돌할 때 동아시아의 정세는 출렁거렸고, 그 영향으로 힘이 약한 나라는 무너지기 마련이었다. 고조선이 그러했고 고구려와 백제는 물론 훗날 발해나 신라도 이런 강력한 외부 압력으로 몰락의 길을 걷게 된 것이다.

발해의 건국과 몰락

당나라는 고구려를 무너뜨린 다음 고구려인들을 강제로 이주시켰다. 특히 지배층의 경우는 철저하게 이주시켰다. 그대로 두면 반란을 일으킬 가능성이 높기에 대부분 전쟁에서 승리하면 이런 정책을 쓰기 마련이다. 거기에 당나라는 수나라 때부터 이어온 고구려에 대한 깊은 증오와 두려움을 갖고 있었다.

실제로 30년 후에 당나라가 두려워했던 일이 현실화된다. 고구려의 뒤를 이은 국가, 발해가 등장한 것이다. 고구려의 고高는 크고 높다는 뜻이고 구려句麗는 마을이나 도읍을 의미한다. 이런 측면에서 고와 발해 왕족의 성인 대大는 의미만 놓고 보면 다르지 않다. 이 말은 발해가 새로운 사람들이 모여서 세운 나라가 아니라 수나라를 이은 당나라처럼 고구려를 이은 나라라고 생각하는 것이 자연스럽다는 뜻이다.

중국은 이른바 동북공정을 통해서 발해를 당나라의 지방 정권으로 폄하하고 자기들의 역사 속에 포함시키려 하고 있다. 그것은 우리 역사를 통일신라에 국한시킨 내부적인 사정도 있지만 역시 백두산과 연해주 일대에 넓고 강력한 국가를 세웠던 발해의 이미지를 일개 지방 정권으로 치부하고 아울러 고구려의 강한 이미지를 희석시키고 약화시키려는 외부적 시각이다.

발해 또한 스스로 무너진 것이 아니라 백두산 폭발이라는 엄청난 자연재해와 몽골고원의 새로운 강자로 거란이 등장했기 때문이라는 것이 일반적인 주장이다. 거란은 서방에서 한때 중국을 부르는 이름이었던 키타이Kitai였다.

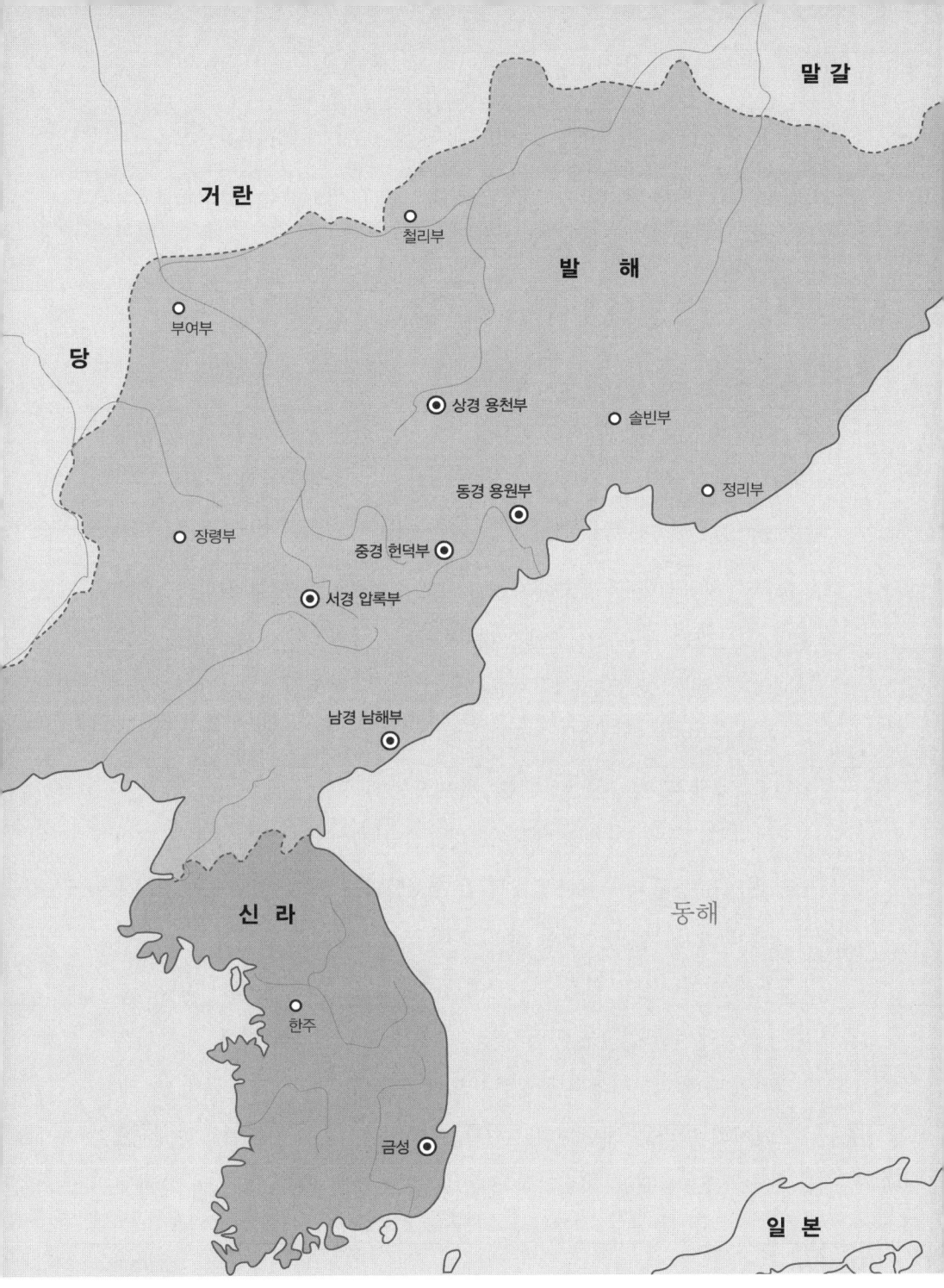

- **발해지도**
발해는 698년 고구려의 장수였던 대조영이 고구려 위민과 말갈족을 거느리고 동모산에 도읍을 세운 나라였다.

그렇게 강력한 집단이 등장하지 않았다면 발해는 자연재해를 수습하고 역사를 이어갔을 것이다. 그래서 역사를 이해할 때는 내부적인 문제뿐만 아니라 늘 외부적인 요인도 함께 고려해야 한다.

고구려 출신의 당나라 장수, 고선지

한편 발해로 이주한 사람들 외에 많은 고구려 사람들은 정든 고향을 떠나 멀고 먼 중국 땅으로 옮겨가야 했다. 이렇게 강제로 이주를 당한 사람들 가운데 고사계高舍鷄라는 사람이 있었다.

고구려 왕족의 성씨인 고씨지만 고사계가 왕족인지 어떤지는 확실하지 않다. 고사계는 고구려가 무너진 다음에 중국 서북쪽의 하서 지역에서 군대 생활을 했고 장군으로 복무했다고 전해진다. 몰락한 고구려의 유민으로 당나라의 외곽을 지키는 운명에 처한 것이다. 이는 중국 당나라의 역사서인《구당서舊唐書》,《신당서新唐書》에 나오는 내용이다.

고선지高仙芝는 고사계의 아들이었다.《신당서》에 따르면 고선지는 무인답지 않게 말쑥하고 수려한 용모를 갖고 있었다고 한다. 그러나 일 처리에 빈틈이 없고 용감했으며 말을 잘 타고 활을 잘 쏘았다고 전한다.

고선지는 아버지를 따라 하서군에 들어갔고 스무 살에 안서 지방으로 갔다. 그곳에서 고선지는 아버지의 후광으로 장군이 되었다가 곧 능력을 인정받아 아버지 고사계와 동일한 반열에 올랐다.

고선지의 활약은 대단했다. 고선지의 이름이 널리 알려지게 된 계기는 747년 소발률국을 정벌한 이후였다. 당시 강성해진 티베트가 사라센

Saracen 제국과 동맹을 맺고 동쪽으로 밀려왔다. 사라센은 유럽 사람들이 서아시아의 이슬람교도를 부르던 이름이다.

고선지는 1만 명의 군사를 거느리고 세계의 지붕이라고 불리는 파미르고원을 넘어서 티베트의 군사 기지를 공격해 격파했다.

고선지는 거기서 그치지 않고 험난한 힌두쿠시산맥을 넘어 소발률국의 수도를 점령한 다음 티베

고선지
고구려의 후예로 당나라 장수가 되어 탈라스 전투에 참전하고, 종이 제지법을 이슬람에 전하게 된다.

트와 사라센의 유일한 교통로였던 다리를 파괴해서 둘의 제휴를 차단시켰다. 파미르고원과 힌두쿠시산맥은 해발 5,000미터가 넘는 험준한 산과 봉우리가 즐비한 곳이었다. 해발 5,000미터에 이르면 평지와 비교해서 산소가 50퍼센트로 줄어들며 이른바 고산증이라는 것이 찾아온다. 고선지는 그런 곳을 때로 다독이고 때로 질타하며 군대를 이끌었다. 강력한 리더십 없이는 힘든 일이다.

1차 원정에서 돌아온 고선지는 3년 뒤인 750년에 사라센제국과 동맹을 맺으려던 석국을 토벌하고 왕을 사로잡아 장안으로 압송했다. 그런데 당나라의 관료들이 석국의 왕을 죽이고 말았고, 그 때문에 서역의 많은 나라들이 당나라에 반기를 들었다.

원래 당나라는 기미羈縻, 즉 엮어서 묶는 정책을 활용했다. 즉 직할 지역

이 아닌 곳에 도호부를 설치해서 그 지역의 유지나 힘을 가진 사람에게 벼슬을 주어 자치적으로 다스리게 하는 정책이었다. 이 정책을 따랐다면 석국의 왕에게 당나라의 벼슬을 주고 돌려보내야 했다.

석국의 왕을 죽이자 미래에 대한 불안을 느낀 서역의 여러 나라들과 사라센은 동맹을 맺고 당나라를 향해 밀려왔다. 고선지는 7만 명의 군대를 거느리고 오늘날의 키르기스스탄에 있는 탈라스 강에서 이들과 맞붙었다. 주로 보병으로 구성되어 있던 당나라의 군대는 아랍의 기마 부대를 당해내지 못하고 패하고 말았다.

이때 고선지의 군사 가운데 종이를 만드는 제지공이 다수 포함되어 있었다. 이들은 전쟁 포로가 되어 끌려갔고 자연스럽게 중국이 외부에 비밀을 지켜왔던 종이 만드는 기술이 아라비아로 전해지게 되었다.

751년에 벌어진 탈라스 전투는 이슬람의 중앙아시아로의 진출이 본격화되는 신호탄이었고, 그 이후 중앙아시아에서 이슬람이 지배적인 종교로 자리 잡았다. 그리고 또 하나 세계 3대 발명품이자, 중국의 3대 발명품의 하나로 꼽히는 종이가 전래된 사건으로도 유명하다. 탈라스 전투는 서쪽에서는 이슬람을 전했고 동쪽에서는 종이를 전한 예상치 못한 교류를 낳았다.

고선지는 탈라스 전투에서 패했지만 우우임군 대장군에 임명되었고 755년 안록산이 난을 일으키자 토적부원수가 되어 출전했다. 그런데 이때 그에게 개인적인 원한을 가지고 있던 부관 변영성이 무고를 했고 그가 고구려 출신이라는 것이 더해져 안타깝게도 전투가 벌어지는 진중에서 참형에 처해졌다.

드높은 파미르고원과 힌두쿠시의 험준한 준령을 넘나들던 고구려의 후손 고선지는 젊은 나이에 전투가 아닌 야비한 술수에 삶을 마감하고 말았다. 고선지의 짧은 삶은 동북아시아를 호령하던 고구려의 기상과 운명을 떠올리게 한다.

탈라스 전투와 제지법의 전래

중국에서 종이가 발명된 것은 후한 때의 일이었다. 후한 명제 때 환관이었던 채륜이 글을 쓸 수 있는 종이를 세상에 내놓았다. 그 이전까지 대나무에 기록한 죽간이나 비단에 기록을 했는데 채륜이 글을 쓸 수 있는 종이를 만들어낸 것이다. 그것을 채후지蔡侯紙라고 부른다.

　종이는 시대의 변화와 더불어 더 사용하기 쉬운 형태와 재질로 변했고 당나라 때에 이르면 우리가 아는 종이의 모습을 갖추기 시작한다. 그리고 앞에서 지적한 대로 탈라스 전투에서 종이 만드는 기술이 사라센으로 넘어갔다.

　이런 인연으로 오늘날 우즈베키스탄에 속한 사마르칸트에 종이 공장이 세워졌다. 흔히 이 종이를 '사마르칸트 페이퍼'라고 부른다. 곧이어 바그다드에 제지 공장이 세워졌으며, 828년에 시리아의 다마스쿠스에 제지 공장이 세워지며 그동안 기록에 주로 사용되던 파피루스나 양피지, 점토판 대신 종이가 널리 사용되기 시작했다.

　10세기가 되면 이집트에서 아마로 만든 종이가 개발되었고, 1150년에 스페인에 제지법이 전해졌다. 그리고 13세기 몽골이 세계의 지배자로 등장하면서 교역로가 확대되고 인쇄 기술까지 서방으로 전해졌다.

종이와 인쇄 기술은 서로 떼려야 뗄 수 없는 관계이다. 활자를 만들어도 그것을 찍어낼 종이가 없으면 무용지물이다. 처음 인쇄는 나무를 깎아서 인쇄하는 목판인쇄가 발달했지만 쉽게 부서지고 내구성이 떨어졌기 때문에 금속활자가 등장하게 된다.

서양에서 금속활자는 15세기 중반 구텐베르크 Johannes Gutenberg 가 찍어낸 이른바 '구텐베르크 성서'를 그 효시로 삼는다. 그리고 인쇄술의 급격한 발전을 통해 사회와 문화가 엄청난 변화를 겪게 된다.

구텐베르크
독일의 활판 인쇄를 발명한 사람으로, 주형으로 활자를 만들고 인쇄기를 발명했다. 구텐베르크로 인해서 유럽의 인쇄 기술은 발전하게 된다.

중세에서 근대로 넘어가는 기폭제가 된 루터 Martin Luther 의 종교 개혁이 성공할 수 있었던 배경에는 이런 인쇄술의 발전이 있었다. 아이러니한 것은 종교 개혁의 방아쇠를 당긴 면죄부 또한 인쇄술의 발달로 가능했다는 점이었다. 죄를 용서해준다는 의미를 담고 있는 면죄부는 대량으로 인쇄되었고 교회는 종이 쪼가리 하나로 쉽게 돈을 벌었다.

인쇄술의 발달은 교회에만 유리한 것이 아니었다. 루터도 인쇄술을 활용했다. 루터가 면죄부 판매 등에 반대하며 제기한 95개조 반박문 또한 인쇄되어 널리 퍼져나갔다.

또한 루터는 성서를 독일어로 번역해서 보급했다. 과거에 성서는 소수의 종교 지배자들이 독점했지만 인쇄술의 발달로 누구나 성서를 읽을 수 있게 되면서 성서의 독점화가 깨졌다. 그와 더불어 종교 지도자들의 권위는 점점 약화되었다. 이렇게 종교 개혁은 인쇄술의 발전에 크게 힘입은 것이었다.

이는 혹자들이 구텐베르크의 인쇄 혁명을 오늘날의 인터넷에 비유하는 이유이기도 하다. 인쇄술의 발달로 인터넷이 그러한 것처럼 정보가 홍수처럼 쏟아졌고 사람들은 지적 호기심을 충족시킬 수 있었다. 근대가 이성을 중심으로 하는 사회가 될 수 있었던 밑바탕에는 이런 인쇄술의 발전이 있었다.

세상에서 가장 오래된 목판 인쇄물

한반도에 언제 종이가 전래되었는지는 명확하지 않다. 다만 7세기 초반에 일본에 종이 만드는 법을 알려주었다는 사실에서 그 이전에 들어왔다는 역으로 추정할 뿐이다. 한 가지 흥미로운 사실은 세계 최초의 목판 인쇄물과 금속 인쇄물이 한반도에서 발견되었다는 점이다.

도굴꾼들이 석가탑의 사리함을 훔치려고 하다가 실패한 일 때문에 1966년 불국사에 있는 석가탑을 해체 복원 공사를 하던 중에 석가탑 안에서 〈무구정광대다라니경無垢淨光大陀羅尼經〉이 발견되었다. 이 길이 620센티미터에 이르는 불경은 세계에서 가장 오래된 목판 인쇄물로 인정받았다. 그러니까 인류 역사에서 가장 오래된 종이 인쇄물이라는 뜻이다.

〈무구정광대다라니경〉
국보 제126-6호로 경주 불국사 석가탑에서 발견된 다라니경으로 세계에서 가장 오래된 목판 인쇄물이다.

그뿐만 아니다. 세계에서 가장 오래된 금속활자로 찍은 문서가 한반도에서 발견되었다. 기록상으로는 고려 후기 때 이규보가 쓴 《동국이상국집東國李相國集》에 《고금상정예문古今詳定禮文》을 금속활자로 찍었다는 내용만 남아있고, 1377년에 백운화상이 쓴 《백운화상초록불조직지심체요절白雲和尙抄錄佛祖直指心體要節》이하 《직지심체요절》이 오늘날 세계에서 가장 오래된 인쇄물로 인정을 받고 있다. 다만 이 책은 상하로 이루어져 있는데 하권만 프랑스 국립도서관에서 보관하고 있다. 《직지심체요절》은 구텐베르크의 성서보다 80년 정도 앞선 것이다.

종이를 따라서 고구려로부터 멀리 유럽까지 갔다가 다시 한반도로 돌아오는 먼 여행을 했다. 문화는 이렇듯 엉뚱한 곳에서 얽히고 전혀 예상하지 못한 결과를 만들어내곤 한다. 고구려의 몰락과 구텐베르크의 인쇄 혁명은 도저히 연결될 수 없는 성질의 것이지만 그사이에 고선지를 끼워넣자 새로운 시야가 트이면서 새로운 사실이 모습을 드러냈다.

또 하나 확인할 수 있는 것은 문화가 역사의 소용돌이 속에서, 다르게 말하면 국가의 흥망에 좌우되지 않고 끊임없이 변화해왔다는 사실이다.

히틀러의 비밀 무기와
아폴로11호의 달 착륙

과학이 바라보는 세상

과학이 바라보는 세상은 종교가 바라보는 세상이나 철학이 바라보는 세상과 조금 다르다. 그것은 산에서 세상을 바라볼 때 서 있는 곳이 산 아래인지 산허리인지, 정상인지에 따라 다르게 보이는 것과 비슷하다.

과학이 바라보는 세상과 종교나 철학에서 보는 세상이 다른 이유는 과학적 진리가 종교나 철학적 진리와 다르기 때문이다. 다른 말로 하면 서로 추구하는 가치와 세상에 대한 접근 방법이 다르다는 뜻이다.

과학적 진리는 언제든지 틀릴 수 있다는 것을 용인하는 것에서 비롯된다. 과학에서 종교의 신과 같은 절대적으로 불변하는 것을 원하면 과학은 성립되지 않는다. 그것은 과학이 경험을 토대로 이루어지기 때문이다.

예를 들면 세상의 백조는 모두 하얗다는 가설을 세우고 세상의 모든 백조들을 조사해서 모두가 하얀 것이 확인되면 그것은 과학적 사실이 된다. 그런데 검은 백조가 발견되면 세상의 백조는 모두 하얗다는 명제는 거짓이 된다. 그렇다고 해서 그 가설이 비난을 받지도 않고 받아서도 안 된다. 그래서는 과학이 발전할 수 없기 때문이다.

코페르니쿠스
폴란드의 천문학자로 육안으로 천체를 관측해 지동설을 제창하였다.

과학에서 성공의 어머니는 실패이다. 실험이나 가설의 실패가 없이는 성공에 이를 수 없다. 틀릴 수도 실패할 수 있다는 것이 과학적 진리의 기초이다.

그런데 종교에서 모든 백조가 하얗다고 주장했는데 검은 백조가 발견이 되면 어떻게 될까? 아마도 그 검은 백조에 하얀 물감을 칠하든 죽여서 없애든 모든 백조가 하얗다는 것을 어떻게 하든 유지하려고 할 것이다. 역사에서 그런 일은 얼마든지 찾아낼 수 있다. 그것은 종교적 진리가 절대 변할 수 없는 믿음을 토대로 하고 있기에 그렇다.

실제로 역사에서 이런 일이 있었다. 16세기에 들면서 코페르니쿠스 Nicolaus Copernicus 는 태양이 지구를 도는 천동설이 아니라 지구가 태양의 주위를 돈다는 지동설을 주장하면서 그리스도교와 유럽의 사상계에 큰 충격을 주었다. 이른바 '코페르니쿠스적 전환 Kopernikanische Wendung'이었다. '코페르니쿠스적 전환'이라는 말은 독일의 철학자 칸트 Immanuel Kant 가 쓴 이후 기존의 생각과 가치를 뒤집는 것을 가리키는 관용어가 되었다.

아무튼 지동설로 인해서 지구가 우주의 중심인 것처럼, 신이 세상의 중심이 되어 지배한다는 생각에 금이 갈 위기에 놓이게 되었다. 모든 우주는

지구를 중심으로 움직인다는 절대적인 믿음에
위협이 생기자 당시 천동설을 지지하는 교회가
대응에 나섰다.

잘 아는 것처럼 17세기 이탈리아의 천문학
자였던 갈릴레이 Galileo Galilei 는 망원경을 만들어
코페르니쿠스의 지동설이 옳다고 주장했다. 그
러자 교회는 종교 재판에 회부했고 갈릴레이
에게 지동설의 주장을 포기하라고 위협하고
압박했다.

갈릴레이
이탈리아 르네상스 말기의 물리학
자이자 천문학자, 철학자이다. 지동
설을 주장해 교황청으로부터 종교
재판을 받았다.

갈릴레이는 순순히 교회의 주장에 따르고 순
종할 것을 약속하고 무사히 재판소에서 빠져나왔다. 재판소를 빠져나오며
'그래도 지구가 돈다'라는 말을 했다고 전하지만 확실하지는 않다.

앞에서 말한 것처럼 과학자는 경험을 통해 객관화된 세상을 다룬다. 과
학자인 갈릴레이가 애써 지구가 돈다고 주장을 하든 그렇지 않든 돌지 않
는 지구가 돌고 있다는 사실에는 변함이 없다.

이런 상황에서 굳이 스스로의 목숨을 위태롭게 하면서 자기의 주장을
소리 높여 외칠 필요가 있을까? '그래도 지구가 돈다'는 말의 의미는 바로
이것이다. 갈릴레이는 자기가 돌고 있지 않다고 말을 해도 이미 돈다는 사
실에는 변함이 없음을 잘 알고 있었던 것이다.

한편 비슷한 시기에 브루노 Giordano Bruno 라는 이탈리아 출신의 자연철학
자가 있었다. 브루노 역시 코페르니쿠스의 지동설에 영향을 받았고 그 때
문에 갈릴레이처럼 종교 재판에 회부되었다. 브루노 역시 갈릴레이처럼

회유를 받았지만 받아들이지 않았다.

그것은 브루노가 과학자가 아니라 철학자였기에 그렇다. 철학은 사고를 통해서 신념을 확립해가는 학문이다. 철학자가 자신의 신념을 포기한다는 것은 지나온 삶 전체를 부정하는 일이 되고 만다. 끝내 브루노는 교회의 협박과 회유에 굴복하지 않았고 결국 1600년 로마에서 화형을 당하고 말았다. 과학자는 타협해서 살아남았고 철학자는 타협하지 않고 불에 타 죽었다.

그러나 후세 사람들은 갈릴레이가 비겁하다고 말하지 않고 브루노가 어리석다고 말하지 않는다. 서로 추구하는 바가 달랐기 때문이다. 즉 과학적 진리와 철학적 진리가 다르기에 이들은 각각 자기가 생각하는 대로 삶을 살았던 것이다.

과학자와 철학자, 또는 종교인이 동일한 가치를 가지고 삶을 살 수 없는 이유가 여기에 있다. 이들 모두 인류의 더 나은 삶이라는 목적을 위해 노력하지만 그것을 추구하는 방법이 다르고 그에 따라 많은 것이 달라지기 때문이다. 달리 비유해서 말하면 산을 올라가는 길은 무수히 많다.

다이너마이트를 발명한 스웨덴의 화학자 노벨Alfred Bernhard Nobel 의 경우도 다르지 않다. 노벨이 처음부터 인명 살상을 목적으로 다이너마이트를 발명한 것은 아니었다. 하지만 '죽음의 상인'이라는 달갑지 않은 호칭을 얻어야 했다. 다이너마이트는 어떻게 쓰느냐에 따라 많은 사람을 죽일 수도 있고, 사람들의 편의를 위해 광산을 개발하거나 댐을 만들 때 유용하게 쓸 수도 있다.

그런데 사람을 죽일 수도 있다는 한 측면을 가지고 다이너마이트를 발명한 노벨을 비난할 수 없다. 비난을 받아야 한다면 그것은 다이너마이트를 인명 살상에 사용한 정치가나 사회 지배층이다. 갈릴레이의 경우에는 17세기에 여전히 종교적 진리가 세상을 지배해 그 힘으로 과학을 핍박하고 압력을 넣은 종교 지도자들의 편견과 어리석음이 비난의 대상이 되어야 한다.

그렇다고 '인간성 없는 과학'이 모두 용인되는 것은 아니다. 노벨은 의도하지 않는 결과에 대해 충격을 받고 거의 모든 재산을 털어서 현대사회에서 최초의 상으로 불리는 노벨상을 만들었다. 이렇게 노벨상처럼 과학과 종교 또는 철학 사이에 놓인 격차에서 예기치 못한 새로운 문화현상이 나타나기도 한다.

히틀러와 제2차 세계대전

참혹한 살육과 모든 것을 앗아가는 비참한 전쟁, 그리고 신화의 땅이었던 신비로운 달 탐험은 전혀 상관이 없는 듯이 보이지만 그사이에 독일의 독재자였던 히틀러 Adolf Title 를 끼워 넣으면 맥락이 생긴다.

히틀러는 제1차 세계대전에서 패해 베르사유조약으로 영토를 빼앗기고 막대한 전쟁 비용을 치러야 했던 암울한 독일에서 태어났다. 아마 이런 시대적 배경이 아니었다면 히틀러는 삶의 목표로 삼았던 그러나 성공하지 못했던 불우한 화가로 삶을 마감했을지도 모른다.

전기 작가들은 히틀러가 엄격한 아버지 그리고 자기를 감싸던 어머니의 죽음, 화가를 꿈꾸었지만 반복된 실패, 또한 유대인에 대한 반감과 증오가 만들어낸 결과물이라고 말한다. 그러나 당시 독일의 사정은 히틀러가 아니더라도 그와 유사한 사람을 갈구하고 있었다.

독일은 신성로마제국이라는 겉으로 보기에 화려하지만 허울뿐인 덫에 걸려 오랜 세월 분열을 경험했고, 그 때문에 다른 서구 열강과 달리 제국주의의 달콤한 결과를 맛보지 못했다. 그리고 그에 대한 보상심리에서 일으킨 전쟁에서 처참하게 패했다.

그러자 독일은 독재자 히틀러를 선택했다. 이는 히틀러에게 면죄부를 주려는 것이 아니라 당시 상황을 이해하기 위해서는 개인보다는 사회적인 측면을 고려해야 함을 말하려는 것이다. 우리는 지나치게 개인과 그 개인의 심리에 주목하는 경향이 있다.

독일 출신의 철학자 아렌트 Hannah Arendt 는 나치 독일의 유대인 학살에 대한 연구 후에 '악의 평범성'이라는 흥미로운 주장을 내놓았다. 아렌트는 미국의 한 잡지사의 요청으로 나치의 전범이었던 아돌프 아이히만 Karl Adolf Eichmann 의 재판을 지켜보면서 쓴 《예루살렘의 아이히만 Eichmann in Jerusalem》에서 역사 속에서 일어나는 악한 행동은 사이코패스나 광신자가 아니라 국가의 명령에 따르며 자기들의 행동을 일반적인 것으로 생각하는 사람들에 의해 저질러진다고 말했다.

그러니까 악은 지극히 평범하며 그것이 개인의 행동보다는, 개인이 그렇게 행동하도록 만드는 사회와 시대에 대한 고찰이 없이는 진정한 의미를 찾아낼 수 없다는 뜻이다.

독일의 나치를 이끌던 히틀러는 5,000만 명을 죽음으로 몰아넣은 인류 역사상 가장 참혹하고 가장 큰 피해를 입힌 제2차 세계대전을 일으켰다.

제2차 세계대전은 1939년 독일이 폴란드를 침공하는 것에서 시작되었다.

이렇게 도화선에 불이 붙은 전쟁은 영국과 프랑스의 독일에 대한 선전포고로 이어졌다. 그리고 독일의 소련 침공, 일본의 진주만 폭격 등으로 유럽뿐만 아니라 아시아, 북아프리카, 태평양까지 확장되어 전 세계가 전쟁터로 변하게 되었다. 신화 속 장면처럼 세상은 불타며, 많은 사람들이 비명 속에서 피를 흘리며 죽어갔다.

인류는 오랫동안 전쟁을 해왔다. 그런데 20세기 이전과 그 이후의 전쟁에는 엄청난 차이가 있다. 과거의 전쟁이 국지적이고 비교적 군대에 국한된 것이었다면 제1차 세계대전 이후의 전쟁은 해당 국가가 지닌 모든 역량을 쏟아부어야 하는 총력전으로 변했다. 전쟁은 개인이나 집단의 전투 능력보다 경제력과 인구 등 국가가 지닌 힘에 의해 좌우되는 시대로 변한 것이다.

《삼국지》에서 보듯 뛰어난 장수나 치밀한 전략으로 우위를 점하고 승리하는 시대는 지나갔다. 그래서 지구가 석기시대로 돌아가기 전에는 더 이상 알렉산드로스나 칭기즈칸이 세상에 등장할 수 없다. 이제 전쟁은 국가의 모든 능력과 힘이 동원되는 시대이며, 그래서 오히려 승자를 쉽게 예측할 수 있게 되었다.

이러한 이유로 현대에 일어난 전쟁은 정치, 경제, 사회, 문화 등 모든 분야에서 엄청난 변화를 불러일으켰다. 그런데 제2차 세계대전을 일으킨 독일은 경제력과 인구 등 국가의 힘이 강하지 않았다. 영토도 넓지 않았고 인구도 상대국을 압도할 정도로 많지 않았다. 독일이 기대할 수 있는 것은 한창 기세를 올리고 있던 과학이었다.

과학은 19세기에 다윈Charles Robert Darwin 으로 대표되는 진화론과 프로이트Sigmund Frued 로 대표되는 심리학의 대두로 종교의 억압적 지배에서 해방되었다. 신의 그늘에서 벗어난 과학은 세상과 인류를 구원할 수 있는 대안으로 여겨졌다. 그리고 실제로 많은 과학적 업적들이 쏟아져 나왔다.

미국의 개입으로 초반의 압도적인 기세가 꺾인 독일이 주목한 것은 과학이었다. 탁월한 과학기술을 토대로 한 번에 전세를 역전시킬 수 있는 기회를 엿볼 생각이었다. 그리고 한 섬에 최고의 과학자들을 모아놓고 신무기 개발에 몰두했다.

과학기술의 발전을 앞당긴 전쟁

독일은 첨단 무기를 개발해 연합국을 물리칠 생각이었다. 그 면면을 보면 대서양 건너에 있는 미국을 폭격할 미사일, 투명 광선, 원자폭탄과 같은 무기를 개발하려고 했다. 심지어 개발 목록에는 비행접시도 있었다. 그래서 한동안 비행접시의 사진이 우연하게 촬영되면 독일의 것이라고 생각하는 사람들도 있었다. 전쟁 초반 독일이 우위를 보일 수 있었던 것도 뛰어난 항공 기술을 비롯한 여러 가지 다양한 신무기 개발에 앞서 있었기 때문이었다.

로켓공학자인 브라운Wernher von Braun 을 비롯해, 항공학자인 젱거Eugen Sänger, 노벨상을 받은 이론물리학자 하이젠베르크Werner Karl Heisenberg 를 필두로 하는 당대 최고의 과학자들을 발트해에 있는 페네뮌데 섬에 모아놓고 엄청난 지원을 해준다. 목적은 단 하나였다. 독일 나치를 위해 최고의 무기를 발명해내는 것이었다.

　연합국도 과학기술을 이용한 첨단 무기 개발에 대한 생각은 있었다. 하지만 독일만큼 구체적이지 않았다. 그러다 보니 기술력에 현격한 차이를 보이게 되었다.

　훗날 공개된 문서에 따르면 당시 독일이 개발하려고 했던 무기는 하늘을 나는 항공모함, 미국을 폭격할 수 있는 실버버드라는 이름을 가진 초음속 폭격기, 날개의 회전을 이용해서 수직으로 이착륙을 할 수 있는 항공기 등이었다. 이들 모두 시대를 앞선 것이었다.

　이 가운데 가장 위력적인 것은 실버버드였다. 그러나 당시 기술로는 폭격은 할 수 있지만 돌아올 수가 없었다. 그래서 실버버드의 폭격은 실현되지 않았다.

　그러나 과학기술에 아낌없는 지원을 한 독일은 많은 첨단 무기들을 만들어냈다. V1이라고 불리는 최초의 순항 미사일이 영국을 향해 날아갔고 런던과 인근 지역은 큰 피해를 입었다. 다만 정확성이 떨어졌기에 8,000개 가운데 2,300개만이 목적지에 도달했다.

　독일이 개발한 세계 최초의 무기들을 살펴보면 V1과 같은 순항 미사일을 비롯해서 장거리탄도 미사일, 지대공 미사일, 대함 미사일, 폐쇄회로 텔레비전, 실전에 배치된 제트전투기 등 화려하다. 다만 이들 무기가 실전에 상용화되지 못했거나 소량 생산으로 효과를 보지 못했을 뿐이다.

　역사에 만약이 없지만 이런 첨단 무기들이 상용화되고 독일이 마음껏 활용할 수 있었다면 그들이 꿈꾸었던 세계 정복도 가능했을지도 모른다. 독일이 주도하는 제3제국이 세계의 지배자가 되었을지도 모른다.

과학자들의 선택

독일이 전쟁에서 패한 것은 과학 때문이 아니라 그들이 지니고 있던 리더십 때문이었다. 제2차 세계대전 당시 독일의 과학자들이 모여 있던 성 페네뮌데는 세계 최고의 과학자 공동체였다. 이들은 아낌없는 지원을 받으며 연구에 몰두할 수 있었다. 또한 과학의 특성인 많은 실패를 통해서 많은 성과를 거두었다.

사정이 이러하자 많은 과학자들이 독일을 위해 무기 개발에 앞장섰다. 앞서 본 것처럼 과학자들은 연구가 목적이지 그 연구를 통해 생산된 결과물에 대해서는 큰 관심을 두지 않았다.

그 대표자였던 로켓공학자 브라운은 V1에 이은 장거리 탄도미사일인 V2 연구에 몰두했다. V2는 획기적인 로켓의 힘을 가진 미사일이었다. 훗날 개발된 미국과 소련의 미사일은 V2에서 유래했다. 당시 V2는 5,300킬로미터를 날아갔고, 전투기나 대포로 요격을 할 수 없는 치명적인 미사일이었다. 그러나 브라운이 원했던 것은 로켓 연구를 통해 우주로 나가는 것이었다.

이런 이유 때문에 전쟁은 과학의 발전을 앞당기는 역할을 한다. 전쟁이 벌어지면 많은 역량을 무기 개발에 쏟게 되고 자연스럽게 과학의 발전이 이루어지는 것이다. 특히 독일의 첨단 무기 연구는 훗날 항공기를 비롯해 현대 과학의 발전을 촉진시킨 측면이 있다.

잘 알려진 것처럼 나치 전범들은 전쟁이 끝난 뒤에 뉘른베르크에서 열린 군사 재판을 통해서 처벌을 받았고 몸을 숨긴 전범들은 이스라엘의 모사드 등에 의해 끝까지 추격을 받았다. 그런데 이렇게 많은 인명을 살상하는 무기 연구에 뛰어들었던 과학자들은 독일의 패전 이후 어떻게 되었을까?

과학자들 앞에 놓인 것은 재판보다 선택이었다. 특히 페네뮌데의 대표자이며 로켓 연구로 명성이 높았던 브라운은 자살과 투항 가운데 하나를 선택해야 했다. 어쩌면 당연한 것이지만 브라운은 독일을 떠나 미국을 새로운 조국으로 선택했다.

이쯤에서 자연스럽게 갈릴레이의 선택이 머릿속에 떠오른다. 갈릴레이도 그렇고 브라운 모두 정치가나 종교 지도자가 아니라 과학자였다. 사회를 지배하고 생각을 이끌어가는 위치에 있는 사람들이 아니었다.

미국은 브라운 팀에게 초보 단계에 있던 미사일 프로그램을 맡겼다. 물론 독일처럼 미국 또한 아낌없는 지원을 했고 브라운 또한 과거에 그랬던 것처럼 새로운 조국에 충성을 다했다.

그 결과 사람을 태울 수 있는 유인 우주선인 아폴로 11호가 탄생되었다. 미국이 소련과의 우주 경쟁에서 승리하고 달에 우주선을 보낼 수 있었던 것은 이런 배경이 있었기 때문이다. 아폴로 11호가 달에 도착할 수 있었던 출발점은 페네뮌데의 연구실이었다고 해도 지나친 말이 아니다.

미국과 독일의 차이는 로켓의 기술을 어디에 활용할 것인가라는 사회적 리더십에 있다. 독일은 미국을 폭격하기 위한 무기로 로켓을 연구했고 미국은 우주 시대의 개막을 위해 로켓 연구에 돈을 쏟아부었다. 다르게 표현하면 독일은 세계 정복을 위해 무기를 만들었고, 미국은 우주로 나가기 위한 인류의 모험을 위해 연구를 진행시킨 것이다.

다시 말하지만 과학자들이 추구하는 진리와 종교나 정치에서 추구하는 진리나 가치가 다르다. 그 차이 때문에 독일의 무기 연구소가 있었던 발트

해에 있는 작은 섬인 페네뮌데와 오랫동안 인류의 꿈이 담겨 있었던 신화의 땅이었던 달로 가는 유인 우주선이 서로 연결된 것이다.

알렉산드로스 대왕의
동방 원정과 석굴암

전쟁의 이유

인류는 끊임없이 전쟁을 해왔다. 그런데 우리는 전쟁이 선한 일이라고 생각하지 않는다. 따라서 아이들이 싸우는 것을 환호하며 좋아할 부모도 없다. 그런데 왜 스스로 선하다고 생각하지 않는 전쟁을 그토록 자주 끊임없이 해왔을까? 다른 사람들의 영토를 빼앗고 재물을 빼앗는 것도 하나의 이유가 될 것이다. 또한 야심 찬 권력자의 야망이나 원한 같은 심리적인 이유도 있을 것이다.

때로는 사회에 팽배한 불만을 외부로 돌리기 위해 전쟁을 일으키는 경우도 있었다. 그러나 이 경우에는 토마스 무어 Thomas More 의 《유토피아 Uropia》에도 나와 있지만 전쟁을 일으킬 것 같은 분위기만 조성하는 것만으로도 효과가 있다. 그래서 근대 이후 오늘날에 이르기까지 실제적인 전쟁보다 이 방법을 더 많이 쓰고 있다.《유토피아》의 유명한 구절은 이렇다.

> 그럼 다른 사람이 또 나서서 전쟁을 시작하는 척하자고 제안하는데 그걸 핑계로 돈을 거두어들일 수 있다는 겁니다. 돈을 거두고 나면 거룩한 의식을 갖추어 평화조약을 맺습니다. 속아 넘어간 백성들은 이것이 신민들의 생명을 불쌍히 여기는 군주의 어진 자비심의 덕택이라고 생각한다는 거지요.

또 하나 생각할 수 있는 것이 전쟁 때문에 전쟁이 일어난다는 정치적이고 사회적인 이유이다. 무슨 말인가 하면 전쟁을 또 다른 전쟁으로 정리한다는 것이다.

전쟁이 길어지면 길어질수록 전쟁에 참가하는 군사의 숫자는 늘어간다. 그리고 군사가 된 사람은 일반적인 생활로부터 멀어진다. 농사를 짓다가 참전해 오랫동안 전쟁터에 있다보면 전쟁이 끝난 후 아무렇지 않게 다시 농사를 짓는 것이 매우 힘들어진다. 다른 직업도 다르지 않다.

그리스신화에서 20여 년이 걸린 트로이전쟁 이후의 이야기는 그래서 흥미롭다. 종전 후 고향으로 돌아가 평화를 되찾은 사람은 소수에 불과했다. 고향이 아닌 곳에 정착해 살기도 하고, 여기저기 떠돌이로 삶을 마감한 사람들도 있었다. 전쟁에 참가하지 않고 고향에서 그대로 살았을 때 느낄 수 있는 안온함과 평화를 누린 사람은 거의 없다.

그것은 전쟁이라는 것이 여느 다른 경험과 달라서 삶과 죽음이 교차하는 강렬한 체험이기에 더욱 그렇다. 전쟁은 인간의 정신을 극한까지 치닫게 만든다. 죽음을 전제로 한 체험인 전쟁에서 얻은 육체적·정신적 상처는 죽기 전에는 아물기 힘들다. 〈디어 헌터 The Deer Hunter, 1978 〉와 같은 전쟁 후유증을 다룬 영화가 많은 것도 그 체험의 강렬함과 죽음의 깊은 어둠 때문이 아닐까.

그래서 예부터 전쟁을 치룬 후 종전 후 남은 병사들을 어떻게 처리해야 할지 고민에 휩싸이곤 했다. 차라리 전쟁에서 패하면 중앙에서 신경 쓸 필요 없이 뿔뿔이 흩어지고 말았다. 하지만 승전국의 경우 참전에 대한 보상을 통해 그들이 여생을 무리 없이 지낼 수 있도록 지원해주어야 했다. 별다른 보상 없이 고향으로 돌려보낼 경우 사회를 불안하게 만드는 불온 세력이 될 가능성이 높았기 때문이다. 그래서 대개는 전쟁에서 승리해 차지하게 된 땅을 나누어주는 것으로 보상했지만 토지는 늘 모자랐다.

또한 지도자의 입장에서 자기 휘하에 있다고 하더라도 여전히 군사력을 유지하고 있는 여러 유력자들이 부담스러울 수밖에 없었다. 그들이 언제 자기에게 칼을 들이댈지 모를 일이었다.

이럴 때 자주 쓰는 방법이 토사구팽하거나 다른 전쟁을 일으키는 것이었다. 특히 내부 전쟁에서 승리했을 때 이 방법을 많이 썼다. 외부의 적을 목표로 내부의 에너지를 밖으로 향하게 돌리는 것이다. 자기들끼리의 전쟁인 내부 다툼은 서로 이득이 될 게 별로 없었다. 오히려 외부와의 전쟁에서 많은 것을 얻을 수 있다. 영토가 넓어지고 많은 재물을 얻을 수 있는 기회가 되었다.

비근한 예로 임진왜란을 들 수 있다. 오랫동안 막부시대가 이어지던 일본은 오다 노부나가 織田信長 가 혜성처럼 등장하면서 처음으로 통일을 이루었다.

그런데 얼마 지나지 않아 오다 노부나가는 부하에게 배신을 당해 불에 타 죽고 만다. 그 뒤를 이어 권력 기반이 약한 도요토미 히데요시豊臣秀吉가 등장했다. 잘 알려진 것처럼 도요토미 히데요시는 명나라 정벌이라는 명분을 내걸고 한반도를 침공했다.

도쿠가와 이에야스德川家康와 라이벌이었던 도요토미 히데요시는 자신의 허약한 정치 기반을 강화시키고 외부 전쟁을 통해 장악력을 키우려고 했다. 하지만 이런 사정을 잘 알고 있던 도쿠가와 이에야스는 자신의 군사를 한반도로 보내지 않았고, 그 후 임진왜란으로 약해진 틈을 타 일본을 장악할 수 있게 되었다.

이런 사례는 수도 없이 많다. 전쟁이 끝난 후 전시 때만큼 많은 병력이 필요 없어진 경우 늘 찾아오는 문제였다. 그것이 정복 전쟁이었다면 나누어줄 것이 있지만 집안싸움이라면 승리를 해도 얻는 것이 적어 내부 불만은 커질 수밖에 없었다.

그렇다고 모든 정복 전쟁이 내부의 문제를 해결하기 위해서 일으킨 것은 아니다. 언제나 전쟁 복합적인 이유가 있었다. 다만 전쟁 원인을 권력자의 지나친 야심이나 원한에 의한 것으로 초점을 맞추는 것은 좋지 않음을 주지시키고 싶다. 오히려 사회적이고 정치적인 이유가 더 컸고, 많았다고 보아야 하기 때문이다.

알렉산드로스의 동방 원정

서양에서 최초의 문명을 일으킨 것은 그리스였다. 서양 문화의 토대를 이루는 것들, 예를 들면 철학부터 민주주의, 문학, 올림픽 경기와 연극에 이르기까지 많은 것들이 그리스에서 기원했다. 가히 서양 문화의 어머니라 불러도 좋을 것이다.

그리스는 곳곳에 도시국가를 건설하며 세력을 확장했지만 반도라는 지리적인 특성과 산악이 많은 자연환경 때문에 제국으로 성장하기에 무리가 따랐다. 그래서 등장한 것이 도시국가였다.

이런 배경으로 기원전 8세기부터 나타나기 시작한 도시국가들은 기원전 5세기에 이르며 전성기를 맞이했다. 그리스 본토뿐만 아니라 소아시아, 이오니아 해, 에게 해의 여러 섬들과 멀리는 이탈리아와 스페인에도 도시국가를 세웠다.

그리스가 이렇게 도시국가를 통해 번영하고 있을 때 중동 지역에서는 페르시아가 강력한 제국을 세우고 한창 기세를 올리고 있었다. 페르시아는 이집트를 정복하고 소아시아를 향해 손을 뻗치고 시작했다. 이때 소아시아에 있던 도시국가 밀레투스Miletus, 에게 해의 이오니아 지방에 있던 고대 그리스 최강의 도시국가가 페르시아에 저항했다. 그리고 아테네를 비롯한 도시국가들이 밀레투스를 지원했다. 이런 사정으로 그리스는 페르시아의 공격을 받게 된다. 그리스는 저항했고 두 차례에 걸친 페르시아의 공격을 막아냈다.

그리스는 승리를 만끽했고 아테네를 중심으로 결속력이 강화되었다. 그러나 전쟁을 그리스에서 치렀기 때문에 그 과정에서 많은 손실을 입었고 또한 아테네를 중심으로 하는 델로스동맹 기원전 478년령 아테네가 페르시아의 침략에 대비해 에게 해 일대의 여러 나라와 맺은 해상 동맹에 대해 스파르타를 중심으로 하는 펠로폰네소스동맹 기원전 6세기에 결성된 그리스 도시국가들의 군사 동맹이 대두하면서 갈등이 깊어졌다. 결국 두 동맹이 격돌했고 기원전 431년 펠로폰네소스전쟁이 발발했다.

그 결과 아테네는 몰락했고, 스파르타가 패권을 잡게 되었다. 그러나 스파르타의 군국주의적 세계관은 다른 자유로운 도시국가들의 불만을 샀다. 불만을 가진 도시국가들이 과거의 적이었던 페르시아까지 끌어들여 스파르타를 공격했다.

이렇게 우왕좌왕하며 내분에 시달리고 있을 때, 그리스 북쪽에 있던 마케도니아에서는 필리포스 2세가 왕위에 올랐다. 그는 어릴 때 테베에서 볼모로 생활한 적이 있어서 그리스에 대해 잘 알았다. 필리포스 2세는 부국강병에 힘썼고 강력한 군대를 만들었다. 그리고 기원전 338년에 그리스를 정복했다.

그리스를 차지한 필리포스 2세는 강력한 군대를 기반으로 페르시아 원정을 준비했다. 그러나 마케도니아 왕가의 내분에 휩쓸려 암살당하고 말았다. 필리포스 2세의 뒤를 이어 왕이 된 사람이 약관의 알렉산드로스였다.

알렉산드로스는 아버지의 생각을 따라 눈길을 그리스 바깥으로 돌렸다. 그리고 그리스를 무너뜨리고 기세가 오른 군대를 거느리고 페르시아와 전쟁을 하기 위해 떠났다. 이른바 '알렉산드로스의 동방 원정'이다.

알렉산드로스의 군대는 시리아와 이집트를 무너뜨리고 기원전 331년 쇠약해진 페르시아와의 전투에서 승리했다. 알렉산드로스는 거기서 만족하지 않고 계속 동쪽으로 전진했고 오늘날의 파키스탄과 힌두쿠시산맥을 넘어 인도 북부까지 영역을 넓혔다.

그 기세라면 톈산산맥 너머에 있는 중국까지 몰아붙일 수도 있었을 것이다. 하지만 오랜 전쟁에 지친 부하들이 만류했고 기원전 324년에 바빌론으로 돌아갔다가 다음해 갑자기 열병으로 세상을 떠나고 만다.

알렉산드로스는 아주 짧은 시간에 많은 영토를 정복했다. 그리고 많은 것을 변하게 만들었다. 예를 들면, 이집트는 기존 왕조를 대신해 알렉산드로스의 부하였던 프톨레마이오스 Ptolemaeos 1세에 의해 왕조가 교체되었다. 프톨레마이오스 왕조는 그 후 350년 정도 유지되었다. 높은 코로 유명한 클레오파트라가 바로 프톨레마이오스 왕조의 여왕이었다.

그러나 가장 큰 것은 역시 문화적인 측면이다. 군대도 사람으로 이루어져 있고 사람이 있는 곳에 문화가 있기 마련이다. 문화에는 사람들이 향유하는 정신적이고 물질적인 생활 모두가 포함되어 있다.

사람들이 지나가는 길에는 보이는 물건뿐만 아니라 눈에 보이지 않는 신들도, 생각도 오간다. 따라서 수많은 사람들이 대규모를 이루어 오랫동안 생활하고, 이동해 만나는 과정에서 많은 문화충돌과 교류가 일어나게 된다.

알렉산드로스의 군대는 그리스와 마케도니아를 출발해서 고대 문명의 발상지인 이집트, 시리아를 지나 이란고원을 통과했으며, 인도 북부와 중앙아시아에 발을 디뎠다. 이 지역에 중국을 더하면 고대의 중심 세계라 할 수 있을 정도로 강력한 문화를 보유하고 있었다. 그 세계는 모두 독특한 문화를 발전시켜 온 곳이다. 그런데 알렉산드로스의 군대라는 대규모 인원을 통해 서로 접촉하고 부딪치면서 새로운 것을 만들어냈다.

알렉산드로스의 군대는 문화라는 측면에서 그리스 문화인 헬레니즘을 향유한 사람들이었다. 또한 이들은 강한 힘을 가지고 있었기 때문에 문화를 수용하기보다는 문화를 퍼뜨리는 쪽에 가까웠다. 이들이 지나간 자리에는 정복자의 문화로서 헬레니즘이 남았다.

이집트의 경우 앞에서 언급했듯이 왕조 자체가 마케도니아 사람으로 교체되면서 헬레니즘이 크게 유행했다. 알렉산드로스의 이름을 딴 이집트의 도시 알렉산드리아는 프톨레마이오스 왕조의 수도로 헬레니즘 시대의 중심지였다. 알렉산드리아 도서관은 당시 세계 최고의 규모를 자랑하는 학술의 메카였다.

헬레니즘은 그리스에서 고조선의 단군에 해당되는 헬렌Helen이라는 사람의 이름에서 유래했다. 헬렌은 그리스신화에서 대홍수가 끝나고 살아남은 프로메테우스의 아들 데우칼리온Deucalion이 판도라Pandora의 딸인 피라Pyrrha와 결혼해서 태어난 장남이다. 따라서 헬레니즘은 비유하면 단군의 홍익인간과 유사한 성격을 가지고 있다.

페샤와르의 석굴에서 경주의 석굴암까지

알렉산드로스의 군대가 헬레니즘이라는 문화와 함께 이른 곳은 인도 북부와 파키스탄이었다. 알렉산드로스의 군대는 거기서 진군을 멈추었다. 김치와 고추장 없이 오래 버티지 못하는 한국인처럼 고향에서 멀리 떠나면 고향 음식과 정취가 그리운 법이다. 문화가 발길을 멈추면 그곳에서 숙성되는 이유가 여기에 있다. 세계의 큰 도시마다 차이나타운이 있고 미국 곳곳에 한인타운이 있는 것도 이런 이유이다.

대제국을 건설했던 몽골의 군대도 그러했지만, 알렉산드로스의 군대 또한 작전을 수행하다가 고립되어 길을 잃거나 현지 여자와 사랑에 빠지거나, 전쟁에 지쳐 평온을 찾기 위해 현지에 주저앉는 경우가 종종 있었다. 지금으로 보면 일종의 이민인 셈이다. 이민은 새로운 문화가 유입되는 가장 쉬운 방법이기도 했다.

뭐니 해도 알렉산드로스의 군대가 동쪽에 남긴 가장 큰 문화적 흔적은 간다라미술일 것이다. 간다라미술은 오늘날 파키스탄 북서부의 페샤와르 주에 있었던 고대 국가 간다라를 중심으로 1~5세기 사이에 화려하게 꽃을 피운 불교 예술이다.

가장 큰 특징은 불교 국가 가운데 처음으로 부처 모습을 형상화했다는 점이다. 그 이전까지는 그 누구도 불상을 제작하지 않았다. 이렇게 신들의 모습을 상으로 제작하는 전통은 그리스에서 발견된다. 그리스는 신전을 세우고 그 속에 신의 모습을 조각으로 만들어 배치하는 관습을 지니고 있었다. 이렇게 신상을 제작하는 전통을 제공한 것은 헬레니즘을 퍼뜨린 알렉산드로스의 군대였을 것이다. 그리고 때마침 인도에서 불교가 북상했고 불교와 헬레니즘이 결합하면서 불상이 태어났다는 뜻이다.

또 하나 불상을 만들어도 그리스와 같은 신전이 없었기 때문에 초기에는 석굴 안에 불상을 모셨다. 그래서 사원이 등장하기 전에는 동굴이나 석굴을 파서 불상을 모시는 관습이 일반적이었다.

알렉산드로스의 군대는 더 이상 전진하지는 않았지만 이렇게 불교의 교리와 불상을 만드는 전통은 멈추지 않았고 계속 동쪽으로 전진했다. 그 길은 실크로드라는 이름으로 이미 많은 사람들이 오가고 있었다. 그리고 더 이상 갈 수 없는 곳에 이르른 곳이 바로 한반도의 경주였다.

● **석굴암 본존불**

《삼국유사》에 따르면 부유한 집안에서 태어난 김대성金大城, 통일신라 경덕왕 대의 재상이 전생을 기억해서 전생의 부모와 현생의 부모를 함께 섬겼다는 이야기가 나온다. 이 이야기에 따르면 김대성은 751년 현생의 부모를 위해 불국사, 전생의 부모를 위해 현재의 석굴암을 세웠다고 전한다.

얼핏 개인의 성취에 의한 것처럼 보이지만 당시는 신라의 최고 전성기로 문화가 화려하게 꽃을 피울 때였고 불교를 통해 삼국통일을 한 신라가 불교에 대해 깊은 믿음을 가지고 있던 때였다. 이런 사회적 분위기가 있었기 때문에 지금도 최고로 꼽히는 불국사와 석굴암이 탄생할 수 있었다.

특히 석굴암의 석굴 안 불상은 안치된 조형물 가운데 최고로 손꼽힌다. 게다가 페샤와르 지역의 석굴 불상들은 천연적인 동굴을 이용해서 만든 것이지만 석굴암은 화강암의 자연석을 다듬어서 인공적으로 만들었다는 점에서 차이가 있다.

거기에 석굴암이 축조된 과정과 구조가 매우 과학적이라는 사실은 잘 알려져 있다. 축조 이후 오랜 세월 동안 습기가 차지 않던 것이 일제강점기 때 석굴암에 손을 대는 바람에 자연적으로 조절되던 습도 체계에 문제가 생겨 지금은 어쩔 수 없이 유리로 덮어 습기를 막아야 하는 형편이 되었다.

또 하나 흥미로운 것은 석굴암에 모셔져 있는 본존불^{으뜸가는 부처라는 뜻으로 석가모니불을 이르는 말}이 일제에 의해 석가여래로 알려졌지만 연구 결과 서방 정토에 머물며 법을 설파하는 부처인 아미타불인 것으로 밝혀졌다. 아미타불은 대승불교에서 매우 중요한 부처이며 극락정토에서 다시 태어난다는 정토 신앙의 핵심을 차지하는 부처이다.

이는 인도에서 발흥한 불교가 처음에 소승불교에서 중국을 거치면서 대승불교로 바뀌어 신라에 이르렀음을 알려주고 신라인들이 지녔던 극락정토에 대한 염원 또한 엿볼 수 있다는 점에서 석굴암은 의미가 있다.

신라의 금관

불교의 교리가 인도에서 북상하다가 파키스탄 페샤와르 지역에서 헬레니즘과 만나 불상을 제작하는 전통이 생겼고 사원이 생기기 전에는 석굴에 그 불상을 안치했다. 그런 전통 문화예술 중 가장 뛰어난 작품은 석굴암이다. 그것은 한반도에 살았던 사람들의 기술이 뛰어난 점도 있겠지만 오랜 시간 동쪽으로 불교와 불상이 전해지면서 숙성된 점도 빼놓을 수 없는 요소이다.

한때 실크로드가 일본으로 이어졌는지 아닌가를 놓고 논의가 있었던 적이 있었다. 사실 그런 논의는 큰 의미를 갖지 못한다. 사람이 사는 곳은 늘 교류가 있기 마련이고 그것이 산이나 바다가 가로막고 있다고 해서 못 갈 것도 아니다. 게다가 실크로드의 길은 하나가 아니라는 것도 고려해야 할 것이다.

다만 한 가지 분명한 것은 신라의 경주에서 주목할 만한 작품들을 만들어냈다는 점이다. 앞서 말한 것처럼 문화가 더 이상 이동할 수 없을 때 그곳에서 숙성된다. 그 숙성된 작품 가운데 하나가 석굴암인 것이다.

그리고 주목할 만한 것이 금을 세공해서 만든 금관이다. 예부터 유목민들은 금을 다루는 능력이 탁월했고 자연스럽게 금세공에도 뛰어났다. 역사에 등장하는 최초의 유목 국가인 스키타이나 그들과의 접촉이 잦았던 페르시아 모두 뛰어난 금제품을 남겼다.

그리고 그렇게 금을 다루는 기술 또한 실크로드를 따라 동쪽으로 전해졌다. 알타이산맥, 알타이 어족 등 우리에게 익숙한 알타이는 금金이라는 뜻이다. 그 길을 따라 수많은 금제품들이 만들어졌다.

일반적으로 물질문화와 정신문화가 조화를 이룰 때 문화적으로 뛰어난 작품이라고 부른다. 금괴를 아름답다고 부르지 않는 이유도 여기에 있다. 물질을 통해 정신문화를 잘 표현해낼 때 아름다움이 느껴진다. 그리고 그 정신적인 차원의 높낮이에 따라 그것이 아이들의 놀이가 되기도 하고 예술이 되기도 한다.

이런 점에서 신라의 금관과 금으로 만든 허리띠는 실크로드에서 발견된 어느 금제품 가운데에서도 뛰어나다. 아직 금관과 허리띠의 비밀을 모두 밝혀내지 못했을 정도로 고도의 정신적인 문화가 내재되어 있다. 그것은 서쪽에서 동쪽으로 실크로드를 따라 전해진 금을 다루는 기술이 석굴암과 더불어 신라에 이르러 최고로 승화되었다고 생각할 수 있다.

chapter 4

욕망에서 시작된 모험

교역

이렇게 있던 페니키아에서 그리스의 크레타, 그리고 다시 소아시아의 밀레투스와 아테네에 이르는 긴 여정을 통해서 소아시아에서 그리스로 문화가 전해졌고, 도시국가의 번영과 그를 통해 서양철학이 태동한 것이다. 그것이 오늘날에도 여전히 영향을 미치고 있는 소크라테스와 플라톤이 중흥시킨 서양철학으로 발전된 것이다. 이를 통해 사고를 다루는 철학과 경제적인 번영, 교역이 서로 별개의 것이 아니며 이처럼 다양한 성격이 깃든 교류가 인류 문화의 토대를 이루며 기본적인 골격을 형성해왔음을 알 수 있다.

서양철학을 발흥시킨 밀레투스의 비밀

에우로페와 미노스

유럽연합EU에서 새로 쓴 유럽의 역사 첫머리에 에우로페Europe를 최초의 유럽인으로 소개하고 있다. 그도 그럴 것이 유럽Europe이라는 이름이 에우로페에서 유래했기에 그렇다. 그리스신화에서 페니키아의 공주였던 에우로페는 시돈Sidon, 서아시아의 레바논 서남부에 있던 페니키아의 도시국가의 해변에서 황소로 변한 제우스에게 납치되어 그리스의 크레타로 가게 된다.

    페니키아는 최초로 알파벳을 발명한 사람들의 나라였다. 에우로페는 알파벳으로 상징되는 문화를 소아시아에서 그리스로 전해준 사람이었다. 유럽이 에우로페의 이름을 딴 것은 우연이 아니다.

    한편 제우스는 자기가 자랐던 동굴로 에우로페를 데리고 갔다. 그리고 제우스와 에우로페 사이에서 미노스Minos, 라다만티스Rhadamanthys, 사르페

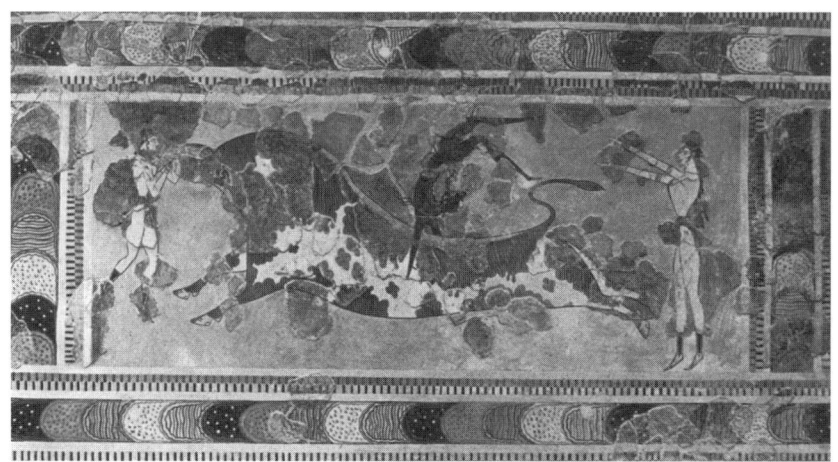

●
크노소스 궁전 벽화
기원전 17세기 무렵 고대 에게 문명의 중심지인 크레타 섬 북쪽 지슭의 크노소스에 있었던 궁전

돈 Sarpedon 이라는 세 남자아이를 낳았다. 신이 인간과 영원히 살 수 없었기에 제우스는 크레타의 왕 아스테리오스 Asterios 에게 에우로페를 왕비로 맞이하게 만들었다. 세 남자아이는 제우스의 세 가지 선물과 함께 크레타 왕궁으로 가서 왕자가 되었다.

제우스와 에우로페 사이에서 태어난 장남 미노스는 훗날 유럽 최초의 문명으로 꼽히는 미노아 문명을 건설하게 된다. 황소로 상징되는 미노아 문명은 실제로 기원전 3500년에서 기원전 1500년 사이에 꽃을 피운 문명으로 추정된다.

크레타는 제주도의 4.5배 정도의 크기에 평야 지대가 많아 사람들이 살기에 좋은 입지를 가진 섬이다. 발굴된 웅장한 크레타의 크노소스 궁전은 당시 번창했던 미노아 문명을 잘 보여준다.

미노아 문명은 기원전 1500년 전후로 발생한 대규모 화산 폭발과 화산 폭발로 인해 힘이 약화된 상태에서 그리스 본토에서 내려온 세력에 의해 멸망한 것으로 추정된다.

아름다운 남자 사르페돈

한 소년이 있었다. 햇빛보다 밝은 미소는 보는 사람의 눈길을 끌었다. 모두 그 소년을 좋아했지만 유독 그 소년에게 강렬한 눈길을 보내던 세 명의 소년들이 있었다. 그들은 형제였고 그들의 마음속에는 소년에 대한 애정이 가득했다. 고대 그리스에서 동성애는 자연스러운 일이었다.

형제는 제우스와 에우로페 사이에서 태어난 미노스, 라다만티스, 사르페돈이었고, 그들의 눈길을 사로잡은 소년은 밀레투스Miletos 라는 이름을 가졌다. 수요와 공급의 법칙에 따라 칼자루를 쥔 것은 밀레투스였다.

미노스와 라다만티스는 훗날 죽어서 저승의 심판관이 될 정도로 현명하고 머리가 좋았다. 반면 막내 사르페돈은 누구라도 보기만 하면 호감을 느낄 정도로 매력적인 청년이었다.

그리스신화를 보면 제우스는 가끔 미노스 앞에 나타나 왕이 갖추어야 할 지혜와 힘을 알려주었다고 한다. 그러나 정작 제우스가 가장 사랑했던 것은 사르페돈이었다. 제우스는 사르페돈의 수명을 세 배나 늘려주어 오래 살 수 있도록 해주었다.

밀레투스는 가슴이 뜨거운 세 남자 가운데 사르페돈을 선택했다. 아직 사회나 세상 물정을 모르는 밀레투스는 자기가 보기에 가장 매력적인 상대를 골랐을 뿐이다. 그러나 하나를 선택하면 다른 둘을 적으로 돌리는 것이라는 사실을 깨닫는 데 시간은 그리 오래 걸리지 않았다.

사르페돈과 밀레투스는 미노스와 라다만티스의 눈을 피해 몰래 크레타를 빠져나갔다. 사랑의 도피 행각을 벌인 것이다.

첫사랑에 대부분 실패하는 것은 미숙함 때문이다. 시련은 사랑이나 우정을 강하게 만들어주기도 하지만 때로는 그 흔들림에 의해 더 쉽게 넘어질 수도 있기에 그렇다. 사르페돈과 밀레투스 또한 다르지 않았다. 간절한 마음으로 크레타를 떠났던 밀레투스와 사르페돈은 얼마 후 헤어지고 말았다. 그들은 각자 다른 길을 향해 떠났다.

도시국가 밀레투스

그리스에 기원전 8세기 무렵이 되면 많은 땅을 가진 귀족들이 등장한다. 그리스는 한반도처럼 산이 많은 지역이기에 많은 사람들이 나누어 가질 수 있는 땅이 많지 않았다. 그래서 귀족들은 적의 침입으로부터 방어하기 쉬운 언덕이나 산 위에 도시를 세웠다. '높은 곳에 있는 도시'라는 뜻을 가진 아크로폴리스 Acropolis 가 등장하게 되었다.

이렇게 귀족들이 기존의 땅을 독차지하자 새로운 땅을 찾아 떠나는 사람들이 생겨났다. 이들은 살기 좋은 땅을 찾아서 그곳에 도시국가를 세웠다.

그 이후 기원전 5세기쯤 되면 도시국가는 그리스 본토뿐만 아니라 소아시아, 이오니아 해, 에게 해의 여러 섬들과 해안, 멀리는 지금의 이탈리아,

스페인, 프랑스의 해안에도 세워졌다. 해외의 도시국가는 주로 바다 인근 건설되었는데 당시 배가 주요 교통수단이었기 때문이다.

밀레투스도 의도한 것은 아니지만 당시의 흐름에 따라 소아시아의 한 귀퉁이에 자기의 이름을 딴 밀레투스라는 도시국가를 세웠다. 도시국가라고 해도 비교적 큰 규모를 가진 것도 있었지만 작은 마을 공동체의 형태를 가진 것들도 있었다.

도시국가 밀레투스는 지리적으로 큰 이점이 있는 곳에 세워졌다. 밀레투스는 지금의 터키 남쪽 해안가에 위치하고 있어서 중계무역을 하기에 좋은 입지였다. 오늘날에도 아테네에서 로도스 섬을 거쳐 밀레투스로 향하는 배가 운행된다.

당시 최고의 힘을 가진 것은 소아시아 동쪽에 있는 페르시아제국이었다. 그리고 그리스와 페르시아의 중간 지점에 밀레투스가 자리했다. 밀레투스는 이 지리적인 이점을 활용해서 중계무역에 적극적으로 뛰어들었고, 그 과정에서 막대한 부를 움켜쥐었다. 밀레투스 항구에는 수많은 사람과 배 들이 드나들었고 진귀한 물건들로 넘쳐났다.

금강산 구경도 배가 부른 다음의 일이라고, 경제적으로 여유가 생기자 밀레투스의 주민들은 먹고사는 문제에서 벗어나 세상에 관심을 갖게 되었다.

서양에서 르네상스가 일어난 것도 교역을 통해 베네치아를 비롯한 이탈리아에 막대한 부가 축적되었기 때문이고, 중국의 송나라가 국력에 비해 문화적으로 크게 발전하게 된 것도 교역을 통한 비약적인 부를 축적했기 때문이다. 문화가 발전하기 위해서는 경제적인 활동이 반드시 필요하다.

밀레투스에 경제적인 여유가 생기자, 물질이 아닌 보이지 않는 세상에 관심을 갖는 사람들이 하나둘 나타났다. 이른바 철학의 시작이었다. 주지하듯 인류는 논리적인 사고를 통해서 동물적 차원에서 벗어나 다음 단계로 도약했다. 그리고 그 논리적인 사고의 힘의 토대가 된 것이 철학이었다.

철학의 아버지 탈레스

서양철학이 태동한 곳은 도시국가 밀레투스였다. 그리고 그 육중한 문을 열어젖힌 사람은 철학의 아버지로 불리는 탈레스Thales였다. 탈레스는 세상이 무엇으로 구성되어 있는지에 관심을 가졌다. 탈레스는 그리스어로 '아르케Arche'라고 부르는 본질과 근원에 대해 물음을 가진 첫 번째 사람이다. 아르케는 그리스어로 '처음'이라는 뜻이지만 철학에서는 '원리'로 번역한다.

탈레스가 하늘의 별을 보며 깊은 생각에 잠겨 걷다가 구덩이에 빠져 하녀에게 먼 곳보다 가까운 곳을 잘 모른다는 핀잔을 들었다는 일화로 유명하다. 그러나 탈레스가 추구했던 논리적인 생각이 지닌 힘을 잘 보여주는 일화도 여럿 있다.

당시 그리스 사람들은 도시국가를 건설한 것에서 볼 수 있듯이 진취적이고 모험 정신이 강했다. 그들은 세계 곳곳을 누비고 다니면서 그들이 보기에 신기하고 놀라운 건축물 가운데 일곱 가지를 꼽아 세계 7대 불가사의로 불렀다. 그 가운데 단연 압도적인 것은 이집트의 대大피라미드였다.

그러나 아무도 피라미드의 높이를 알지 못했다. 워낙 거대한 규모라서 높이를 잴 엄두조차 내지 못했던 것이다. 그런데 탈레스는 멀찍이 떨어져 피라미드의 높이를 계산해냈다. 정오가 되면 본체와 그림자의 크기가 같아진다는 원리를 통해 간단하게 높이를 알아낸 것이다. 논리적인 사고가 지닌 힘이고 철학의 출발이었다.

사람들은 피라미드의 높이를 잰 탈레스에게 감탄했지만 여전히 그가 세상의 원리나 이치에만 관심을 갖고 결혼이나 경제생활 같은 현실에 서투르다고 비웃었다. 처음에 웃고 넘기던 탈레스는 생각의 힘을 증명하기 위해 돈벌이에 나섰다.

탈레스는 하늘을 꼼꼼하게 살폈다. 그리고 다음 해에 날씨가 좋을 것이고 그로 인해 그리스의 특산물인 올리브가 풍년이 들 것이라고 판단했다. 그래서 올리브를 짜는 압축기를 싼값에 모두 사들였다. 사람들은 올리브를 짤 때도 아닌데 압축기를 산다고 놀렸다. 탈레스는 자기의 생각을 믿고 아랑곳하지 않고 창고에 압축기를 모아두었다.

다음 해에 정말로 올리브는 대풍년이 들었다. 사람들은 올리브를 짜려고 했지만 압축기가 없었다. 압축기를 가진 사람은 탈레스뿐이었다. 사람들은 많은 돈을 주고 탈레스에게 압축기를 빌려야 했고 탈레스는 순식간에 큰 부자가 되었다. 매점매석이나 독점이 좋은 방법은 아니지만 생각의 힘을 증명하기에는 효과적이었다. 그 이후 생각에 빠져 있는 탈레스를 비웃는 사람은 없어졌다.

탈레스가 하늘에서 발견한 것은 또 있었다. 밤하늘에서 작은곰자리를 발견해서 항해를 하면서 방향을 찾는 데 큰 도움을 주었다.

탈레스는 오랜 생각 끝에 세상을 이루고 있는 가장 근원적인 것이 물이라고 생각했다. 우리 몸의 70퍼센트를 차지하는 것이 물이고 물이 빠져나간 바위나 나무는 죽음에 이른다는 것을 관찰한 끝에 나온 생각이었다. 탈레스에 따르면 세상의 모든 것은 습기를 가지고 있다. 작은 씨앗도 물기를 가지고 있었다.

그래서 탈레스는 물이 우주의 근원이라고 생각했던 것이다. 훗날 아에티우스 Flavius Aëtius, 서로마제국의 장군이자 정치가로 게르만의 침입을 막고 노예 반란을 진압하는 등 쇠퇴하는 제국을 위해 끝까지 분투했다라는 사람은 '성스러운 힘은 물이라는 요소에 존재하는데 이것이 곧 운동의 계기를 이룬다'라고 탈레스의 생각을 정리했다.

그런데 놀랍게도 탈레스와 비슷한 시기에 중국에서 살았던 노자도 물에 대한 이야기를 남겼다. '상선약수 上善若水'가 그것이다. 풀이하면 '세상에서 가장 좋은 것은 물과 같다'는 뜻이다. 물이 자연스럽게 흘러가는 것처럼 세상의 이치 또한 그래야 한다는 생각이다.

세상의 본질은 무엇인가

탈레스의 제자인 아낙시만드로스 Anaximandros 는 인류 최초로 지도를 제작한 사람이다. 탈레스가 밤하늘을 살피고 아낙시만드로스가 지도를 만든 것은 당시 밀레투스가 교역의 중심지라 항해술이 필요했던 탓이다.

아낙시만드로스는 스승인 탈레스가 세상의 근원이 되는 것이 물이라는 생각에 만족하지 않았다. 아낙시만드로스는 오랜 연구와 고민 끝에 아페이론 Apeiron, 만물이 생겨나고 다시 돌아가는 만물의 근원 및 원리 이 우주의 근원일 것이라고 주장했다. 아페이론이란 규정되지 않는 무한한 것을 뜻한다.

'사물의 근원이자 최초의 요소는 무한자이다. 사물들은 필연적으로 근원인 무한자를 향해 돌아간다.'

아낙시만드로스의 말이다. 그가 아페이론을 세상의 본질로 생각하게 된 것은 4원소, 즉 물, 불, 흙, 공기 가운데 물을 세상의 본질로 여기면 나머지 셋이 존재할 수 없다는 판단 때문이다. 그래서 아낙시만드로스는 4원소 너머로 눈을 돌렸고 그 결과 아페이론을 주장하게 된 것이다.

탈레스로부터 시작된 밀레투스 학파의 한 사람인 아낙시메네스 Anaximenes 는 세상의 본질을 공기라고 주장했다. 아낙시메네스는 《자연에 대하여》라는 책을 썼는데 오늘날까지 남아있는 것은 단 한 문장이다.

'인간의 영혼은 공기로 이루어졌으며 영혼이 우리를 살아 움직이게 하는 것처럼 공기는 이 세계를 살아 움직이게 한다.'

아낙시메네스는 세상이 공기로 이루어져 있고 희박과 농축이라는 과정에 의해 지배를 받는다고 생각했다. 그는 불이 공기가 희박한 상태이며 구름이나 물, 흙, 바위 등은 공기가 변화한 것으로 공기의 농축 정도에 따라 모양이 달라진다고 주장했다.

아낙시메네스는 탈레스와 아낙시만드로스의 생각을 혼합해놓은 듯이 보인다. 공기는 물처럼 세상에 널리 있으면서 아페이론처럼 눈에 보이지 않는다는 점에서 그렇다.

밀레투스의 몰락

아낙시메네스가 살았던 때는 도시국가 밀레투스가 과거의 영광을 뒤로 하고 몰락하고 있을 때였다. 교역을 통해 경제적 번영을 이룬 밀레투스는 서양에서 처음으로 밀레투스라는 학파를 통해 철학이라는 학문을 잉태했다. 그러나 번영으로 이끌었던 지리적 이점이 밀레투스의 발목을 잡았다.

소아시아 너머 이란고원에 자리 잡은 페르시아제국이 오늘날의 인도 북부에서 아프리카, 이집트에 이르는 넓은 영토를 정복한 다음 그리스에 눈독을 들였기 때문이다. 페르시아는 그리스마저 손에 넣으면 자기들의 시야에 들어와 있는 문명을 가진 영토를 모두 차지하게 된다고 생각했다.

페르시아제국의 최전성기를 이끌었던 다리우스 황제는 그리스 본토로 군대를 보내기 전에 교역의 중심인 밀레투스를 공격했다. 밀레투스는 경제적인 이익뿐만 아니라 지리적인 측면에서도 요충지였다. 페르시아가 보기에 밀레투스는 그리스 본토를 정복하기 위해 반드시 필요한 곳이었다.

밀레투스는 페르시아제국의 군대에 의해 함락되었다. 서양 문화에서 별처럼 빛나던 밀레투스는 완전히 파괴되고 말았다.

역사가인 헤로도토스가 전하는 말에 따르면 전쟁 후 밀레투스의 남자들은 모두 살해되었고, 여자와 아이들은 노예가 되었다고 한다. 훗날 그리스에서 문화의 중심지가 된 아테네는 밀레투스의 함락 소식을 듣고 애통해했다. 아테네에서는 기원전 5세기 비극작가인 프리니코스 Phrynichus 가 쓴

《밀레투스의 함락Captuer of miletus》이라는 연극을 상연해서 관객들의 심금을 울렸다. 하지만 동포의 비극을 다루었다는 이유로 벌금을 부과하고 연극을 상연하지 못하게 하는 법령을 만들었다. 그 정도로 밀레투스의 비극을 슬퍼했다.

밀레투스가 무너지면서 세상의 본질에 눈길을 돌렸던 밀레투스학파 또한 붕괴되었다. 하지만 그리스의 철학은 밀레투스에서 멀지 않은 사모스 섬에서 살던 피타고라스Pythagoras로 이어졌고, 이때 비로소 '지혜를 사랑한다'는 의미를 가진 철학Philosophy이라는 말이 널리 쓰이기 시작했다.

서양철학이 본격적으로 꽃을 피운 것은 아테네의 소크라테스Socrates와 그의 제자 플라톤Platon에 의해서였다. 특히 플라톤은 아테네에서 멀지 않은 곳에 학교를 세우고 본격적으로 서양철학을 궤도 위에 올려놓았다. 이렇게 밀레투스로부터 초석을 다지고 기둥을 세운 서양철학은 서양이 문화와 문명을 발전시키는 데 가장 든든한 밑거름이 되었다.

이렇게 자리하고 있던 페니키아에서 그리스의 크레타, 그리고 다시 소아시아의 밀레투스와 아테네에 이르는 긴 여정을 통해서 소아시아에서 그리스로 문화가 전해졌고, 도시국가의 번영과 그를 통해 서양철학이 태동한 것이다. 그것이 오늘날에도 여전히 영향을 미치고 있는 소크라테스와 플라톤이 중흥시킨 서양철학으로 발전된 것이다. 이를 통해 사고를 다루는 철학과 경제적인 번영, 교역이 서로 별개의 것이 아니며 이처럼 다양한 성격이 깃든 교류가 인류 문화의 토대를 이루며 기본적인 골격을 형성해왔음을 알 수 있다.

정화와 콜럼버스를 통해 본 동서양의 세계관

항해하는 두 남자

콜럼버스1451~1500 라는 남자의 이름을 대부분 알고 있을 것이다. 그런데 왜 우리가 콜럼버스의 이름을 알고 있는지 생각해본 적이 있는가?

콜럼버스는 우리의 조상도 아니고 직접적으로 큰 영향을 미친 사람도 아니다. 굳이 찾는다면 그가 아메리카대륙에서 갖고 온 담배나 감자, 고추 등을 오늘날 우리가 소비하고 있다는 정도이다. 그러나 그것은 굳이 콜럼버스가 아니더라도 시기가 조금 늦춰졌을지언정 언젠가 전해질 것이었다.

또한 콜럼버스는 우리와 같은 시대를 살고 있는 사람도 아니다. 이렇게 딱히 기억해야 할 이유가 없는데 우리는 왜 콜럼버스라는 사람의 이름을 기억하고 있는 것일까? 또 역사의 곳곳에서 콜럼버스와 자주 마주치는 것은 왜일까?

우리 모두가 콜럼버스를 알고 있는 사실에는 큰 비밀이 숨겨져 있다. 그 비밀을 밝히기 위해 콜럼버스와 비슷한 시기에 살았던 정화鄭和, 1371~1433? 라는 중국인의 도움을 받아서 비밀을 파헤쳐 보려고 한다.

정화는 콜럼버스보다 조금 앞선 시대의 사람이다. 그런데 정화는 콜럼버스보다 더 많은 항해를 했고 항해의 목적도 더 고귀한 것이었다. 두 사람의 행적을 통해서 동서양의 문명이 지니고 있는 관점의 차이에 대해 살펴보자.

● **콜럼버스**
이탈리아의 탐험가로 대서양 서쪽을 항해해 쿠바, 자메이카, 도미니카 및 남아메리카와 중앙아메리카에 도착하였다.

동서양은 서로 유사한 단계를 밟으며 또한 서로에게 영향을 미치며 변화해왔다. 서양철학의 아버지라고 불리는 소크라테스기원전 469~399 와 동양철학의 태두로 손꼽는 공자기원전 551~479 가 비슷한 시기를 살았고 인간 지식이 비약적인 발전을 보인 소피스트기원전 5~4 의 시대와 제자백가기원전 8~5 의 시대도 큰 차이를 보이지 않는다.

그런데 오늘날에 보듯이 동양과 서양이 차이를 보이게 된 분수령은 15세기였다. 이 시기는 일본에서 만들어진 용어인 '대항해 시대'가 시작된 때이다. 인류가 본격적으로 바다에 뛰어든 시대였다.

그 토대는 몽골의 세계 지배와 아라비아의 과학이었다. 13세기 초부터 세계사에 휘몰아친 몽골의 위세는 진정한 세계화를 통해서 유라시아의 세계를 하나로 연결했고 역시 아라비아에서 화려하게 꽃을 피운 뛰어난 과학이 유럽으로 흘러들었다.

여기에 유럽에서는 한동안 그들을 지배했던 헤브라이즘이 쇠퇴하게 시작했고 그와 동시에 서양 문명의 한 축으로 꼽히는 헬레니즘이 다시 부상하기 시작했다. 헬레니즘은 이성과 과학 정신으로 대표되는 흐름이다. 그리고 동양에 비해 경제적으로 풍부하지 못했던 환경이 탐구와 모험 정신을 부추겨 외부로 시선을 돌리게 만들었다. 그 결과로 화포와 전함을 앞세운 대항해 시대가 개막된다.

대항해 시대의 막을 연 대표적인 인물은 우리 모두가 알고 있는 콜럼버스였다. 우리 모두 콜럼버스를 알고 있는 이유는 그가 서양의 역사에서 매우 중요한 인물이고, 서양의 역사를 중심으로 세계사를 배워왔기에 그렇다.

즉 서양이 그들의 세계에서 벗어나 세계사로의 도약을 상징하는 인물이 콜럼버스였다. 따라서 서양의 역사에서는 콜럼버스가 매우 중요한 인물이다. 콜럼버스가 서양을 넘어 유럽에서 멀리 떨어진 한반도에 사는 우리들까지 모두 알아야 하는 사람이 된 까닭이 여기에 있다.

콜럼버스와 대항해 시대의 개막

먼저 콜럼버스의 삶을 간단하게 정리해보자. 콜럼버스는 서양을 대표하는 인물답게 집요하고 의지가 굳은 사람이었다. 오랫동안 항해와 관련된 일을 하면서 황금의 땅으로 알려진 인도로 가기 위해 부단히 노력했다. 여러 차례 포르투갈과 에스파냐, 영국, 프랑스에서 인도로 가는 항해를 지원해 줄 후원자를 찾았다. 그러나 번번이 퇴짜를 맞았다.

끝까지 포기하지 않았던 콜럼버스에게 후원의 손길을 내민 사람은 에스파냐의 이사벨Isabel 1세 여왕이었다. 콜럼버스는 이사벨 여왕과 산타페 협약Santa Fe Capitulations 을 맺었다. 그 내용은 이렇다.

콜럼버스가 항해를 통해 발견한 땅의 부왕副王 이 되고 그 직책과 그에 따라 생기는 이익의 10분의 1을 챙길 수 있는 특권을 후손까지 부여받기로 한다. 그 대신 이사벨 여왕은 자금의 제공과 과거의 죄를 사면해주는 조건으로 승무원을 모집할 수 있도록 해주었고 선박 두 척을 내주었다. 여기에 핀손Vincente Yánez Pinzón 이라는 선장이 자기 소유의 산타마리아호와 함께 참가했다.

1492년 8월 3일 땅과 재물에 대한 부푼 욕망과 죄의 사면을 위해 승선한 선원을 태우고 콜럼버스가 지휘하는 배가 바다로 향했다. 그리고 10월 12일에 오늘날의 바하마제도에 속한 섬에 도착했다. 그리고 인근에 있는 오늘날의 쿠바와 아이티에 상륙해서 그곳에 식민지를 건설했다.

우리는 흔히 별생각 없이 콜럼버스가 새로운 땅을 발견했다고 말하고 생각한다. 그러나 콜럼버스 일행은 새로운 땅을 발견한 것이 아니다. 이미 그곳에는 사람들이 살고 있었다. 그들은 먼 옛날 러시아와 알래스카 사이에 있는 베링 해가 얼었을 때 유라시아에서 건너간 사람들이었다. 그들은 그곳에서 오랜 세월 살아왔다. 쉽게 비유하면 서울에 사는 사람이 인적이 드문 지방에 가서 그곳의 땅을 자기가 발견했다고 주장한 것과 다르지 않다.

흔히 말하는 이 말은 유럽인들의 오만에서 유래한 것이다. '신대륙의 발견'이라는 말에는 아메리카에 살고 있는 사람들을 인류로 취급하지 않는 '서양 중심주의'가 깊이 뿌리내리고 있다. 콜럼버스 일행은 신대륙을 발견한 것이 아니라 그곳에 살던 사람들을 노예로 삼고 식민지를 건설한 것이다.

한편 콜럼버스는 산타마리아호의 선장 핀손과 사이가 틀어져 다음해 3월에 귀국했다. 그러나 산타페협약Santa Fe Capitulations에 따라 콜럼버스는 새롭게 차지한 땅의 부왕으로 임명되었다. 콜럼버스의 성공은 유럽에 큰 반향을 일으켰다. 특히 콜럼버스가 가지고 온 금은 유럽인의 욕망을 부채질했다. 황금으로 빛나는 신대륙에 대한 환상이 생겨났다.

따라서 두 번째 항해에 무려 열일곱 척의 배와 1,500명이 참가한 것은 이상할 일이 아니다. 이들 대부분은 황금에 대한 욕망에 사로잡힌 사람들이었다. 그러나 두 번째 원정대는 원하는 만큼의 황금을 얻지 못했다. 욕망을 충족시키지 못한 그들은 그 땅에 살고 있던 인디언들을 학살하고 노예로 삼았다. 그 이후에도 여러 차례 항해를 계속했지만 상황은 점점 나빠졌고 마침내 콜럼버스가 얻었던 직책의 세습이 박탈되었다.

콜럼버스는 자신이 도착했던 땅이 여전히 아메리카가 아니라 인도라고 믿으며 54세의 나이로 세상을 떠났다. 콜럼버스의 항해는 많은 것을 남겼다. 가장 큰 것은 인디언들이 차지하고 있던 아메리카가 유럽인들의 식민지로 변했고 그 과정에서 많은 사람들이 죽고 고통을 받아야 했다는 것이다.

1890년 운디드 니Wounded Knee에서는 대학살이 벌어졌다. 미국의 기병대가 어린이와 여자 230명이 포함된 350명의 인디언 포로 가운데 300명을 무참히 살해한 사건이었다. 이 사건은 유럽에서 건너온 사람들이 그곳에 예전부터 살고 있던 사람들을 어떻게 보았는지 상징적으로 보여준다.

유럽인과 아메리카 인디언의 첫 만남은 황금에 대한 욕망이 개입하면서 불행으로 얼룩졌다. 유럽은 아메리카를 자기들과 동일한 인류가 사는 곳이 아닌 황금의 땅으로 소외시키고 대상화했으며 그것은 엄청난 비극을 낳게 했다.

정화가 항해를 시작한 이유

콜럼버스를 더 잘 이해하기 위해 중국 명나라 때 인물인 정화를 만나보자. 많은 사람들이 대체로 콜럼버스는 알지만 정화는 잘 모른다. 웬 여자 이름이냐고 되묻기도 한다. 정화는 여자는 아니지만 남자 구실을 하지 못하는 환관이었다.

몽골이 세운 원나라를 무너뜨리고 중국 땅을 차지한 명 1368~1644 은 야심만만한 세 번째 황제인 영락제永樂帝에 이르러 대규모 해외 항해를 계획한다. 영락제가 해외 항해를 계획한 이유에 대해서는 여러 추측이 난무하지만 정확한 내용은 전해지지 않는다. 그래서 흔히 '정화의 원정'이라는 말을 사용하지만 이 책에서는 원정 대신 항해라는 말을 사용한다.

정화가 환관이 된 것은 어릴 때에 겪었던 불행 때문이었다. 정화는 서역에서 온 이슬람 집안에서 태어나 중국의 남서부에 있는 윈난성 쿤밍昆明에 살고 있었다. 윈난성은 차茶의 원산지였기에 예부터 교역이 활발한 지역이었다. 차와 말을 바꾸는 길로 유명한 차마고도의 출발지가 윈난성이었다.

영락제는 황제의 자리에 오르기 전에 원나라의 잔존 세력들을 소탕하기 위해 쿤밍을 공격한 적이 있었다. 영락제는 혹시 모를 반란의 뿌리를 뽑기 위해 포로가 된 성인 남자는 모두 죽이고 소년들은 모두 거세시켰다. 그 가운데 정화도 포함되어 있었다.

몽골이 세운 원나라가 다민족 국가를 지향했다면 그다음을 이은 명나라는 철저히 한족 중심의 국가였다. 따라서 원나라 때에는 색목인이라 불리는 이슬람 계통의 사람들도 자유롭게 교역하며 평화롭게 살았지만 명나라가 들어서자 사정이 급변한 것이다.

한편 정화는 이후 궁궐로 들어가 영락제를 충심으로 보좌하며 신임을 얻었고 환관 가운데 서열 2위인 내관태감이라는 높은 벼슬에까지 올랐다. 그리고 정鄭이라는 성을 하사받아 원래의 이름이었던 마화에서 정화로 이름을 바꾸었다.

치열한 권력 다툼에서 승리하고 황제가 된 영락제는 정화를 책임자로 삼아 대규모 항해단을 꾸렸다. 목적은 정확하게 알려진 것이 없지만 그 가운데 가장 그럴 듯한 가설은 중국의 땅에 세워진 명나라를 세계에 널리 알리고 위엄을 보이기 위한 항해였다는 것이다.

중국은 스스로 세상의 중심이라고 생각하는 중화사상을 갖고 있었기 때문에 그 중심에 어울리는 위세가 필요했다. 여기서 조공제도가 생겼다. 또한 정화의 항해도 이런 측면이 담겨 있다고 볼 수 있다. 아무튼 콜럼버스와 정화 모두 자민족 중심주의를 밑바닥에 깔고 있었지만 목적과 드러난 결과는 달랐다.

이렇듯 콜럼버스의 항해와는 목적이 달랐기 때문에 규모 또한 차이가

났다. 정화가 이끄는 항해의 규모를 보면 입이 벌어진다. 2만 7,000명에 이르는 선원과 62척의 대형 선박이 동원되었다. 배의 크기 또한 콜럼버스가 탔던 배의 약 30배에 이르렀다.

실제로 정화가 이끄는 항해단은 콜럼버스를 비롯한 유럽인들과 사뭇 달랐다. 콜럼버스 이후 아메리카를 찾았던 유럽인들이 자기들을 환대하는 선주민들을 배신하고 학대한 것과 사뭇 다르다. 특히 에스파냐인이었던 코르테스Cortés, Hernán, 에스파냐의 멕시코 정복자가 남미에서 자행한 대학살은 너무나 참혹한 것이었다.

그러나 정화의 항해단은 찾아간 곳을 공격해서 식민지로 삼거나 착취하지 않았다. 자신들을 적대하는 사람들과는 싸웠지만 땅을 빼앗거나 자국의 종교나 언어 등을 강요하지 않았다. 또한 대립하고 있는 사람들을 화해시키기도 하고 선의를 가진 사람들을 만나면 선물을 나누어주고 명나라와 황제에 대해 소개했다.

유럽인의 항해와 정화의 항해는 이솝우화에 나오는 〈해와 북풍〉 이야기와 비슷하다. 잘 아는 것처럼 북풍은 나그네의 옷을 벗기기 위해 매서운 바람을 보냈지만 실패했고, 해는 따스한 햇볕을 비추어 스스로 옷을 벗게 했다. 정화의 항해단은 햇볕 같았다. 따뜻함으로 상대가 스스로 명나라의 위엄에 감동하고 복속하기를 원했던 것이다.

정화의 항해는 모두 일곱 차례에 걸쳐 이루어졌고, 멀리 아프리카 케냐의 몸바사까지 찾아갔다. 물론 정화는 그것을 신대륙의 발견이라고 말하지 않았다. 정화의 여덟 번째 항해는 신하들의 반대로 무산되었다. 신하들은 비용이 너무 많이 든다는 이유로 정화의 항해를 반대했다. 콜럼버스와는 너무나도 대조를 이루는 장면이다.

서로 다른 길을 간 동서양

역사에서 가정은 어리석은 일이지만 만약 중국이 유럽과 같은 생각을 갖고 있었다면 어떻게 되었을까? 중국의 배들은 크기도 크고 무기 성능도 월등했다. 아마 당시 해상에서 격돌했다면 유럽의 배들은 중국의 배를 이기지 못했을 것이다. 경제력에서도 중국이 앞서 있었기 때문에 그럴 생각이 있었다면 유럽인은 인디언들의 다른 모습이 되었을지도 모른다.

한 가지 흥미로운 것은 유럽은 유럽 중심주의, 중국은 중화사상을 갖고 있었다는 점이다. 유럽 중심주의나 중화사상 모두 자기들이 세상의 중심이라는 생각이다. 그런데 그것을 표현하는 방법이 달랐다.

유럽은 표현 방법으로 폭력과 약탈을 사용해 물질적인 착취를 사용했고 중국은 물질을 나누어주면서 정신적인 복속이라는 방법을 선호했다. 중국에서 조공제도라는 것이 생겨난 것도 이런 배경 때문이다.

조공은 물질적 약탈이 아니라 머리를 숙이고 복속하겠다는 의지를 보여 달라는 것이다. 청나라 때 조선의 사절단이 중국의 수도인 연경을 찾아가는 연행燕行에 대해 청나라의 신하들이 비용이 너무 많이 든다는 이유로 반대하는 상소를 올린 것도 이런 이유 때문이다.

쉽게 비유를 하면 연행은 명절 때 큰집을 찾는 것과 유사하다. 다른 관계를 떠나서 물질적인 측면만 놓고 보면 당연히 큰집의 부담이 크다. 갖은 음식을 준비해야 하고 작은집에서 가지고 온 선물에 대해 그와 동일하거나 더 비싼 것을 선물해야 위신이 선다는 점에서 그렇다.

즉 중국이나 큰집은 물질적으로 손해를 감수하면서 존경과 위세를 얻는 교환을 한 것이다. 이런 현상은 비단 중국뿐만 아니라 아메리카 인디언들의 포틀라치Potlatch, 부모에게 물려받는 재산, 자기 재산을 부족민들 앞에서 태우고 나눠주는 일나 남태평양에서 볼 수 있는 빅맨Bigman, 남태평양 멜라네시아의 전통적인 정치적 리더십의 유형으로 화술, 교섭 능력, 돼지 등의 희소한 소재의 조달 능력 등 지도성이 뛰어난 리더를 말함의 그것과 유사하다.

콜럼버스는 아메리카에서 담배와 고추, 옥수수, 토마토, 감자 등을 들여오고 매독, 폭력과 같은 것을 전했다. 한편 정화가 가져온 것은 좀 달랐다. 아프리카 소말리아에서 가져온 기린이 상징하듯 문화적으로 이국적이고 기이한 것들이었다.

중국이 위세를 위한 항해가 아니라 흔히 말하는 '지리상의 발견'을 위해 세계로 눈을 돌렸다면 세계사는 크게 변했겠지만 중국은 중화사상을 토대로 한 위세 쌓기를 선택했다.

누군가는 이런 중국의 선택에 대해 아쉬움을 토로하기도 하지만 타자를 인정하고 다른 문화와의 접촉을 기뻐하며 사는 삶을 선택한 것을 잘못되었다고 말할 수는 없다. 다만 서양의 영리한 선택 때문에 오늘날 중국의 선택이 어리석어 보일 뿐이다. 그것은 오늘날에도 세계의 역사는 계속 진행형이기에 그렇다. 이런 선택이 미래에 어떤 결과를 빚어낼지는 아무도 알 수 없다.

문명과 욕망의 고속도로
실크로드

고대 교류의 역사

인류는 예부터 끝없이 이동하며 문화 교류를 해왔다. 구석기시대인 2~3만 년 전 추정 인디언들이 얼어붙은 베링 해를 건너 아메리카로 건너간 것을 시작으로 청동기에 이르면 인류는 자유롭게 세상 곳곳을 돌아다닐 수 있게 되었고, 이때부터 본격적인 문화 교류가 시작된다.

교류를 증명하는 가장 오래된 유물로 꼽히는 것은 비너스상이다. 비너스상이라고 하면 아름다운 그리스 여신의 모습을 떠올리기 쉽지만 실제로는 가슴과 엉덩이 부분이 유난히 강조된 여성의 조각상이다. 아마 가슴과 엉덩이가 크다는 점에서 풍요로움을 바라는 희망이 깃들어 있다고 생각할 수 있다. 오스트리아에서 출토된 '빌렌도르프의 비너스Venus of Willendof'는 구석기시대의 여인상으로 유명하다.

그런데 이런 비너스상이 프랑스에서 바이칼 지역까지 곳곳에서 발견되었다. 물론 프랑스에서 바이칼에 이르는 지역에 흩어져 살던 인류가 동시에 같은 생각을 하고 서로 유사한 조각상을 만들었을 수도 있다.

그러나 더 가능성이 높은 추측은 교류를 통한 접촉과 확산을 통해 각각의 문화 환경에 맞게 모방했다는 것이다. 풍요로움과 다산을 표현하는 방법이 다양할 텐데 굳이 가슴과 엉덩이가 강조된 여성의 조각상을 만든 것은 서로 간의 접촉이 있었음을 시사한다. 이런 점에서 교류를 증명하는 가장 오래된 유물로 이 비너스상을 꼽는다.

청동기시대가 되면 인류는 많은 이동을 한다. 한 예로 북쪽에서 한반도로 내려왔을 것으로 추정되는 환웅과 그들의 무리는 청동기 문화를 보유한 사람들이었다. 그들은 신시를 세우고 한반도에 거주하거나 떠돌고 있던 사람들을 받아들여 고조선이라는 나라를 세웠다.

흔히 북쪽의 강한 문명을 가진 사람들이 한반도로 내려와 그곳에 살고 있던 사람들을 지배했다고 생각하기 쉬운데 그것이 아니라 환웅의 무리가 신시神市를 건설하고 한반도에 살던 사람들이 그곳으로 찾아와 고조선의 백성이 되었을 것이다.

우리가 잘 알고 있는 단군신화는 환웅이 북쪽에서 내려와 신시를 건설하고 모여든 사람들과 함께 고조선을 만드는 과정을 상징적으로 잘 표현하고 있다.

유물을 통한 더 확실한 교역의 흔적은 실크로드의 한 축이었던 페르시아이란에서 찾을 수 있다. 페르시아는 고대 문명이었던 메소포타미아 지역이라크과 자그로스산맥을 경계로 맞닿아 있다.

메소포타미아 지역은 티그리스와 유프라테스 강을 중심으로 문명이 번성했다. 그것은 고대사회의 입지 요건 중 가장 중요한 요소가 물이었기 때문에 그렇다. 그런데 메소포타미아 지역은 수자원 외에 목재나 석재와 같은 도시나 문명 건설을 위한 다른 자원이 절대적으로 모자랐다.

메소포타미아문명은 부족한 것을 다른 지역에서 조달했다. 메소포타미아 지역의 유명한 신화인 〈길가메시 서사시 Gilgamesh Epoth〉에서 주인공 길가메시와 그의 친구 엔키두가 삼나무 숲속에 사는 괴물 훔바바와 싸워서 물리치는 장면이 나온다. 그것은 길가메시가 지배하는 우루크 왕국에 필요했을 목재의 조달이라는 측면을 괴물로 의인화해서 표현했다고 해석할 수 있다.

메소포타미아 지역에서 발견된 유물 가운데 사람들의 눈길을 끄는 것이 하나 있다. 그것은 라피스라줄리 Lapis lazuli 로 만든 장신구이다. 라피스라줄리는 청금석이라고도 불리는 보석으로 원산지는 아프가니스탄 동북부이다.

라피스라줄리로 만든 장신구가 메소포타미아 지역을 비롯해서 페르시아 등 서남아시아에서 많이 발견되었다는 것은 이미 선사시대에 메소포타미아, 페르시아와 아프가니스탄을 잇는 교역로가 존재하고 있었음을 증명한다.

그렇지 않고서야 아프가니스탄에서 나는 보석이 메소포타미아 지역으로 건너가 장신구로 만들어질 수 없었을 것이다. 추정하기로 기원전 3500년경부터 아프가니스탄에서 서쪽으로 전해졌을 것으로 보인다. 이외에도 고대 세계의 교류에 대한 흔적은 수없이 많다.

실크로드의 두 축, 페르시아와 중국

선사시대를 지나 역사시대에 들어선 이후 문화 교류를 대표적으로 보여주는 것은 단연 '비단길'을 의미하는 실크로드이다. 실크로드는 독일 정부의 요청으로 중국을 연구했던 독일의 지리학자 리히트호펜Ferdinand von Richthofen이 중국에서 인도로 가는 비단 교역로를 실크로드라고 부르면서 유명해졌다. 리히트호펜은 실크로드라는 말에 큰 의미를 두지 않았지만 그의 제자가 이 단어를 공식적으로 사용하면서 세계에서 통하는 말이 되었다.

동서 교류를 상징하는 실크로드의 두 축은 동쪽의 중국과 서쪽의 페르시아였다. 중국과 페르시아를 두 축으로 삼아서 둘 사이를 잇는 수많은 길들이 만들어졌고 중국과 페르시아를 허브로 삼는 많은 교역로들이 이어졌다. 우리가 살아온 한반도는 중국을 허브로 둔 실크로드의 갈래였다.

그렇다고 길이 새로 만들어진 것은 아니고 고대부터 존재하던 길들을 하나로 묶어서 실크로드라고 부른다. 그러니까 실크로드라는 이름이 생기고 길이 생긴 것이 아니라 고대부터 있어왔던 길을 하나로 통칭해서 부르게 된 것이 실크로드이다.

동서 교류에 대한 첫 역사적인 기록은 중국 한나라의 황제였던 무제 때의 일이었다. 무제는 당시 북쪽에 있는 유목 세력인 흉노와 전쟁을 하고 있었는데 워낙 이들의 기마 군대가 강했기 때문에 정면 대결로는 승산이 없었다. 그래서 흉노를 포위하는 작전을 세웠고 그 일환으로 장건을 서쪽으로 파견했다. 이때가 기원전 139년이었다.

장건은 무제의 명령을 받고 흉노의 오랜 숙적인 월지를 찾아가 동맹을 요청했지만 실패했고 다시 텐산산맥에서 발원한 이리 강 유역의 오손과 동맹을 맺기 위해 서쪽으로 갔다가 그를 보좌하던 부사들이 서역의 상인들과 사절단을 이끌고 돌아왔다.

애초에 의도했던 장건의 역할은 성사되지 못했지만 서쪽의 지리와 문물에 대한 지식이 중국으로 흘러드는 계기가 되었다는 점에서 의미가 있다. 또한 서쪽의 사람들 또한 중국에 대해 알게 되었다. 교류는 늘 이렇게 뜻하지 않는 결과를 낳는다. 전쟁이나 다툼과 같은 부정적인 성격을 지닌 사건이 교류에 포함되는 이유가 여기에 있다.

장건의 짧은 여행은 세계의 지붕이라고 불리는 파미르고원과 험준한 텐산산맥, 죽음의 사막으로 불리는 타클라마칸사막이 중간에 놓여 있어서 서로 넘나들기 힘들었던 동쪽과 서쪽이 서로의 존재를 인식하게 되었고 보다 깊은 관심을 갖게 만드는 계기가 되었다.

이 또한 어디까지나 역사적인 기록에 국한된 것이다. 앞에서도 보았듯이 그 이전부터 민간 차원에서 수없이 많은 사람들이 우회로를 찾아내 소통해왔고 많은 문물들이 그 길을 따라 오고갔다.

본격적으로 동서를 잇는 교역로가 열리고 활발하게 왕래를 하게 된 것은 돌궐이 알타이산맥에 등장하면서부터이다. 돌궐은 동쪽으로 몽골고원을 차지하고 서쪽으로 카자흐 초원과 남러시아 초원까지 발을 뻗었다.

돌궐은 소그드 상인들을 발탁해서 아시아의 동서남북을 잇는 교통로를 개척하고 교류를 통한 경제적인 이익을 도모했다. 돌궐은 강력한 군대를 기반으로 교역로의 치안을 맡아 안전한 통행을 보장했고 상인들은 활발하게 이익을 찾아 동서로 넘나들었다.

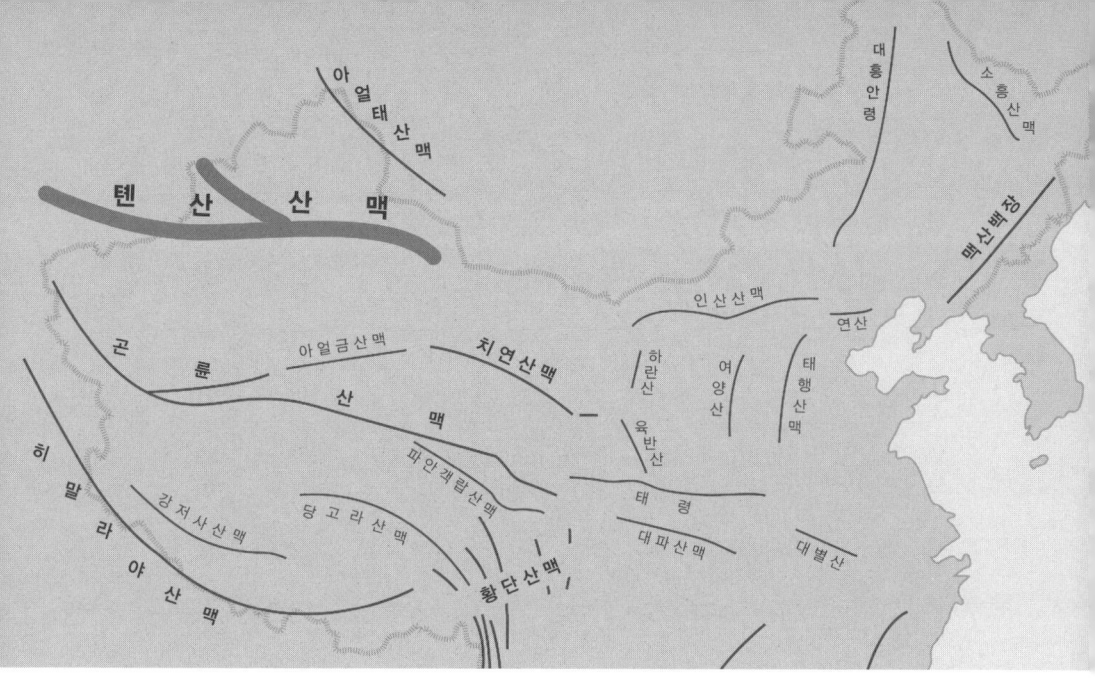

톈산산맥
파미르고원에서 중국의 네이멍구(内蒙古) 자치구까지 동서로 이어지는 산맥. 평균 높이는 3,000미터이며, 길이는 2,400킬로미터에 달한다. 산맥의 남쪽과 북쪽에는 동서 교통의 중요한 통로인 실크로드가 있다.

    그리고 훗날 돌궐은 새롭게 등장한 위구르에게 밀려서 서쪽으로 밀려났는데 한창 세력을 떨치기 시작하던 이슬람과 만나 그들의 종교를 받아들이고 오늘날의 터키에 자리를 잡았다.
    한편 돌궐 이후 중국에 당나라가 자리를 잡으면서 실크로드는 전성기를 맞이했다. 당나라의 수도였던 장안오늘날의 시안은 서역 상인들과 서역 문화가 넘쳐나는 국제적인 도시로 발돋움했다.
    실크로드는 서쪽과 동쪽의 정치적인 상황에 따라서 크게 개방되거나 축소되었다. 또한 서로에게 영향을 미치게 되면서 정치적인 상황도 서로에게 영향을 미쳤다. 예를 들면 동쪽에서 강한 세력이 일어나면 그 세력에 밀린 기존의 세력이 서쪽으로 연쇄적으로 이동하는 일이 빈번하게 발생했다. 돌궐이 그렇고 훈족의 이동 등은 서쪽의 게르만 민족의 대이동을 불러올 정도로 세계사에 강한 파장을 일으켰다.

실크로드의 길은 크게 셋으로 나뉜다. 하나는 바닷길이며, 다른 두 길은 톈산산맥을 가운데 두고 북쪽으로 간 길이 초원의 길天山北路이며, 남쪽으로 난 길이 오아시스의 길天山南路이다. 이 가운데 오아시스의 길은 톈산산맥 남쪽 사막에 점재하는 오아시스에 형성된 도시를 통해서 길이 이어진 탓에 오아시스의 길이라고 부른다.

또한 바닷길은 8세기 중엽에 몽골고원에서 발흥해서 돌궐을 밀어내고 제국을 세웠던 위구르족이 서방으로 이주를 하면서 초원의 길이 막히자 새롭게 개척된 길이었다. 이후 초원의 길은 쇠퇴했는데 13세기에 몽골고원에서 등장해 세계를 제패한 몽골이 세계사의 주역으로 등장하면서 실크로드의 주도로였던 초원의 길, 오아시스의 길, 바닷길이 한꺼번에 열리며 대대적인 교역의 시대가 다시 시작되었고 뒤이어 15세기에 서구의 바닷길을 통한 대항해 시대가 시작된다.

세계사를 떠받치던 허리, 실크로드

실크로드는 큰 강에 가로막혀 있던 두 지역이 다리를 통해 소통할 수 있게 되듯이 거대한 산맥이나 드넓은 사막에 의해 막혀 있던 문명들이 서로 교류할 수 있는 다리의 역할을 했다. 앞에서 보았듯이 그 다리를 지탱하는 단단한 두 기둥은 중국과 페르시아였다.

또한 교류를 통해서 새로운 문명이 탄생할 수 있는 산파 역할도 했다. 실크로드의 길 위에서 크고 작은 많은 문명들이 태어났다. 5~6세기에 힌두쿠시 북쪽에 이란계가 세운 에프탈, 오아시스의 길에 세워진 고차국, 8세기 위구르, 위구르를 무너뜨린 키르기스 등이 잇달아 나타났다가 사라져갔다.

그리고 실크로드가 지닌 무엇보다 가장 큰 의미는 이 길이 오랫동안 세계사의 척추 역할을 해왔다는 점이다. 오늘날처럼 서양이 동양을 여러 면에서 앞서게 된 것은 그리 오래되지 않았다. 흔히 프랑스의 황제였던 나폴레옹의 이집트 원정 1798~1799 을 기점으로 서양이 동양을 앞지르기 시작했다고 한다.

그런 서양이 세계사에 주역 가운데 하나로 등장하는 15세기의 대항해 시대 이전에는 세계사의 주역은 실크로드를 담당했던 세력들이었다. 그것은 실크로드 위로 오갔던 문물을 살펴보면 쉽게 이해할 수 있다.

동서의 두 축이었던 중국과 페르시아를 중심으로 많은 문물들이 오갔는데 한 가지 뚜렷한 특징을 보이는 게 있다.

중국에서 서쪽으로 전해진 것들은 주로 실용적인 성격을 지닌 물질문화였다. 대표적인 것이 세계 3대 발명품으로 꼽히는 종이와 화약, 나침반이 동쪽에서 서쪽으로 건너갔다. 이 3대 발명품은 중근동을 거쳐서 훗날 유럽으로 전해졌다.

종이는 구텐베르크로 대표되는 인쇄술, 화약과 나침반은 15세기 이후 서구의 대항해 시대를 여는 데 엄청난 기여를 했다. 3대 발명품에 더해 도르래, 석궁, 도자기, 차, 비단 등이 동쪽에서 서쪽으로 향했다.

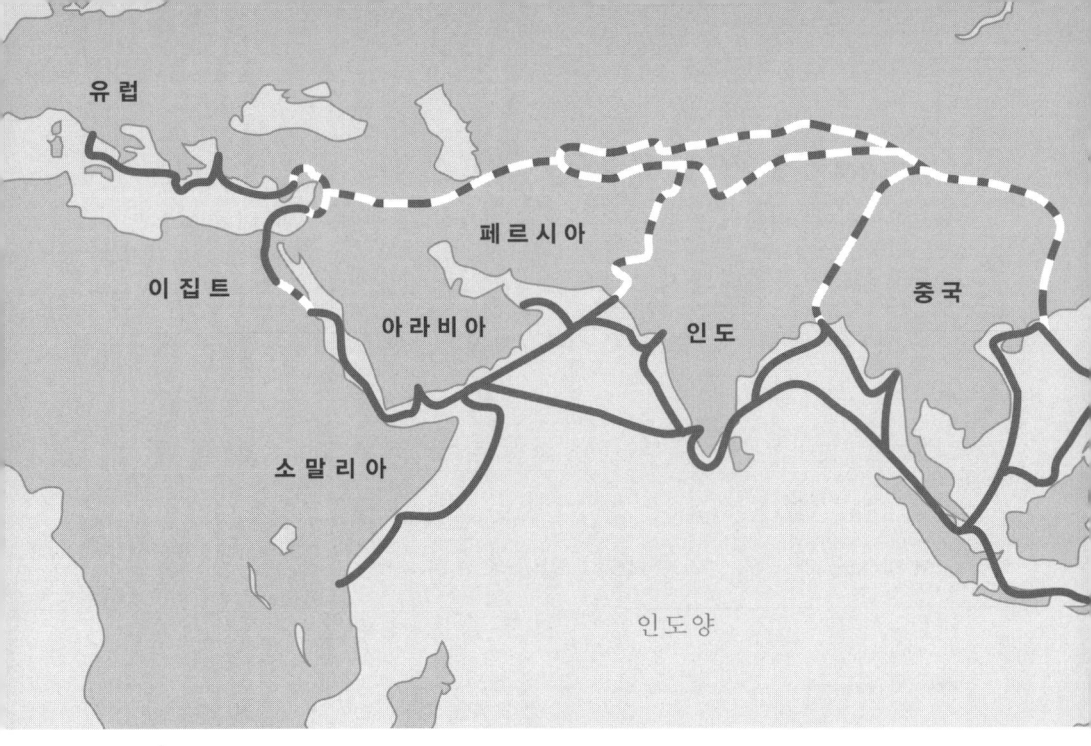

실크로드
내륙 아시아를 횡단하여 중국과 서아시아, 지중해 연안 지방을 연결하였던 고대의 무역로이다.

  반면에 서쪽에서 동쪽으로 전해진 것은 물질문화보다는 정신문화가 강했다. 대표적인 것이 조로아스터교와 네스토리우스교, 불교를 비롯한 여러 종교들과 헬레니즘의 유산인 간다라미술 등이 그렇다. 이렇게 또렷하게 교류의 특성을 보이는 것은 동쪽이 서쪽보다 물질적으로 풍요로웠다는 점, 서쪽이 자연환경의 척박함으로 해서 종교적인 성격이 강했다는 점을 알 수 있다.
  또 하나 지적할 수 있는 것은 힘의 흐름이 동쪽에서 서쪽으로 향했다는 점이다. 그것은 이 글의 다른 부분에서 지적한 것처럼 스키타이 문명이 서쪽에서 동쪽으로 향한 이후 힘의 흐름은 동쪽에서 서쪽으로 흘러들었다.

몽골고원에서 발흥한 흉노의 후예일 것으로 추정되는 훈족의 이동이 로마를 뒤흔들고 게르만족의 대이동을 초래했고, 서쪽으로 이슬람화한 돌궐은 오스만제국을 세우고 1,000년을 넘게 지탱해온 서쪽의 최대 세력이었던 비잔틴제국동로마을 무너뜨렸다. 그리고 마지막으로 13세기 초반에 몽골고원을 통일하고 세계를 향해 뻗어나간 몽골은 세계사의 판도를 모두 바꾸어놓았다.

《타임 Time》지는 지난 20세기 동안 최고로 위대한 인물로 칭기즈칸을 꼽았다. 그것은 칭기즈칸이 무력으로 최고의 제국을 세웠기 때문만은 아니다. 그 제국으로 세계사의 흐름이 크게 바뀌었기 때문이다. 동북아시아에서 유럽에 이르는 몽골 대제국은 실제적인 '세계화'를 실현한 국가였다.

몽골의 강력한 군대에 의해 치안이 안정되고 세계가 하나가 되자 교류가 폭발적으로 증가했다. 앞서 지적한 것처럼 몽골이 안정화된 이후 세 갈래의 실크로드를 중심으로 수많은 교역로들이 생겨났고 많은 문물들이 혈액처럼 몸속 곳곳을 흘러 다녔다. 이렇게 피의 흐름이 활발해지자 경제로 대표되는 우리의 몸이 건강해졌다.

몽골이 쇠퇴하는 15세기에 서양이 세계사의 주역으로 등장한 것은 우연이 아니다. 어쩌면 서구는 실크로드의 세례를 가장 많이 받은 곳일지도 모른다. 동쪽에서 서쪽으로 흘러든 수많은 문물들은 유럽에 이르러 더 이상 갈 곳이 없고 그곳에서 익고 세련되었다. 봄에 씨앗을 뿌리면 가을에 열매가 익는 것처럼 오랫동안 축적되고 그래서 포도주처럼 향기롭게 익은 문물을 통해 서구가 본격적으로 등장했다고 볼 수 있다.

그것은 비단 서구뿐만이 아니라 우리가 살고 있는 한반도에도 큰 영향을 미쳤다. 한반도는 중국을 통해서 실크로드의 혜택을 입었고 문화를 풍요롭게 만들 수 있었다.

 한 가지 예를 들면 한반도에는 사자가 자생하지 않는데 북쪽의 북청사자놀음부터 부산의 수영야유까지 사자춤이 등장하는 놀이가 꽤 많다. 그렇다면 이 사자들은 어디서 왔을까? 사자들이 많이 살았던 곳은 이란고원이다. 이란고원에 살던 사자들이 실크로드를 지나 춤을 추며 한반도까지 유입된 것이다. 다만 산을 넘고 강을 건너면서 사자가 지닌 폭력성은 사라지고 춤을 추는 평화로운 존재로 바뀌었다고 할까.

처용과 석탈해가
의미하는 것

무슬림 상인들의 등장

동쪽 끝에 있는 한반도는 고대 세계에서 변방에 속했다. 중국에서 춘추시대 기원전 770~403 가 한창일 때 한반도는 아직 삼국시대가 시작되지도 않았다. 삼국 가운데 가장 빠른 신라가 나라를 세운 것은 기원전 57년이었다. 그러니까 제자백가들이 활발하게 여러 사상을 논의하고 있을 때 한반도는 아직 고요 속에 놓여 있었던 것이다.

삼국시대가 열린 이후에도 적어도 기록을 토대로 하면 외국과의 교류는 주로 중국과 일본에 국한되어 있었다. 그런데 통일신라 시대로 접어들면서 새로운 사람들이 한반도로 찾아들기 시작했다. 그들은 이슬람 상인들이었다.

이들의 이야기는 매우 흥미롭다. 우리의 신화에 포함될 정도로 당시 사람들에게도 놀라운 일이었다. 이들을 만나기 전에 먼저 이슬람의 탄생부터 더듬어보자.

흔히 마호메트Mahomet 라고 불리는 이슬람교의 창시자 무함마드Muhammad 가 알라Allah 의 계시를 받은 것은 610년이었다. 그리고 622년 무함마드는 메디나로 이주해 이슬람을 널리 전했고, 10년 후인 632년에 세상을 떠났다.

그로부터 120여 년 후인 750년에 통일 이슬람제국인 아바스 왕조 750~1258 가 세상에 모습을 드러냈다. 알라의 계시 이후 140년 만에 이슬람을 신봉하는 세력들이 모여서 제국을 건설한 것이다.

위에서 보듯 이슬람교의 전파는 실로 전광석화와 같은 것이었다. 그것은 이슬람이 다른 종교에 비해 늦은 시기에 나타났기 때문에 기존의 종교가 갖고 있는 장점을 취하고 단점을 보완할 수 있었던 것이 크게 작용했다.

이와 유사한 예로 세계의 언어학자들은 인류가 하나의 문자로 통일해야 한다면 우리가 사용하는 한글을 쓰는 것이 가장 좋다고 말한다. 그것은 한글이 우수하기 때문이다. 한글이 우수한 까닭은 가장 늦게 나타난 문자이기에 그렇다. 다르게 표현하면 가장 늦게 만들어진 문자이기 때문에 우수한 것이다. 기존의 문자들을 분석하고 연구해서 과학적으로 만들 수 있는 여유가 있었다.

이슬람은 종교의 세계에서 한글과 유사한 성격을 갖고 있었다. 여기에 더해 이슬람은 종교에만 머물지 않고 정치·경제·사회·문화 복합체라는 점을 고려해야 한다. 그것은 다르게 표현하면 종교와 세속 생활이 별개가 아니라 하나로 얽혀 있다는 것이다. 즉 종교가 삶에 짙은 그림자를 드리우고 삶을 좌우한다는 뜻이다.

물론 다른 종교들도 그 종교를 신앙하는 사람들의 삶을 지배하고 사람들이 누리는 문화를 뒷받침해왔다. 그러나 이슬람은 그 강도에서 큰 차이를 보인다. 19세기 이후 세계적으로 종교로부터 벗어나는 이른바 '세속화' 현상이 지속되고 강해지고 있지만 이슬람은 여전히 굳은 결속력을 가지고 있다.

이슬람을 종교로 선택한 무슬림들의 경제활동 또한 활발했다. 중동 지역이 이슬람으로 색깔이 변한 이후 실크로드에서 경제활동을 활발하게 하던 소그드 상인들을 대신해서 이슬람 상인들이 대거 등장했고 이슬람의 전파만큼이나 빠르게 강한 세력을 형성했다. 그리고 세계 곳곳을 누비면서 무슬림 교역권을 확대했다.

중동 지역의 최고 이야기로 꼽히는 《아라비안나이트》에서도 백미로 꼽히는 〈신드바드의 모험〉은 이런 무슬림 상인들이 인도에서 겪은 이야기를 다루고 있다. 신드바드는 '인도식의'라는 뜻이다. 무슬림 상인들은 세계를 누비며 수많은 모험담을 만들어냈고, 그 가운데 흥미로운 이야기들이 인구에 회자되다가 《아라비안나이트》에 포함되었다고 생각할 수 있다.

이런 무슬림 상인들은 인도에서도 멀리 떨어져 있는 한반도에도 나타났다. 9세기의 아라비아 문헌에 이런 글이 나온다.

'중국의 맞은편에 있으며 산이 많고 금이 풍부하며 기후 환경이 좋아서 무슬림이 많이 정착하고 인삼, 안강, 토기, 검 등이 많이 나온다.'

10세기의 기록에는 신라를 이렇게 표현했다.

'그 나라에 들어간 사람은 그곳의 공기가 맑고 재부가 많으며 땅이 비옥하고 물이 좋을 뿐만 아니라 주민의 성격도 온화하기 때문에 그곳을 떠나려고 하지 않는다.'

타는 듯한 뜨거운 태양과 척박한 사막 지대에 살던 무슬림들이 신라에서 받은 인상은 낙원에 버금가는 신세계가 아니었을까? 온화한 기후와 맑고 풍부한 물, 타자에게 넉넉한 인심은 그들을 매료시켰을 것이다.

신라가 살기 좋은 곳이라는 증거는 일본의 기록에서도 찾을 수 있다. 일본의 고대 신화집인 《고사기》에 신라를 '금은의 나라'라고 표현하고 있다. 그러니까 금과 은처럼 화려하고 아름다운 나라라는 의미일 것이다.

13세기 아라비아의 기록에는 이런 것이 있다.

'전염병이나 질병이 드물며 파리나 갈증도 적다. 다른 곳에서 질병에 걸린 사람이 그곳에 가면 곧 낫는다.'

한반도는 풍토병이 없는 곳이다. 거기에 풍부하고 다양한 식물군들은 사람들이 살기에 매우 적합한 땅이었다. 지금은 인구가 많이 늘어나 좁은 땅이 되고 말았고 중동에 풍부한 석유가 없지만 단군신화에 나오는 것처럼 환웅이 하늘에서 살피다가 살기에 가장 좋은 곳을 골랐다는 이야기가 허황된 것이 아니라는 것을 이런 외부의 시선을 통해 확인할 수 있다.

바다에서 온 남자 처용

그렇다고 외부의 시선만 존재하는 것이 아니다. 우리의 시선으로 바라본 한반도를 찾아온 사람들에 대한 기록도 존재한다. 우리의 삼국시대를 다룬 문헌에도 그들의 모습이 명확하지는 않지만 때로는 상징적으로 때로는 은유적으로 표현되어 있다. 삼국시대를 다룬 대표적인 문헌은 《삼국유사》와 《삼국사기 三國史記》이다.

《삼국유사》는 기이한 이야기를 많이 담고 있어 하나하나가 흥미롭지만 무슬림과 연관된 이야기도 눈에 띈다. 다만 《삼국유사》는 《삼국사기》와 달리 역사서가 아니기에 엄밀한 사실을 다루기보다는 이야기 형태로 상징적으로 다루고 있다는 점에서 차이가 난다.

먼저 《삼국사기》의 기사를 살펴보자. 9세기 신라 49대 왕이었던 헌강왕 대의 일이다.

'어디서 왔는지 모르는 네 사람이 나타나 춤을 추고 노래했다. 산이나 바다에 사는 정령처럼 보였다.'

이 기사에 상상력을 더해서 생각을 해보면 낯선 네 사람이 춤을 추고 노래를 했는데 그 생김새가 한반도에 사는 사람과 달라서 정령이나 요정처럼 보였다고 이해해도 무리가 없을 것이다. 산이나 바다에 사는 요정을 본 적이 없지만 그렇게 표현한 것은 주위에서 볼 수 있는 사람의 얼굴이나 골격과는 많이 달랐다고 생각할 수 있다.

그런데 《삼국유사》에 헌강왕 대의 또 다른 흥미로운 이야기가 하나 전해진다. 너무나도 유명한 처용의 이야기이다.

하루는 신라의 헌강왕이 개운포에서 놀다가 갑자기 닥친 구름과 안개 때문에 길을 잃었다. 이에 천문을 맡은 관리가 구름과 안개가 동해에 사는 용의 장난임을 알아내고 왕은 그 자리에 절을 세우라고 명령했다. 명령이 떨어지자 구름과 안개가 사라졌다. 그리고 일곱 아들을 거느린 동해의 용이 나타나 왕의 덕을 찬양하고 춤과 노래를 연주했다.

그런데 용의 아들 가운데 하나가 바다로 돌아가지 않고 왕과 함께 경주로 갔다. 왕은 그의 이름을 처용이라 하고 아름다운 여자와 결혼을 시키고 벼슬도 주었다. 그런데 역병을 다스리는 귀신이 처용의 아내를 좋아했다.

하루는 처용이 밤늦게 집에 왔는데 아내와 역병귀신이 함께 자고 있는 것을 보았다. 처용은 그 모습을 보고 춤을 추고 노래를 불렀다. 그 노래가 처용가이다. 그 모습에 감탄한 귀신은 처용의 얼굴만 보아도 그 집에 들어가지 않겠다고 맹세했다.

그 이후 사람들은 처용의 얼굴을 붙여 대문에 붙여 두었다. 그렇게 하면 역병에 걸리지 않는다고 믿었기 때문이다.

처용이 아내를 뺏기고 춤을 추며 부른 〈처용가〉는 다음과 같다.

東京明期月良　　동경 밝은 달에
夜入伊遊行如可　밤 이슥히 놀고 다니다가
入良沙寢矣見昆　들어와 자리를 보니

脚烏伊四是良羅	다리가 넷이고나
二肹隱吾下於叱古	둘은 내해였고
二肹隱誰支下焉古	둘은 뉘해인고
本矣吾下是如馬於隱	본디 내해다마는
奪叱良乙何如爲理古	빼앗는 걸 어쩌리

처용은 한국 고대사의 수수께끼 가운데 하나이다. 수수께끼를 풀기 위해 먼저 용왕의 아들이라는 점부터 생각해보자. 동아시아에는 예부터 용궁이라는 상상의 공간이 존재했다. 용궁에는 용왕이 살고 심청이 다녀온 곳도 인당수 아래에 있는 용궁이었다.

용왕은 하늘의 뜻에 따라 물을 관장하는 존재였다. 중동과 달리 물이 중요했던 농경사회였던 동북아시아에서 용궁과 용왕은 소중한 존재였다. 그래서 토끼의 간을 놓고 벌이는 사건을 다룬 《수궁가》를 비롯해서 용궁에 대한 이야기가 많이 전해졌다.

그것을 과학적이고 합리적인 사고를 가진 21세기의 상식으로 생각해보면 어떻게 될까? 오늘날의 상식으로 용궁과 용왕은 존재하지 않는다. 그렇다면 고대의 용궁과 용왕을 어떻게 이해해야 할까? 오늘날의 상식으로는 용궁은 바다 너머의 세계이고 용왕은 그곳에 사는 사람들이다.

바다 너머의 세계는 관습과 문화가 달랐을 것이고 그래서 그곳에서 가져온 물건은 금은보화에 맞먹는 값어치를 지닌 물건이 되었을 것이다. 또한 서로 다른 문화의 충돌로 토끼의 간을 먹으면 병에 낳는다는 같은 어처구니없는 생각도 하게 되었을 것이다.

그렇다면 위의 개운포○늘날의 울산에서 벌어진 사건은 쉽게 이해된다. 상식적인 차원에서 풀이해 보면 용의 장난으로 갑자기 닥친 구름과 안개는 상대를 이해할 수 없는 경계 상태임을 상징한다고 볼 수 있다. 그래서 절을 세웠다는 것은 서로에 대한 이해를 하고 마침내 왕과 용왕이 서로 대면한다. 즉 왕과 바다 너머에서 온 사람들이 마주한 것이다.

그들은 서로에 대한 경계를 풀고 춤과 노래를 부른 다음 떠났다는 것은 문화인류학의 현지 조사에서 서로를 알지 못하는 원시 부족들이 서로 마주쳤을 때 보이는 일반적인 반응들이다. 부족들이 이동하다가 다른 부족을 만나면 처음에 서로 경계를 하다가 서로를 확인하면 서로에게 적의가 없음을 나타내기 위해 노래와 춤을 춘 다음 가던 길을 간다는 내용이 많다.

그런데 그 가운데 하나가 떠나지 않고 남았다. 그가 바로 처용이다. 아라비아 문헌에 신라에 무슬림들이 많이 정착했다는 내용을 앞에서 이미 살펴보았다. 그렇게 보면 바다 너머에서 온 사람이 신라에 정착해 벼슬도 하고 결혼한 것이 이상한 일이 아니다. 더욱 흥미로운 것은 그 다음이다.

처용의 얼굴

자기 아내와 동침한 역신을 꾸짖지 않고 오히려 춤을 추고 노래를 부른 처용의 행위는 한반도에서 살아온 사람들을 당황하게 만드는 것이었다. 성인의 경지에 이르지 않고서야 가능한 생각이 아니다.

그런데 중동은 예부터 일부다처제라는 혼인 제도를 갖고 있다. 일부다처제가 아내의 간통에 대해 너그럽다는 것이 아니라 혼인 제도의 차이에서 결혼에 대한 다른 관점이 생겨날 수도 있음을 지적하고 싶은 것이다.

거기에 역신이 처용의 얼굴을 대문에 붙이면 들어가지 않겠다고 한 대목도 예사롭지 않다. 서적과 탈로 남아있는 처용의 얼굴은 짙은 눈썹에 쑥 들어간 눈, 쌍꺼풀, 큰 코, 긴 주걱턱이 특징이다. 매우 이국적이다.

그런데 이 얼굴을 확인할 수 있는 곳이 있다. 바로 원성왕의 능으로 추정되는 괘릉이 그곳이다. 괘릉은 경주의 외곽에 위치하고 있는데 그곳에 있는 무인석이 처용의 얼굴을 많이 닮았다. 무인석은 중국의 진과 한나라, 한반도의 신라부터 조선 시대까지 왕과 왕비의 무덤인 능 앞에 세운 것으로 문인석과 함께 나란히 세워져 있다. 무인석은 대개 갑옷과 투구를 쓴 모습으로 강한 힘을 가진 무사의 모습을 보여준다.

괘릉의 무인석은 처용과 같은 사람이 이미 존재했음을 추리할 수 있게 해준다. 그것은 괘릉의 주인일 것으로 추정되는 원성왕이 헌강왕보다 이전의 왕이었다는 점에서 그렇다. 이국적인 얼굴을 가진 사람이 무인의 벼슬을 했고 그 증거로 괘릉의 무인석으로 남았다고 생각해볼 수 있다. 그리고 그것은 위에 제시한 아라비아 문헌으로 뒷받침된다.

그런데 중국 한나라의 무덤에서도 괘릉의 무인석에서 볼 수 있는 이국적인 얼굴들이 많이 출토되었다. 다만 괘릉의 그것처럼 큰 것이 아니라 인형처럼 작은 것들이었다. 일반적으로 무덤에 사악한 것들이 들어오는 것을 막기 위해 부장했을 것으로 생각된다. 그 원리는 낯선 이국적인 얼굴이 부정한 것을 쫓아준다는 믿음에서 유래했을 것이다. 우리의 길이나 마을 어귀에서 쉽게 볼 수 있었던 장승도 그 이치와 다르지 않다.

그것은 우리가 용이나 도깨비, 또는 괴물 등의 얼굴을 보통 사람과 다른 형태로 묘사하고 생각하는 것과 일맥상통한다. 일반적이지 않은 얼굴은 이렇게 공포를 주기도 하고 무엇인가를 지키는 힘을 갖고 있는 것으로 생각했기에 그렇다. 이른바 벽사辟邪의 기능이 그것이다.

이렇게 생각하면 역신이 처용의 얼굴이 붙여져 있는 집에 들어가지 않겠다고 한 약속이 쉽게 이해된다. 역신은 전염병을 옮기는 신으로 반드시 피해야 했다. 요즘처럼 의학이 발달하지 않아 신성한 힘에 의지해야 했던 사람들은 처용의 얼굴을 벽사의 기능으로 활용했다. 문에 용이나 호랑이 그림을 붙여 두 동물의 힘으로 사악한 기운을 막으려고 했던 것과 같다.

처용의 얼굴 또한 용이나 호랑이와 같은 성격을 지니고 있었다. 그것은 처용의 얼굴이 보통 사람들의 얼굴과 달랐음을 의미한다. 보통 사람의 얼굴이라면 벽사의 기능이 있을 리 없다.

오늘날 매스미디어의 영향으로 다른 언어를 쓰고 윤곽이 다른 얼굴을 가진 사람들에게 느끼던 외국인에 대한 낯선 느낌이 크게 줄어들었다. 그런데 외국인과의 접촉이 거의 없었던 시대에 외국인의 모습은 어떤 느낌을 주었을까? 《삼국사기》의 기술처럼 산이나 바다에 사는 요정처럼 보였을 수도 있고 귀신도 무서워할 정도로 무섭게 보였을 수도 있다. 이 때문에 역신도 처용의 얼굴을 보면 피한다는 생각이 생겼을 것이다.

뼈의 기록을 남긴 석탈해

《삼국유사》에는 처용처럼 신라 사람들과 다른 생각을 하며 다른 생김새를 가졌으며 바다 너머에서 찾아온 사람이 하나 더 나온다. 신라의 네 번째 왕이 된 석탈해가 바로 그 사람이다.《삼국유사》의 기사를 보면 석탈해는 배를 타고 나타났다.

어느 날 김수로가 다스리고 있는 가락국에 배가 한 척 나타났다. 왕과 사람들이 북을 치면서 맞이하려고 하자 배는 방향을 틀어서 신라가 있는 곳으로 달아났다. 한편 신라의 어느 바닷가에 사는 노파는 까치들이 모여 있는 것을 갔다가 그곳에서 배를 하나 발견했다. 배에는 큰 궤짝이 하나 놓여 있었다.

노파가 조심해서 궤짝을 열자 그 속에는 사내아이 하나와 하인들, 금은보화가 들어 있었다. 사내아이는 자기가 동북쪽으로 천 리 떨어진 용성국에서 왔다고 소개했다. 용성국의 왕 함달파가 오랫동안 자식이 없다가 기도를 해서 7년 후에 커다란 알을 하나 낳았다. 함달파는 사람이 알을 낳는 것은 고금에 없는 일이라 말하고 배에 태워서 보냈다고 했다.

석탈해는 꾀를 부려서 벼슬을 하는 호공의 집을 빼앗았다. 몰래 숯과 숫돌을 묻고 다음 날 찾아가 예전에 할아버지가 대장장이였다고 우기며 집을 내놓으라고 해서 빼앗아 살았다. 그 이야기를 듣고 신라의 두 번째 왕 남해왕은 석탈해가 지혜로운 사람임을 알고 사위로 삼았다.

남해왕이 세상을 떠난 뒤에 남해왕의 아들인 노례왕과 석탈해는 서로 왕위를 양보하다가 떡을 씹어서 이가 더 많은 노례왕이 세 번째 왕이 되고 뒤를 이어 석탈해가 왕위에 올랐다. 이가 많은 사람이 왕이 된 것에서 왕을 이즐금이라고 부르게 되었다.

석탈해가 바다를 건너와 신라에 정착하면서 여러 변화가 생겼다. 그 가운데 가장 큰 것은 왕가였다. 신라의 시조인 박혁거세 이후 박씨가 왕위에 오르다가 석탈해에 의해 석씨도 왕가에 편입되었다.

그뿐만 아니라 석탈해가 왕위에 있을 때 흰 닭이 우는 소리를 듣고 계림에서 나뭇가지에 걸려 있던 궤짝에서 사내아이를 발견했다. 그 아이는 김알지로 훗날 신라 왕가가 된 김씨의 시조였다. 이렇게 해서 신라의 왕실은 박씨와 석씨, 김씨가 왕의 성씨가 되었다.

그러나 뭐니 해도 석탈해에 대한 이야기에서 가장 흥미로운 것은 그의 머리와 몸에 대한 것이다. 천 리 이상 떨어진 바다에서 온 이 사내는 한반도에 살던 사람들과는 다른 골격을 갖고 있었다.

《삼국유사》에는 석탈해의 뼈에 대한 기록이 나온다. 석탈해는 죽은 다음 영혼이 되어 나타나 자기의 뼈를 잘 묻을 것을 지시했다. 그에 따르면 해골 둘레가 3자 2치이고 몸뚱이의 뼈 길이가 9자 7치였다. 1자가 대략 30.3센티미터이고, 1치가 대략 3.03센티미터이기에 머리통의 크기가 거의 1미터에 이르고 키가 거의 3미터에 이르는 거구였다는 뜻이다.

역사서에 이렇게 뼈의 길이를 측정해서 기록해놓은 경우는 거의 없다. 석탈해의 뼈 길이를 기록으로 남긴 것은 달리 유례를 찾기 힘들 정도로 특이하기 때문일 것이다. 그것은 석탈해가 한반도에서 살았던 사람들과는 차원이 다른 체구와 체형을 지니고 있음을 알려주는 것이기도 하다.

따라서 석탈해 또한 중국이나 일본 사람처럼 쉽게 볼 수 있는 사람이 아니며 먼 바다 건너에서 왔을 것으로 쉽게 추리할 수 있다. 물론 그것이 북쪽일 수도 있고 서쪽일 수도 있다. 하지만 《삼국유사》에 실릴 정도로 특별한 존재였던 것만은 틀림없다.

마르코 폴로와
마테오 리치의 공통점

두 선교사의 몽골 방문

고대의 교역로인 실크로드의 두 축은 중국과 페르시아였다. 중국과 페르시아를 거점으로 해서 우리가 살아온 한반도는 세계를 만났고, 유럽은 중국을 만났다. 특히 유럽과 중국은 오랫동안 직접적인 접촉은 거의 없었고 따라서 서로에 대한 인식은 막연했다. 즉 언젠가부터 서로의 존재에 대해 알고는 있지만 그 외에는 거의 지식이 없었다.

유럽에서 중국에 대한 지식이 구체적으로 알려진 것은 630년 비잔틴제국의 연대기 작가였던 테오피락테스의 기록이었다. 기록에 따르면 중국이 훌륭한 국가 체계를 갖추고 있고 법을 지키는 사람들이 살고 있다는 내용이 담긴 비교적 정확한 것이었다.

그러나 테오피락테스의 기록은 직접 눈으로 확인한 것이 아니라 전해들은 것이었다. 테오피락테스는 중국을 토카스트라는 이름으로 불렀다. 토카스트라는 이름은 당시 중국을 지배하고 있던 북위의 이름에서 유래했을 것으로 추정된다.

중국 또한 유럽에 대한 정보가 없기는 마찬가지였다. 기원전 139년 장건이 한나라 무제의 명을 받아 서쪽으로 향했는데 그때 서쪽에 문명사회가 있음을 확인했을 뿐 직접 확인을 하는 등의 본격적인 교류는 이루어지지 않았다.

중국과 유럽이 직접적인 접촉을 통해서 교류를 본격적으로 시작하게 된 것은 몽골이 세계사의 주역으로 등장한 이후이다. 몽골은 거대한 영토를 정복하고 그 땅을 하나의 교역권으로 묶었다. 치안이 확보되고 교역로가 열리자 많은 사람들이 그 길을 오가기 시작했다. 또한 7, 8세기부터 활발해진 중근동과 중국의 해상 교역이 더욱 확대되었다.

공식적으로 서방에서 중국으로 여행한 사람은 1245년 로마교황의 명을 받은 수도사 카르피니 Giovanni de Piano Carpini 였다. 로마교황은 몽골의 황제에게 그리스도교를 믿는 국가를 공격하지 말 것과 황제에게 그리스도교로 개종할 것을 요구하는 내용을 주요 골자로 하는 공문을 카르피니의 손에 들려서 보냈던 것이다.

카르피니는 1245년 로마를 출발해서 다음해에 몽골에 도착해 세 번째 황제인 귀위크 칸 Guyuk Khan 에게 교황의 친서를 전달하고 3개월 이상 머문 다음 1247년에 답신을 받아서 로마로 돌아갔다. 카르피니의 여정은 중앙아시아를 경유해서 몽골 초기의 수도인 카라코룸으로 왔다가 동일한 길로 돌아갔다.

카르피니는 9장으로 구성된 견문록을 글로 남겼다. 이 기록은 유럽 사람이 직접 중국을 만나고 체험한 것을 글로 기록한 최초의 것이었다. 그 글에는 중국 사람들이 그리스도교에 대해 매우 관대하고 사람들이 친절하며 인정이 많으며 중국이 매우 풍요롭다고 기록되어 있다.

카르피니는 중국을 키타이라는 이름으로 불렀다. 키타이는 거란족을 부르는 이름으로 몽골이 등장하기 이전에 요나라를 세웠던 사람들이었다. 그리고 이때 중국이 서방으로 널리 알려진 까닭에 키타이라는 이름이 한동안 중국의 대명사로 불렸던 것이다.

카르피니가 중국을 다녀간 얼마 후인 1253년 역시 수도사였던 뤼브리키 Guillaume de Rubruquis 가 프랑스 황제의 지원을 받아서 몽골 황제를 만나러 중국으로 출발했다. 이 여행의 목적은 몽골제국과 동맹을 맺고 이슬람교가 지배하고 있는 예루살렘을 탈환하기 위한 것이었다. 뤼브리키는 콘스탄티노플 오늘날의 이스탄불 을 출발해서 1254년 4월부터 8월까지 카라코룸에 머물다가 돌아왔다. 그 역시 여행기를 남겼다.

그러나 카르피니와 뤼브리키의 목적지가 내몽골에 있던 몽골제국의 초기 수도였던 카라코룸이었기 때문에 북쪽에 치우쳤고 남쪽의 중국을 제대로 살피지 못했다.

마르코 폴로의 《동방견문록》

진정한 중국의 모습을 서방에 전한 사람은 유명한 마르코 폴로였다. 마르코 폴로는 뤼브리키가 중국에 있던 시기인 1254년에 베니스 상인의 아들로 태어났다. 마르코 폴로의 아버지와 숙부는 몽골이 세운 원나라의 황제 쿠빌라이 왕궁을 방문하고 베니스와의 교역 협정을 맺은 상태였다. 폴로 형제는 원나라에서 돌아올 때 황제가 교황에게 보내는 친서를 지참했다.

그리고 얼마 후 로마교황이 폴로 형제에게 원나라로 가서 몽골 황제에게 친서를 전해 달라는 부탁을 받고 다시 원나라로 향하게 되었다. 이때 17세였던 마르코 폴로도 이 여정에 참가했다.

이들은 이탈리아에서 배를 타고 지중해를 건너 메소포타미아 지방을 육로로 지난 다음 페르시아 만에서 배를 타고 호르무즈로 간 후 거기서 걸어서 이란고원을 지나고 파미르고원을 지나 감숙성을 통과해 내몽골에 이르렀다. 그곳에 쿠빌라이 황제가 머무르는 여름 별장이 있었다.

마르코 폴로는 어학에 뛰어난 재능을 갖고 있었다. 몽골어, 중국어, 위구르어, 티베트어 등을 금방 깨우쳤다. 그의 이러한 재능은 쿠빌라이를 만족시켰고 몽골제국의 특사가 되어 여러 지역으로 파견되는 행운으로 이어졌다.

마르코 폴로의 발길은 중국 곳곳으로 향했다. 그사이에 원은 남쪽의 송나라를 무너뜨리고 중국 전체를 장악했다. 마르코 폴로는 중국은 물론, 티베트와 미얀마까지 발길을 옮겼다.

마르코 폴로가 고향인 이탈리아로 돌아가기 위해 발길을 돌린 것은 1292년이었다. 무려 17년이라는 긴 세월을 중국에서 보낸 것이다. 마르코 폴로는 고향을 그리워하며 몇 차례 고향에 돌아가게 해달라고 요청했지만 쿠빌라이는 허락하지 않았다. 그러다가 원나라의 공주가 이란에 있는 일한국－汗國으로 시집을 가게 되자 안내자 역할로 선발되어 고향으로 돌아갈 수 있었다.

　물론 마르코 폴로 이전에도 중국에 오랫동안 체류한 서방의 사람이 있었을 것이다. 그러나 마르코 폴로는 황제의 신임을 얻어 특사 자격으로 중국 곳곳을 다닐 수 있었고 또한 그 체험들을 기록으로 남겼다는 점에서 확연하게 다르다. 따라서 그가 보고 체험한 중국을 기록한 《동방견문록》은 과거에 없던 것이었다.

　그런데 마르코 폴로가 《동방견문록》을 남긴 것에는 사연이 있다. 처음부터 마음을 먹고 글을 쓴 것이 아니었다. 또한 자기의 체험을 글로 남길 생각도 없었다. 마르코 폴로는 상인의 아들로 태어났고 어릴 때 이탈리아를 떠났기 때문에 이탈리아어로 글을 쓸 수 있을 정도로 교양을 갖고 있지는 않았을 것으로 추측된다.

　《동방견문록》은 전쟁이라는 엉뚱한 사건 때문에 후세에 전해지게 되었다. 1295년 고향인 이탈리아의 베니스로 돌아간 마르코 폴로는 몇 년 후 베니스와 제노바의 전쟁에 휘말려 포로가 되어 감옥에 갇히고 말았다. 드넓은 세상을 떠돌아다니던 마르코 폴로는 좁은 감옥에 갇혔다.

　감옥에서 마르코 폴로는 시간을 보내기 위해 피사 출신인 작가 루스티첼로 Rustichello 에게 자기가 여행을 하면서 겪었던 이야기를 풀어냈고 루스티첼로는 그것을 받아 적었다. 《동방견문록》은 이렇게 감옥에서 탄생했다.

《동방견문록》을 바라보는 다양한 시각

세계 4대 기행서의 하나로 꼽히는 《동방견문록》의 가치는 엄청나다. 이 책은 전성기를 맞이한 몽골제국을 구석구석 체험하면서 중국이 이룩해온 문화를 제대로 소개했다는 점에서 큰 의미가 있다. 당시 중국의 문화는 세계에서 가장 뛰어나고 빛나는 것이었다.

특히 유럽인이라는 시각과 몽골의 관리로서의 시각이 복합적으로 들어가 있기 때문에 일반적으로 여행서가 갖기 쉬운 자기중심의 편견에서 벗어났다는 점, 17년 동안 장기간 한 중국에서 체류하면서 중국에 대한 기본적인 이해가 전제되어 있다는 점에서 뛰어나다.

이 때문에 뿌리 깊은 중국의 중화사상과 유럽 중심주의에서 벗어날 수 있었다. 특히 유일신 신앙인 그리스도교를 토대로 한 유럽은 자기들 외에도 위대한 문화를 갖고 있는 존재가 있음을 알 수 있는 계기가 되었다.

그러나 중국의 중화사상이 그렇듯이 유럽의 자문화 중심주의도 뿌리 깊은 것이었다. 《동방견문록》이 처음 세상에 선을 보였을 때 가까운 친구들조차 책의 내용이 거짓말이라고 단정하고 회개할 것을 권유했다는 말이 전해진다. 마르코 폴로는 이런 지적에 오히려 하지 못한 말이 더 많다고 대답하며 회개의 권유를 일축했다.

세상에 신은 하나이고 그 신을 믿는 자기들만이 뛰어난 문명인임을 자부하고 있었던 유럽 사람들은 자기들 외에 다른 뛰어난 문화가 있다는 것을 쉽게 받아들이지 못했다. 훗날 코페르니코스의 태양이 아닌 지구가 돈다는 지동설, 다윈의 신의 창조론을 부정한 진화론 등 그리스도교 세계관과 상충되는 주장이 세상에 나왔을 때 쉽게 받아들이지 못했던 것도 이런 이유 때문이다.

이렇게 지동설이나 진화론에 대한 반응을 떠올려보면 《동방견문록》이

유럽에 던진 충격을 쉽게 짐작할 수 있다. 게다가《동방견문록》은 지동설이나 진화론보다 훨씬 앞선 시대의 것이었다.

그 때문에《동방견문록》은 많은 오해를 낳았고 여러 차례 변형을 거쳤다. 오늘날 루스티첼로가 마르코 폴로의 말을 받아 적은《동방견문록》의 원본은 남아있지 않고 140여 종의 서로 다른 판본만 전해지고 있다. 원본이라는 말이 무색할 정도로 많은 판본이 존재하는 셈이다.

여기서 여러 주장이 엇갈린다. 루스티첼로가 작가였다는 점에 주목해서 많은 부분이 과장되고 미화되었다는 주장에서 마르코 폴로가 중국에 가본 적이 없다는 주장까지 다양하다.

루스티첼로의 과장과 미화는 충분히 예상할 수 있는 일이다. 그러나 마르코 폴로가 중국에 가본 적이 없다는 주장은《동방견문록》이 지닌 무게 때문에 매우 충격적이지만 그 나름대로 일리가 있다.

중국의 사료에 그 어디에도 마르코 폴로의 이름이 나오지 않고 특히 마르코 폴로가 귀향할 때 일한국으로 공주를 호송하는 안내인의 역할을 맡았다고 했지만 그 호송하는 사람들의 명단에 마르코 폴로의 이름이 나오지 않는다는 점, 젓가락의 사용이나 만리장성 등 중국의 독특한 문화에 대한 언급이 없다는 점에서 의구심을 불러일으킨다.

마르코 폴로가 중국을 여행한 상인들로부터 들은 이야기를 정리해서 구술한 것이《동방견문록》이라는 것이 이 주장의 핵심이다. 그러나 한편으로《동방견문록》에만 전하는 역사적 사실도 있기 때문에 이 주장을 쉽게 받아들이기 힘들다.

또 하나 생각할 수 있는 것이 후세의 왜곡이다. 아직 인쇄문화가 발달하지 않았기 때문에《동방견문록》은 손으로 옮겨 적는 이른바 필사를 통해 세상에 퍼졌다. 이 과정에서 필사하는 사람이 이해하지 못하는 것을 누락하거나 다르게 표현했을 가능성도 충분하다.

또한 앞에서 소개한 유럽 중심주의도 한몫했을 것으로 추정된다. 자기들의 생각과 세계관에 맞게 개작하기도 했고 심지어 필사를 넘어서 모험 판타지 소설로 창작한 판본도 존재한다는 점에서 이 주장 또한 일리가 있다.

소설화된《동방견문록》은 그 흥미 때문에 급속도로 퍼져 나갔다. 오히려 원본에 가까운《동방견문록》보다 소설화된 것이 더 널리 퍼지고 읽혔다. 진실보다 부풀려진 소문이 빠른 발을 가지고 있는 것은 예나 지금이나 다를 것이 없다.

사정이 어떠하든《동방견문록》은 최고의 역사적 사료임에 틀림없고 유럽인의 마음에 깊은 그림자를 남겼다. 즉 유럽에 중국이라는 거대한 문명국을 소개하고 유럽인들에게 동방에 대한 환상과 모험 정신을 불러일으켰으며 문화적인 충격을 주었다. 훗날 콜럼버스가《동방견문록》을 품에 안고 항해에 나선 것도 어쩌면 당연한 일이었다.

몽골제국 내의 그리스도교

고대 실크로드를 통해서 중국과 페르시아로 대표되는 동쪽과 서쪽은 많은 문물을 주고받았다. 그 문물 교류의 특징 가운데 하나는 일반적으로 동쪽에서 종이나 화약과 같은 물질적이고 실용적인 것들이 서쪽으로 향했다면 서쪽에서는 종교나 예술과 같은 정신적인 것들이 유입되었다는 점이다. 물론 일방적으로 물질과 정신이 오갔다는 의미가 아니라 일반적인 경향이 그렇다는 말이다.

이런 경향은 페르시아를 넘어 유럽과 중국의 접촉에서도 달라지지 않았다. 앞에서 보았듯이 선교사들이 중국이라는 넓고 뛰어난 문명 세계를 그리스도교의 땅으로 만들겠다는 의지를 가지고 찾아왔고 그 행렬은 계속 이어졌다.

그것은 몽골 같은 제국이 외부 종교를 관대하게 대한 것과도 관련이 있다. 또한 이런 관대함은 최초의 제국 페르시아 이후 제국이 갖추어야 할 기본적인 덕목 가운데 하나이기도 했다.

중국에서 가장 활발하게 선교 활동을 했던 그리스도교는 흔히 경교景敎라고도 불리는 네스토리우스Nestorius 파였다. 경교가 중국에 전해진 것은 7세기 초반이었다. 네스토리우스파는 그리스도와 마리아의 인간성을 인정했다는 이유로 431년 에페수스 공의회의 결정으로 이단이 되었다. 이런 이유로 네스토리우스파는 외부로 시선을 돌렸고 5세기 이후 메소포타미아, 시리아 등을 거쳐 중국까지 퍼졌다.

그런데 몽골이 세운 원나라 때 유럽과 중국이 직접적인 교류가 일어나면서 로마교황청은 중국 내에 네스토리우스파 신자가 많다는 것을 알게 되었다. 로마교황청은 중국이라는 넓고 뛰어난 문명 세계에 가톨릭 신앙을 보급하기 위해 마르코 폴로가 중국을 떠난 뒤인 13세기 말부터 선교사들을 파견하기 시작했다.

여기에 몽골제국이 종교에 대한 관용적 태도를 견지했기 때문에 중국

내에서 로마교황청의 가톨릭과 기존의 네스토리우스파가 갈등을 빚어내기 시작했다. 또한 이 과정에서 중국에 대한 지식이 유럽으로 널리 소개되었고 유럽의 과학 문명이 중국으로 전해졌다.

즉 원나라는 종교에 대해서는 별반 관심이 없었지만 유럽의 천문학이나 지리학, 수학, 의학과 같은 과학 문명에 관심을 가졌고 선교사들을 통해서 지식을 습득하려고 했다. 이렇게 서로의 이해가 맞아떨어졌기에 가톨릭과 네스토리우스파의 선교 활동은 정치적 방해 없이 순조롭게 이루어졌다. 다만 가톨릭과 네스토리우스파 사이의 내부적 갈등이 문제라면 문제였다.

그러나 이와 같은 형편은 중국 땅에서 몽골이 밀려나고 한족이 중심이 된 명나라가 들어서면서 막을 내렸다. 과거의 중화사상을 계승한 명나라는 외부의 종교에 대해 관대하지 않았고 가톨릭과 네스토리우스파는 공식적으로 자취를 감추었다.

포르투갈과 중국

그렇다고 해서 유럽과 중국의 직접적인 접촉이 사라진 것은 아니었다. 15세기 포르투갈과 스페인을 필두로 한 유럽의 대항해 시대가 개막되었던 것이다. 이들 가운데 중국에 먼저 도달한 것은 포르투갈이었다.

개인 자격으로 중국 영토에 입항한 경우가 몇 차례 있은 다음 포르투갈 국왕의 친서를 지닌 특사가 1517년 광저우廣州 만에 도착했다. 이들은 절차에 따른 조사를 받은 다음 광저우로 갈 수 있는 허가를 얻었다.

그런데 광저우에 도착한 포르투갈의 함선은 엉뚱한 짓을 저질렀다. 그들은 평소에 하던 대로 예포를 발사했고 이에 중국 사람들은 혼비백산했다. 첫인상이 중요한 법인데 이 사건으로 중국 사람들은 포르투갈에 대해 불신과 적대감을 갖게 되었다. 이런 인상은 비단 포르투갈뿐만 아니라 유럽 사람에 대한 인상을 형성했다.

서로 다른 문화가 만나면 그 상이성 때문에 충돌이 일어나는 것은 당연하다. 따라서 상대의 문화를 이해하려는 노력이 반드시 있어야 한다. 상대의 이질적인 문화를 그대로 인정할 수 있는 이른바 '문화상대주의'적인 관점이 필요하다.

그런데 포르투갈의 함선은 상대의 문화를 살피기보다 자기중심적으로 행동했던 것이다. 그리고 불필요한 의심과 적대감을 불러일으켰다. 그 이후 사절단은 세심한 주의를 기울였지만 결국 포르투갈의 사절단을 접대하던 통역관은 사형에 처해졌고 사절단은 추방당하고 말았다.

포르투갈은 중국이나 인도차이나반도에 먼저 도착한 이점이 있었지만 여기저기서 폭력적인 성향을 보였기 때문에 후발 주자인 네덜란드나 영국에 밀려나게 된 면이 있다. 중국에서도 정복자처럼 행동하거나 후추 생산지로 유명한 믈라카 해협에서도 약탈을 일삼았기 때문에 인심을 잃고 말았다.

그 이후 포르투갈은 중국의 마음을 돌리기 위해 애썼고 광저우 만 입구에 있는 마카오에 고정적인 교역장을 만드는 데 성공했다. 다만 광저우에서 교역을 할 수는 있지만 거주는 할 수 없었다. 그것은 포르투갈과의 교역에서 얻는 이익이 막대했기 때문에 가능했다. 만약 포르투갈과 중국의 첫 만남이 우호적이었다면 서로가 보다 많은 이익을 얻을 수 있었을 것이다.

위기는 엉뚱한 곳에서 찾아왔다. 독점적인 지위를 누리던 포르투갈에게 네덜란드와 영국이라는 경쟁자가 나타났다. 이들은 서로 경쟁하며 살인과 폭력 사태를 일으켰고 결국 포르투갈은 해상 무역에서 배제되었다.

교류의 모범을 제시한 마테오 리치

이 무렵 선교사들도 꾸준하게 중국을 찾아왔다. 일본에서 선교 활동을 하던 에스파냐의 예수회 선교사 사비에르Francisco Xavier가 광저우를 찾았지만 그 해를 넘기지 못하고 세상을 떠났다. 포르투갈의 예수회 선교사였던 바레토 찾아왔지만 그곳에 체류하고 있는 포르투갈 선원들을 돌보는 선에서 그치고 말았다. 그 이후 밀물처럼 많은 선교사들이 중국을 찾아왔지만 언어와 문화의 장벽에 막혔고 중국 정부가 내륙에서의 포교를 허락하지 않았기 때문에 마카오 인근에서 맴돌 뿐이었다.

이 과정에서 언어와 문화의 장벽을 뛰어넘은 사람이 하나 있었으니 1582년에 중국 땅을 밟은 이탈리아의 예수회 선교사였던 마테오 리치Matteo Ricci였다. 중국식 이름은 이마두利瑪竇였다. 마테오 리치는 실질적으로 중국 선교의 문을 연 사람으로 인정받는다.

마테오 리치는 1584년에 광동성에서 중국인에게 첫 세례를 집전했고, 1598년에 수도 베이징 땅을 밟았다. 다음해에 영주권을 얻었으며, 1601년에 베이징으로 이주했다. 그사이에 중국의 가톨릭 신자가 조금씩 늘기 시작했다. 1585년에 20명이던 것이 10년 후인 1596년에는 100명, 다시

10년 후인 1605년에는 1,000명, 1615년에는 5,000명, 그리고 1617년에는 1만 3,000명에 이르렀다. 1636년에는 3만 8,200명으로 늘어났다.

이 과정에서 마테오 리치가 보여 준 태도는 다른 문화를 대했을 때 어떻게 해야 하는지 그 모범이 된다.

먼저 마테오 리치는 전도를 하기보다는 사회적으로 인정을 받는 것이 중요하다고 보았다. 그리고 그를 위해서는 중국의 언어와

● **마테오 리치**
이탈리아 예수회 선교사로 명나라 만력제로부터 베이징 정주를 허가받고, 중국에 가톨릭 포교의 기초를 쌓았다.

관습, 문화 전반에 대한 이해가 선결되어야 한다고 생각했다. 또한 지배층과의 접촉을 위해서 교양을 갖추어야 한다고 생각했고 이를 실천했다. 마테오 리치는 실제로 중국어를 빨리 습득했고 중국 사회와 문화를 이해하는 데 가장 기본이 되는 유교 경전을 파고들어 깊은 이해를 얻었다.

기존의 선교사들이 사회의 변방에서 맴돌아야 했던 것도 이런 언어와 교양의 부족 때문이었다. 어느 중국 유학자의 평가에 따르면 마테오 리치는 중국인처럼 보였다고 한다. 그만큼 중국 사회와 문화를 깊이 파고들었던 것이다.

마테오 리치는 중국 사회를 깊은 시각으로 관찰했다. 당시 선교사들은 불교의 승려들이 입는 가사를 입었다. 그런데 당시 중국 사회에서 불교의

승려는 하층민에 속했다. 그것을 간파한 마테오 리치는 가사를 벗어던지고 중국 사대부들이 입는 복장으로 바꾸었다. 체면을 중요하게 생각하는 중국 사회에서 가사를 입고 포교할 수 있는 대상은 하층민뿐이었다.

이렇게 포교의 토대를 마련한 마테오 리치는 중국의 유학자들과 대등한 입장에서 토론을 벌이며 조금씩 유럽의 과학 문화를 그들에게 전했다. 이 방법은 유학자나 선교사 입장에서 윈윈전략이었다. 유학자들은 과학을 배우고 선교사들은 지배층과 교류하면서 포교할 수 있게 되었다.

중국의 유학자들은 마테오 리치의 박식함에 찬사를 보냈고 자연스럽게 그리스도교에 대해서도 관심을 갖게 되었다. 이전까지 서양 선교사들에게 갖고 있던 멸시와 경멸의 눈초리가 변하기 시작했다.

이런 일련의 노력을 통해서 마테오 리치는 마침내 수도 베이징에 입성을 했고 황제를 알현할 수 있는 기회를 얻었다. 마테오 리치는 황제에게 여러 가지를 선물했고 황제는 자명종과 성모마리아 상 등에 비상한 관심을 보였다고 전한다.

마테오 리치의 장점은 무수하게 많지만 눈여겨보아야 할 것 가운데 하나가 자기를 내세우지 않았다는 점이다. 비록 선교사의 신분이지만 그리스도교를 강제하거나 중심에 두지 않고 유교 사상과 그리스도교의 접점을 찾으려고 노력했고 융합하려고 애썼다. 마테오 리치는 주저하지 않고 하느님을 천주天主 님이나 상제上帝 로 표현했다. 이런 용어는 유교 경전에서 따온 것이다.

마테오 리치는 중국의 지도층에서도 존경받는 인물이었다. 그것은 그가 유럽의 과학 사상을 중국에 알린 공도 있지만 그가 지녔던 온화한 성품과 상대를 이해하고 포용하려는 열린 마음을 갖고 있었기 때문이다. 그뿐만 아니라 마테오 리치는 중국의 뛰어난 문화를 유럽에 알리는 일에도 중요한 역할을 했다.

또한 마테오 리치는 서로 다른 문화가 만나 충돌할 때 서로를 어떻게 이해하고 서로에게 도움이 될 수 있는지는 몸으로 실천한 사람이었다. 진정한 문화인이라고 부를 수 있는 인물이었다.

마테오 리치는 중국의 저명한 인사 가운데 하나였고 죽어서도 베이징에 묻혔다. 그러나 그가 닦아놓은 토대는 단단했고 그 이후 찾아온 선교사들 또한 마테오 리치의 뒤를 따랐다.

마테오 리치와 마르코 폴로는 둘 다 이탈리아 사람이고 중국에 깊이 빠져든 사람이었으며 100여 년의 시차를 두고 중국을 서방에 알리는 데 독보적인 역할을 했다.

글을 마치며

가장 치열한 교류의 현장에서 인문학의 동력을 탐색하다

세상에 변하지 않는 것은 없다. 봄이 오면 늘 꽃이 피는데, 그 봄은 이미 지나간 봄과는 전혀 다르다. 이렇듯 변하지 않는 것은 없다는 것은 시간의 흐름을 전제로 한다. 극단적으로 말하면 어제의 나와 오늘의 내가 다른 셈이다. 그리스의 철학자 헤라클레이토스는 '같은 강에 두 번 들어갈 수 없다'고 말했다. 겉으로 보기에는 어제와 다름없는 강으로 보일 테지만, 내 몸을 적셨던 강물은 이미 흘러가버렸을 테니 말이다.

그러나 이렇게 변화에만 눈을 뜨면 세상을 이해하거나 삶을 살아가면서 혼란과 허무에 빠질 수 있다. 시시각각 모든 것이 변한다면 어떻게 되겠는가? 그래서 인류는 각각에 이름을 붙이고 그 속에 변화를 가두고 고정시켰다. 즉 그리스신화에서 스핑크스가 오이디푸스에게 '아침에는 네 발, 점심에는 두 발, 저녁에는 세 발로 걷는 것은 무엇이냐?' 하고 던진 유명한 수수께끼의 답이 인간인 것처럼 모든 변화는 '인간'이라는 이름 아래 하나로 이해된다. 그리고 그렇게 규정되고 이름 지어진 것이 인문이다.

　이 글은 처음에 특정한 지역의 문화가 다른 곳으로 전해지면 어떻게 변하는지 사례를 통해 살펴보려는 의도에서 출발했다. '강남의 귤이 회수를 건너면 탱자가 된다'는 말처럼 산을 넘고 물을 건너면, 다르게 말해 환경이 바뀌면 문화가 어떻게 변하는지를 살피려는 것이다. 그래서 이야기, 종교, 전쟁, 교역 등 우리 삶에 변화를 초래하는 네 가지 주제를 통해 문화의 변화에 대해 살펴보려고 했다.

　네 가지 주제를 선정한 것은 변화 속에서 원리를 찾아 이름을 붙이기 위해서였다. 이 네 가지 주제는 변화의 기본적인 요소일 뿐만 아니라 인류의 삶을 움직이는 원초적인 동력이기도 하기 때문이다. 즉, 이 책에서 다루는 네 가지는 가장 치열한 문화 교류의 현장이었고 그 사실은 현재도 유효하다.

　소재로 선택된 것은 글의 첫머리에서 밝혔듯이 학교에서 강의할 때 특정한 개념들을 설명하기 위해 활용했던 사례들이다. 이 사례들은 이야기의 형식을 띠고 있다. 인류가 만들어낸 최고의 정신적 산물이 신화이듯이 이야기가 내 의도를 전달하는 데 가장 효과적인 수단이기 때문이다.

　글을 마지막으로 정리할 때면 늘 그렇지만 여러 사람들의 얼굴이 떠오른다. 본문에서 만난 여러 인물들은 물론이고 이 글을 위해 함께 애써준 고마운 사람들이 마음의 우물에 보름달처럼 떠오른다.

　이 글에는 여러 사람들의 수고가 들어가 있다. 멀게는 문화인류학의 여러 선생님들부터 가깝게는 출판사의 여러 분들의 정성이 들어 있다. 깊은 감사의 마음으로 이 글을 마친다.

인문학은 어떻게 만들어지는가

1판 1쇄 인쇄　2015년 3월 18일
1판 1쇄 발행　2015년 3월 26일

지은이　　　이경덕

펴낸이　　　신민식

책임편집　　황남상
편집　　　　경정은
디자인　　　전아름
마케팅　　　계소영
경영지원　　김경희

펴낸곳　　　가디언
출판등록　　2010년 4월 27일
주소　　　　서울시 마포구 양화로6길 9-24 동우빌딩 3층
전화　　　　02-332-4103(마케팅) 02-332-4104(편집실)
팩스　　　　02-332-4111
홈페이지　　www.sirubooks.com　이메일　gadian7@naver.com
인쇄·제본　　(주)상지사 P&B 종이 월드페이퍼(주)

ISBN 978-89-98480-27-1 (03900)

책값은 뒤표지에 있습니다.
잘못된 책은 구입한 곳에서 바꿔드립니다.
이 책의 전부 또는 일부 내용을 재사용하려면 사전에 가디언의 동의를 받아야 합니다.
시루는 가디언의 문학·인문 출판 브랜드입니다.

「이 도서의 국립중앙도서관 출판시도서목록(CIP)은 서지정보유통지원시스템 홈페이지(http://seoji.nl.go.kr)와 국가자료공동목록시스템(http://www.nl.go.kr/kolisnet)에서 이용하실 수 있습니다.(CIP제어번호: CIP2015007142)」